新时代新理念职业教育教材·城市轨道交通系列

"互联网+"新形态立体化教学资源特色教材

城市轨道交通信号基础设备维护

主　编　崔惠珊

副主编　王晋海　仓怀明

主　审　张　峥　王　超

北京交通大学出版社

·北京·

内容简介

本书基于以行业为依托的办学标准，贯彻落实《国家职业教育改革实施方案》中对于教材改革提出的要求，对接《高等职业学校城市轨道交通通信信号技术专业教学标准》和《轨道交通信号工国家职业技能标准》，本着“必需、够用、实用”的原则，根据信号技术在城市轨道交通中的具体应用情况，结合核心岗位工作过程，以城市轨道交通信号基础设备维护为主线，紧扣设备结构、原理及使用维护方法等内容，按照“项目—任务—活动”的设计思路进行编写，贯彻落实了书证融通的理念。

本书共设计 8 个教学项目 27 个教学任务，对标“捷安杯”城市轨道交通信号工职业技能大赛考核要点和“城市轨道交通信号检修职业技能等级证书”“列车运行控制系统现场信号设备运用与维护职业技能等级证书”的考核方案中的相应技能要求点，而且在每个项目中都编写了思政微课堂部分，通过想一想、辩一辩等栏目，培养学生爱行业、爱企业、爱专业的爱国情怀，以及爱岗敬业、无私奉献的品德修养。

本书根据《职业教育专业简介》（2022 年修订）和《高等职业学校专业教学标准》编写，配套立体化数字教学资源（视频、微课、课件、课程标准、课程教案、习题答案、实训任务手册），适合职业教育相关专业学生使用，也可供从业人员参考。

图书在版编目（CIP）数据

城市轨道交通信号基础设备维护 / 崔惠珊主编；王晋海，仓怀明副主编. —北京：北京交通大学出版社，2023.5

ISBN 978-7-5121-4947-2

Ⅰ. ① 城…　Ⅱ. ① 崔…　② 王…　③ 仓…　Ⅲ. ① 城市铁路–铁路信号–信号设备　Ⅳ. ① U239.5

中国国家版本馆 CIP 数据核字（2023）第 088754 号

城市轨道交通信号基础设备维护
CHENGSHI GUIDAO JIAOTONG XINHAO JICHU SHEBEI WEIHU

责任编辑：陈跃琴
出版发行：北京交通大学出版社　　电话：010–51686414
地　　址：北京市海淀区高梁桥斜街 44 号　　邮编：100044
印 刷 者：北京鑫海金澳胶印有限公司
经　　销：全国新华书店
开　　本：185 mm×260 mm　　印张：14.5　　字数：362 千字
版 印 次：2023 年 5 月第 1 版　　2023 年 5 月第 1 次印刷
定　　价：49.80 元

本书如有质量问题，请向北京交通大学出版社质监组反映。对您的意见和批评，我们表示欢迎和感谢。
投诉电话：010-51686043，51686008；传真：010-62225406；E-mail：press@bjtu.edu.cn。

前　言

【编写背景】

近年来，中国城市轨道交通发展迅猛，极大地满足了人民群众的出行需求，在优化城市结构布局、缓解城市交通拥堵及促进经济社会发展等方面的作用日益凸显。根据中国城市轨道交通协会统计，截至 2022 年 12 月 31 日，31 个省（自治区、直辖市）和新疆生产建设兵团共有 53 个城市开通运营城市轨道交通线路 290 条，运营里程达 9 584 km，车站 5 609 座。“十四五”（2021—2025 年）期间，中国城市轨道交通运营里程有望新增 3 000 km，预计“十四五”期间累计客运量将突破千亿人次，其中上海和北京将分别形成 1 000 km 以上的庞大线网。

城市轨道交通信号系统是保障行车安全、提高运输能力的关键技术装备。城市轨道交通信号装备水平和技术标准是城市轨道交通先进程度的重要标志。城市轨道交通信号技术含量高、专业性强，需要大量从事信号设备维护及管理的专业人才。同时，随着微电子技术、计算机技术、通信技术的发展，对城市轨道交通信号人才提出了更高的业务要求。为满足即将从事城市轨道交通信号工作的学生和技术人员掌握信号设备的基本原理和维护方法的要求，编写了此教材。

【课程定位】

“城市轨道交通信号基础设备维护”是城市轨道交通通信信号技术专业的基础课程。教材编写团队结合当前轨道交通信号发展现状及趋势，进行了充分的行业岗位调研，分析了轨道交通信号工的典型职业活动、工作任务及胜任职业活动所需的职业能力，进行了教学项目设计。

在设计项目、任务时，充分对接教育部《高等职业学校城市轨道交通通信信号技术专业教学标准》及人力资源和社会保障部、交通运输部联合颁布的《轨道交通信号工国家职业技能标准》。

通过本课程学习，学生能够对城市轨道交通信号基础设备有全面的理解，为从事城市轨道交通信号设备维护等工作提供知识和技能保障。同时在实际教学中，也可将其作为其他相关专业的专业拓展课。

【特色创新】

1. 内容实用，贯彻标准，紧贴岗位 (岗)

本书对接国家职业技能标准，通过对“轨道交通信号工（城市轨道交通信号工）”岗位典型工作任务的调研，归纳总结了 8 个项目的职业能力要求，本着“必需、够用、实用”的原则，以城市轨道交通信号基础设备维护为主线，紧扣设备结构、原理及使用维护方法等，实用性强，以期满足城市轨道交通信号人才需求。

2. 对标“1+X”证书 (证)

本书对接最新职业标准、行业标准和岗位规范进行实训任务编写。其中继电器更换、信号机的认知与拆装、LED 信号机故障处理作业、ZD（J）9 转辙机检修和维护、车辆段 50 Hz 轨道电路的养护和测试等内容对标本专业“1+X”证书，即“城市轨道交通信号检修职业技能等级证书”+“列车运行控制系统现场信号设备运用与维护职业技能等级证书”考核方案中的相应技能要求点，贯彻落实了书证融通。

3. 对标职业技能大赛 赛

本书中 LED 信号机故障处理作业、ZD（J）9 转辙机检修和维护等内容对标全国交通运输行业“捷安杯”城市轨道交通信号工职业技能大赛考核要点。

4. 课程思政的有机结合

每个项目都编写了思政微课堂部分，通过想一想、辩一辩等，蕴含了依托城轨发展的爱行业、爱企业、爱专业的爱国情怀植入；明确岗位职责，培养学生爱岗敬业、无私奉献的品德修养；借助榜样力量，培养学生精益求精的工匠精神及团结协作、安全意识、自主创新、科技兴国的职业素养与奋斗精神。

5. 校企合作开发

本书编写团队包含专业院校骨干教师和城市轨道交通企业工程师，同时由北京京港地铁有限公司通号工程师担任主审，使本书内容符合职业岗位的工作过程和技能要求，适应城市轨道交通行业的新技术、新工艺、新设备的发展现状，最大限度地保证了内容的先进性、针对性和适应性。

6. 数字资源丰富

本书配套课程标准、课程教案、PPT 课件、应知应会练习题、实训任务书、视频等丰富的教学资源。

【主要内容与编写团队】

全书分为 8 个项目。其中项目 1 是认知城市轨道交通信号，较全面地介绍了信号系统的概况，帮助读者认识城市轨道交通信号系统的整体框架，初步了解信号设备维护、管理等内容。项目 2～8 分别是信号继电器维护、信号机维护、转辙机维护、轨道电路维护、计轴设备维护、查询应答器维护、信号数据通信设备维护等内容。每个项目都先介绍信号设备的作用、组成结构、工作原理，然后通过实训任务进行实践技能训练。

北京交通职业技术学院崔惠珊担任本书主编，包头铁道职业技术学院王晋海、北京大象科技有限公司仓怀明担任副主编，北京京港地铁有限公司张峥、王超担任主审。其中，崔惠珊负责制订编写大纲和最后的统稿，并编写了项目 1、项目 2、项目 3、项目 4；王晋海编写了项目 5、项目 6、项目 8；仓怀明编写了项目 7。

【致谢】

本书在编写过程中参考了大量的相关资料，除列出的参考文献外，还引用了大量其他资料，在此一并向作者表示最诚挚的谢意。由于编者水平有限，书中难免有疏漏和不足之处，恳请广大读者批评指正。

编　者

2023 年 4 月

目　　录

配套数字资源清单

<table>
<tr><th>类别</th><th colspan="2">名称</th><th>二维码</th></tr>
<tr><td rowspan="5">教学资源包</td><td colspan="2">1-课程标准</td><td></td></tr>
<tr><td colspan="2">2-应知应会试题答案</td><td></td></tr>
<tr><td colspan="2">3-教材配套 ppt</td><td></td></tr>
<tr><td colspan="2">4-课程教案</td><td></td></tr>
<tr><td colspan="2">5-实训任务手册</td><td></td></tr>
<tr><td rowspan="2">视频资源</td><td>项目 1</td><td>项目1视频
1-1认知城轨信号系统.mp4
1-2-CBTC系统.mp4
1-3-ATS系统.mp4
1-4-数据通信系统DCS.mp4
1-5-车载控制器VOBC.mp4
1-6-全自动运行系统FAO.mp4
1-7-信号基础设备.mp4
1-8-认识联锁.mp4
1-9-6502电气集中联.mp4
1-10-计算机联锁.mp4</td><td></td></tr>
<tr><td>项目 2</td><td>项目2视频
2-1-认识继电器.mp4
2-2-直流无极继电器.mp4
2-3-整流继电器.mp4
2-4-有极继电器.mp4
2-5-偏极继电器.mp4
2-6-串联电路.mp4
2-7-并联电路.mp4
2-8-串并联电路.mp4
2-9-自闭电路.mp4</td><td></td></tr>
</table>

续表

类别	名称		二维码
视频资源	项目 3	3-1-认识信号机.mp4 3-2-信号基本分类.mp4 3-3-信号基本颜色.mp4 3-4-信号机的符号和设置原则.mp4 3-5-进站和出站信号机.mp4 3-6-防护信号机.mp4 3-7-区间分界点信号机.mp4 3-8-阻挡信号机..mp4 3-9-列车出发计时器.mp4 3-10-进段信号机.mp4 3-11-出段信号机.mp4 3-12-调车信号机.mp4 3-13-透镜式色灯信号机.mp4 3-14-LED色灯信号机.mp4	
	项目 4	4-1-道岔的作用.mp4 4-2-单开道岔结构.mp4 4-3-道岔的类型.mp4 4-4-道岔的号数.mp4 4-5-道岔的定位和反位.mp4 4-6-转辙机的作用.mp4 4-ZD6-A型电动转辙机（12个文件）.zip 4-ZD(J)9系列电动转辙机（2个文件）.zip 4-S700K型电动转辙机（8个文件）.zip	
	项目 5	5-1-轨道电路作用.mp4 5-2-轨道电路的组成1.mp4 5-2-轨道电路组成.mp4 5-3-轨道电路的工作原理.mp4 5-4-50HZ工频交流轨道电路.mp4 5-5-轨道和中继变压器.mp4 5-6-50HZ工频交流轨道电路工作原理.mp4 5-7-数字轨道电路组成.mp4	
	项目 6	6-1-计轴设备.mp4 6-2-计轴设备工作原理.mp4 6-3-计轴室外轨旁设备.mp4 6-4-计轴室内设备.mp4 6-5-TAZ II 计轴设备.mp4	
	项目 7	7-1-查询应答器.mp4 7-2-地面应答器.mp4 7-3-地面电子单元.mp4 7-4-车载查询器主机（BTM）.mp4 7-5-车载查询器天线.mp4 7-6-无源应答器.mp4 7-7-有源环线应答器.mp4 7-8-有源应答器.mp4 7-9-休眠唤醒应答器.mp4	
	项目 8	项目8视频 8-1-感应环线.mp4 8-2-漏泄电缆.mp4 8-3-裂缝波导管.mp4 8-4-轨旁无线接入AP设备.mp4 8-5-电缆.mp4 8-6-同轴电缆.mp4 8-7-光纤.mp4 8-8-光缆.mp4	

项目 1　认知城市轨道交通信号

㊗ 轨道交通信号工岗位职业能力分析（项目 1）

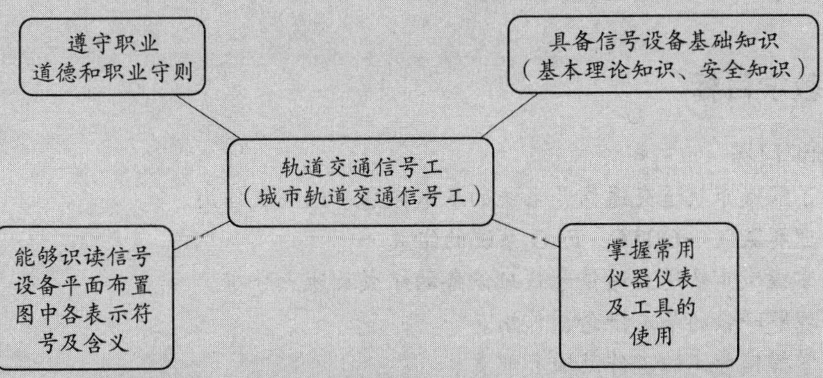

项目 1 内容紧密衔接国家职业技能标准“轨道交通信号工（城市轨道交通信号工）”岗位基本知识、能力和职业道德素养要求内容，按照学生的认知规律、职业成长规律，由浅入深、循序渐进地介绍了轨道交通信号基础。

项目导入

城市轨道交通信号系统是一个集行车指挥和列车运行控制为一体的非常重要的系统，是指挥列车运行的“神经中枢”。信号系统可以控制列车方向、列车速度、列车开关门等，同时保证列车在轨道上安全行驶。城市轨道交通信号，是广大乘客乘坐地铁安全、快速出行的一道无形保护网。城市轨道交通信号虽无形，但信号设备却多种多样。

城市轨道交通信号工（以下简称信号工）是指使用工具和设备，进行轨道交通信号工程施工和设备维护的人员，他们的日常工作如下：列车运营前，信号工需要上车检查车载设备启动与运行情况，利用网管、列车自动监控系统、监测设备对道岔、转辙机、信号机等系统设备终端进行验证；列车运营中，信号工需要逐站进行设备巡视、网管设备检查；列车“休息”时，信号工仍要坚守岗位。夜晚降临，地铁列车将最后一批乘客送回家，结束当日运营之后，信号工利用夜间停运时间开始对设备进行检修，确保设备稳定运行。信号工从早到晚都在抢时间，尤其是早晚高峰时段，乘客出行需求量大，信号工会身处综控室，紧紧盯守设备，为车辆的安全快捷运行保驾护航。

下面我们就来学习：

（1）城市轨道交通信号系统的设备组成、作用、分类；

（2）信号工的工作范围和工作职责。

教学目标

1. 知识目标

（1）了解城市轨道交通信号系统的基本概念、组成及作用。

（2）理解 ATC、CBTC、FAO 系统的组成。

（3）掌握城市轨道交通信号基础设备的组成及地点分布。

（4）理解联锁的基本概念、作用。

（5）掌握信号工的工作范围和职责。

2. 技能目标

（1）能够准确地说出城市轨道交通信号系统的组成及作用。

（2）能够正确地描述 ATC、CBTC、FAO 系统的概念、特征和工作原理，并明确其主要应用情况。

（3）能够准确地指明城市轨道交通信号基础设备的组成及地点分布。

（4）能够准确地描述联锁系统的构成及应用特点。

3. 素质目标

（1）培养“安全第一，预防为主”的工作意识和作风。

（2）激发学生浓厚的学习兴趣，培养其自主学习等良好的学习习惯。

（3）培养学生理论联系实际的学习习惯。

（4）培养学生严谨的工作作风、良好的职业道德及创新意识。

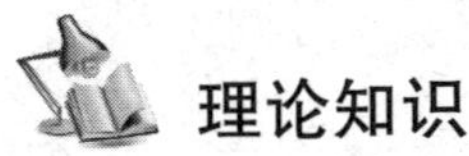

理论知识

任务 1.1 认知城市轨道交通信号系统

1.1.1 信号系统的功能

在城市发展中，城市轨道交通作为城市交通的重要组成部分，其应用范围不断扩展，已经成为解决城市交通压力的重要方式。城市轨道交通主要具有便捷、安全、舒适等优势，因此，越来越多的城市开始大力建设城市轨道交通。目前城市轨道交通主要包括地铁与轻轨。为了确保城市轨道交通运输的有效性及安全性，必须采用技术含量高的信号系统对城市轨道交通进行控制，信号系统是体现轨道交通运行安全、高效的关键部分。

在城市轨道交通中，由于信号技术的进步，列车最小行车间隔已缩短至 90 s。先进的信号技术，大大提高了行车的安全性，使得因人为的疏忽、设备的故障而引发的事故率降至最低。先进的信号技术可以避免列车突然的减速和加速，提高行车的稳定度，进一步实现节能。

城市轨道交通运营系统一般主要包括通信信号、车辆、运营管理、土建工务、供电、机电几大部分，如图 1–1 所示。假如，城市轨道交通运营系统是一个人的话，那么信号系统就相当于是人的“神经中枢”，它在保证行车安全的前提下，缩短了行车间隔，提高了线路通过能力，实现了列车运行的自动化。信号系统的功能主要体现在以下几方面。

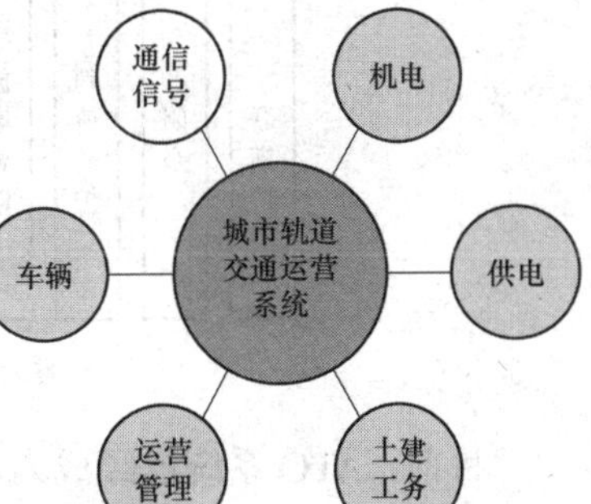

图 1–1 城市轨道交通运营系统构成

1. 保障列车运行安全

列车的运行安全不再依赖人的主观因素，而是依靠设备来保证，最大限度地减少了人为出错的概率。城市轨道交通在体系结构、关键设备、传输通道、信息传输等方面保证系统的可靠性和安全性。所有的设备及系统均按照故障—安全原则设计，采用容错技术、故障检测及诊断技术等新的安全技术。

2. 提高运输能力

传统的轨道交通以地面信号显示为依据，司机按行车规则操纵列车运行。现代的轨道交通系统依靠先进的信号设备来进行控制和管理，使列车运行速度可以更加贴近土建限速，使列车能够按要求的时间间隔运行。

3. 实现快速、有序、高密度行车调度指挥

装备信号系统的城市轨道交通系统具备监督列车状态、产生列车时刻表、自动调整列车运行时刻和保证列车按时刻表正点运行、生成运行报告和统计报告、向旅客向导系统提供信息等功能，可实现快速、有序、高密度行车调度指挥。

1.1.2 信号系统的基本构成

城市轨道交通信号系统主要由正线列车运行自动控制（automatic train control，ATC）系统和车辆段信号控制系统两大部分组成，如图 1–2 所示。其中 ATC 系统由列车自动防护（automatic train protection，ATP）系统、列车自动驾驶（automatic train operation，ATO）系统及列车自动监控（automatic train supervision，ATS）系统三大子系统组成。城市轨道交通信号系统用于完成列车进路控制、列车间隔控制、调度指挥、信息管理、设备工况检测及维护管理等，构成一个高效的综合自动化系统。本节重点介绍正线 ATC 系统。

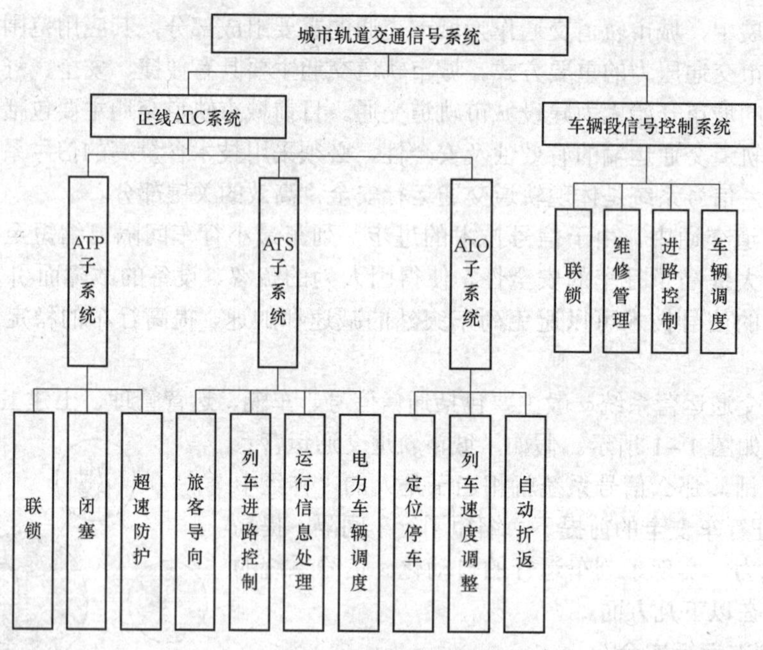

图 1–2 城市轨道交通信号系统的基本构成

目前，ATC 系统已经成为城市轨道交通运行控制系统中最重要的组成部分，ATC 各子系统之间相互支持，实现对列车的控制，保障列车行驶的安全和运输效率的提高。ATC 是根据列车在线路上运行的客观条件和实际情况，对列车运行的速度与控制方式等状态进行监督、控制和调整的技术装备。ATC 系统包括地面设备与车载设备两部分，地面设备生成并传递出对列车控制所需要的全部基础数据，例如列车运行的限制速度、线路信息等。车载设备通过传输媒介将地面设备传来的信号进行处理，形成列车速度控制数据及列车制动模式，并不断监督和控制列车安全运行。

ATC 系统改变了传统的信号控制方式，可以连续、实时地监督列车的运行速度，自动控制列车的制动系统，实现列车的超速防护。列车运行可以由人工驾驶，也可以由设备实行自动控制，使列车根据其本身条件自动调整追踪间隔，提高线路的通过能力。

ATC 系统设置行车指挥中心，沿线各车站设计为区域性联锁，其联锁设备放在控制站（一般为有岔站，有时也称集中站）。列车上安装有车载控制设备。行车指挥中心与控制站通过有线数据通信网连接，行车指挥中心与列车之间可采用无线通信方式进行信息交换。ATC 系统

直接与列车运行有关，因此ATC系统中的数据传输要求比一般通信系统更高，图1–3为列车自动控制系统框图。

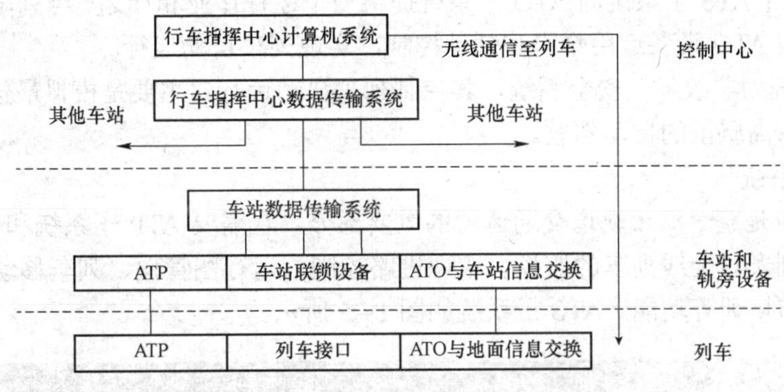

图1–3 ATC系统框图

1. ATP子系统

ATP子系统为列车行驶提供安全保障，有效降低列车驾驶员的劳动强度，提高行车效率。如果没有ATP系统，列车的行车安全需要由列车驾驶员人工来保障，这样会造成列车驾驶员过度疲劳，产生安全隐患，为行车作业效率带来负面影响。因此在城市轨道交通中，尤其是在运营作业繁忙的线路上，在信号系统中设置ATP子系统是非常必要的，它是行车作业的安全保障和体现。

ATP子系统是保证行车安全、防止列车进入前方列车占用区段和防止超速运行的设备。ATP子系统根据故障—安全原则执行列车间安全间距的监控、列车的超速防护、安全开关门的监督和进路的安全监控等功能，确保列车和乘客的安全。ATP子系统主要由三部分组成，即用以实现控制列车运行的车载设备、用以产生控制信息的轨旁设备、轨旁与车载互通信息的中间传输通道。图1–4为ATP车载设备的组成。

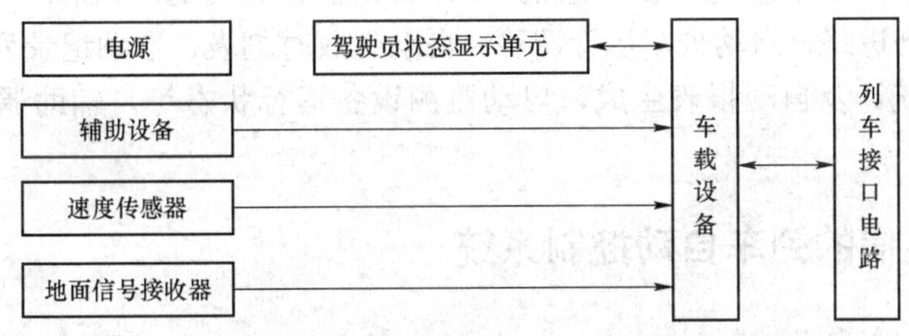

图1–4 ATP车载设备的组成

2. ATO子系统

ATO子系统是提高城市轨道交通列车运行水平如准点、平稳、节能的技术措施。ATO子系统实现了正常情况下高质量的自动驾驶，可提高列车运行效率，增强列车运行舒适度，节省能源。

ATO子系统主要用于实现“地对车控制”，即用地面信息实现对列车驱动、制动的控制，包括列车自动折返，根据控制中心指令自动完成对列车的起动、牵引、惰行和制动，送出车门和站台安全门开关信号，使列车以最佳工况安全、正点、平稳地运行。

ATO 子系统实现列车自动驾驶，需要 ATP 子系统和 ATS 子系统提供支持。ATP 子系统向 ATO 子系统提供列车运行速度、线路允许速度、目标速度和目标距离，以及列车当前所处位置等基本信息；ATS 子系统向 ATO 子系统提供列车运行作业和计划。当列车处在自动驾驶模式下时，车载 ATO 设备运用牵引和制动控制，实现列车自动运行。

ATO 子系统为非故障一安全系统，其控制列车自动运行，主要是模拟最佳司机的驾驶，实现正常情况下高质量的自动驾驶。

3. ATS 子系统

ATS 子系统是整个城市轨道交通运营的重要部分，它需要 ATP 子系统和 ATO 子系统的支持，根据时刻表对全线列车的监控，实现进路控制、运行图管理、列车移动监督、运行调整，以及仿真与培训等功能。ATS 子系统如图 1–5 所示。

图 1–5　ATS 子系统

ATS 子系统利用可靠的网络结构，与 ATP 子系统和 ATO 子系统一起完成对全线列车运营的管理和监控。ATS 子系统主要实现对列车运行的监督和控制，包括：列车运行情况的集中监视、自动排列进路、自动列车运行调整、自动生成时刻表、自动记录列车运行实迹、自动进行运行数据统计及自动报表生成、自动监测设备运行状态等，辅助调度人员对全线列车进行管理。

1.1.3　基于通信的列车自动控制系统

基于通信的列车自动控制（communication based train control，CBTC）系统是一种采用先进的通信、计算机技术，连续控制、监测列车运行的移动闭塞方式的列车控制系统。它摆脱了用轨道电路判别列车对闭塞分区占用与否的限制，突破了固定或准移动闭塞的局限性，具有更大的优越性，具体体现以下 8 个方面：

（1）实现了列车与轨旁设备的双向通信，且信息量大。

（2）可减少轨旁设备，便于安装维修，有利于紧急状态下利用线路作为人员疏散的通道，有利于降低系统全寿命周期内的运营成本。

（3）便于缩短列车编组、高密度运行，可缩短站台长度和端站尾轨长度，提高服务质量；可实现线路列车双向运行而不增加地面设备，有利于在线路故障或有特殊需要时反向运行

控制。

（4）可适应各种类型、各种车速的列车，提高了列车运行的平稳性，增加了乘客的舒适度。

（5）可以实现节能控制、优化列车运行统计处理、缩短运行时分等多目标控制。

（6）移动闭塞系统，尤其是采用高速数据传输方式的系统，将带来信息利用的增值和功能的扩展，有利于城市轨道交通现代化水平的提高。

（7）确立“信号通过通信”的新理念，使列车与地面紧密结合、整体处理，改变以往车、地相互隔离、以车为主的状态。车地通信采用统一标准协议后，就有可能实现不同线路间不同类型列车的联通联运。

（8）系统传输的可靠性和安全性是系统关注的核心，尤其是利用自由空间波传输信息的基于无线的移动闭塞系统，对可靠性和安全性的要求更高。

CBTC 系统是一个连续数据传输的自动控制系统，利用高精度的列车定位，实现双向连续、大容量的车地数据通信，能够执行列车自动防护（ATP）、列车自动驾驶（ATO）以及列车自动监控（ATS）。CBTC 系统主要由移动设备（车载设备）、轨旁设备、通信网络、控制中心等组成。下面以 LCF－300 型 CBTC 系统为例进行说明，其基本结构如图 1－6 所示。

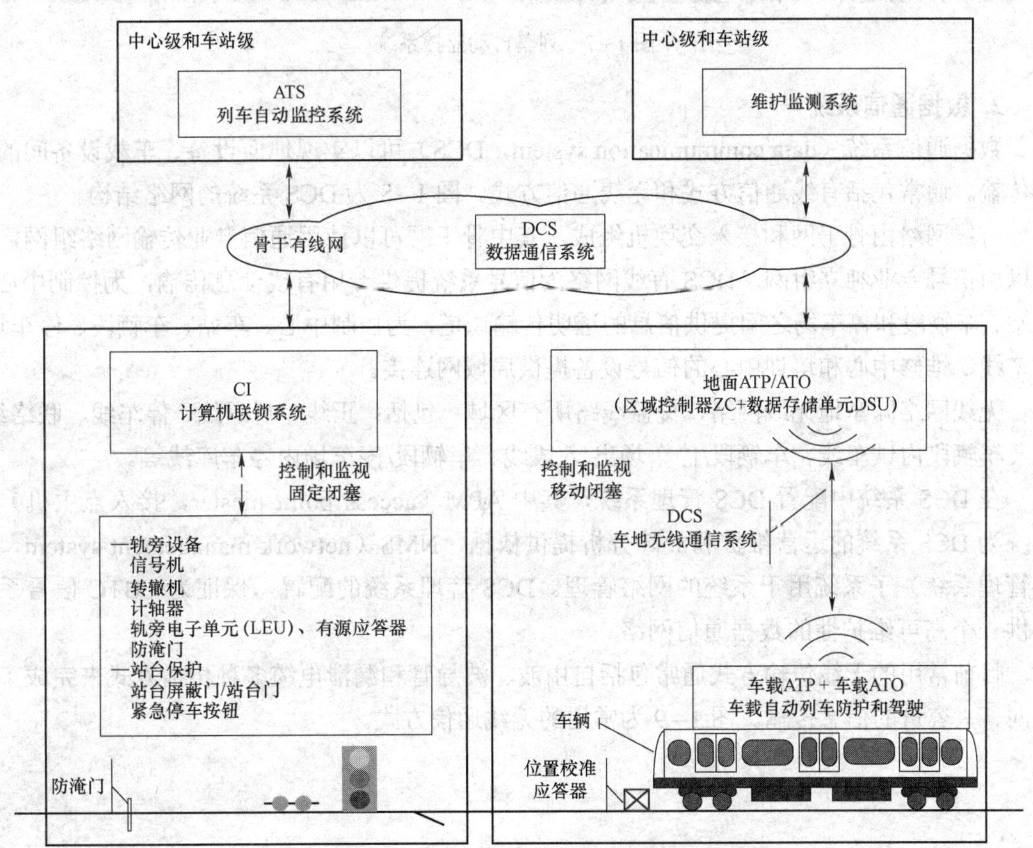

图 1－6 LCF－300 型 CBTC 系统基本结构

1. 列车自动监控系统

列车自动监控系统是监督列车运行，根据列车时刻表为列车自动设定进路，并对列车运行进行自动调整，实施列车运行管理，从而保证列车的计划运行，使列车运行最佳化和稳定化的控制系统，可以实现中心级、车站级的控制，如图 1－7 所示。一般中心 ATS 子系统设备主要包括：数据库服务器机柜，应用及通信服务器机柜，以及各 ATS 终端、打印机等。

图 1－7　列车自动监控系统

2. 数据通信系统

数据通信系统（data communication system，DCS）可以实现地面设备、车载设备间的数据传输。通常包括有线通信方式和无线通信方式。图 1－8 为 DCS 系统的网络结构。

有线网络由骨干网和接入交换机组成，其中骨干网可以使用通信专业传输网络组网，也可以由信号专业独立组网。DCS 有线网络为信号系统提供专用有线信息传输，为控制中心、车站、车辆段和停车场之间提供信息的透明传输通道，为控制中心、车站、车辆段、停车场、试车线、维修中心和培训中心的信号设备提供局域网连接。

无线网络即车地无线网络，覆盖线路所有区域，包括：正线、折返线、停车线、联络线，以及车辆段内试车线、车辆段/停车场出/入段线、车辆段/停车场内停车库线等。

在 DCS 系统中配置 DCS 管理系统，其中 APM（access point master，接入点主机）子系统为 DCS 系统的运营维护和故障分析提供依据，NMS（network management system，网络管理系统）子系统用于系统的网络管理。DCS 管理系统的配置，保证为 CBTC 信号系统提供一个高可维护性的数据通信网络。

目前常用的无线传输方式通常包括自由波、波导管和漏泄电缆多种传播方式来完成车地双向、大容量的信息传输。图 1－9 为常用的无线通信方式。

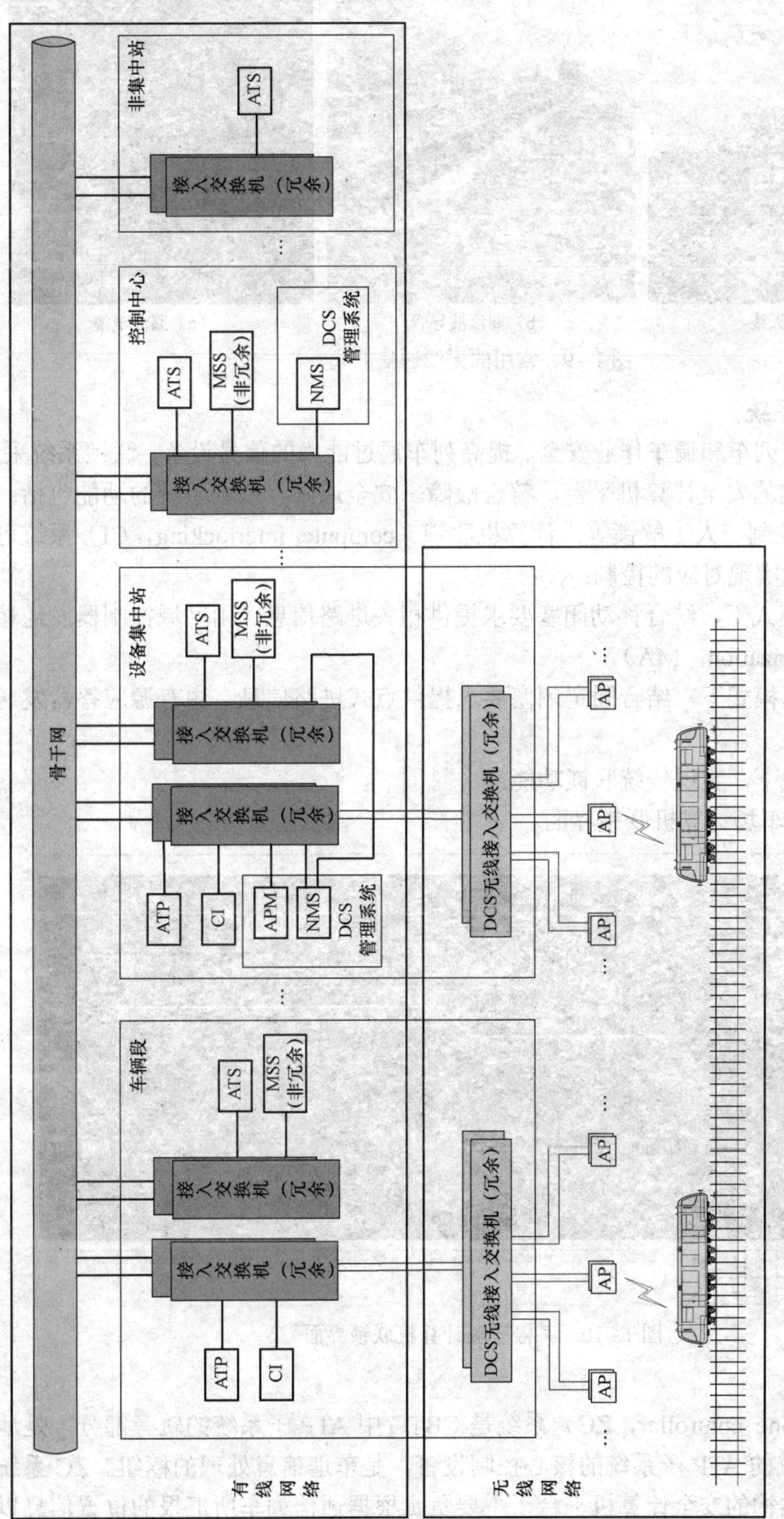

DCS—数据通信系统；APM—接入点主机；NMS—网络管理系统；MSS—维护支持系统。

图 1－8 DCS 系统的网络结构

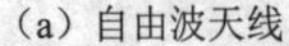

（a）自由波天线

（b）漏泄波导管

（c）漏泄电缆

图 1–9　常用的无线通信方式

3. 计算机联锁系统

联锁设备是保证列车和调车作业安全、提高列车通过能力的信号设备。联锁系统采用“2 乘 2 取 2”冗余结构的安全计算机平台，符合故障—安全原则。联锁系统的功能包括：进路控制、道岔/信号机控制、人工解锁等。计算机联锁（computer interlocking，CI）系统可以对应系统三级控制模式实现对应的控制：

（1）在 CBTC 模式下，结合移动闭塞要求提供相关进路信息，由区域控制器发送移动授权（movement authorization，MA）。

（2）在点式降级模式下，结合固定闭塞要求提供点式进路信息，由有源应答器发送移动授权。

（3）在站间模式下，实现传统联锁功能。

图 1–10 为某停车场计算机联锁界面。

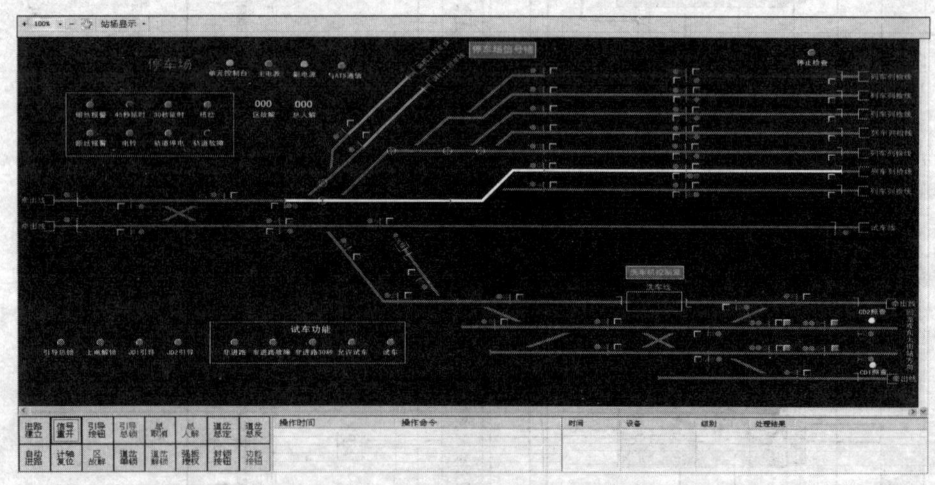

图 1–10　某停车场计算机联锁界面

4. 区域控制器

区域控制器（zone controller，ZC）系统是 CBTC 中 ATP 子系统的轨旁部分，是地面基于通信的 CBTC 系统的 ATP 子系统的核心控制设备，是车地信息处理的枢纽。ZC 系统采用“2 乘 2 取 2”冗余结构的安全计算机平台，主要负责根据通信列车所汇报的位置信息以及联锁所排列的进路和轨旁设备提供的轨道占用/空闲信息，为其控制范围内的通信列车计算移动

授权，保证其控制区域内通信列车的安全运行。ZC 系统主要由主机处理设备、通信单元、安全计算单元和维护监测设备等部分组成。

5. 车载控制器

车载控制器 VOBC

车载控制器（vehicle on-board controller，VOBC）是 CBTC 系统中车载控制系统，包含 ATP、ATO、BTM、车辆接口等，如图 1-11 所示。VOBC 子系统主要实现 3 个功能：列车自动防护（ATP）；列车自动驾驶（ATO）；显示功能（MMI）。

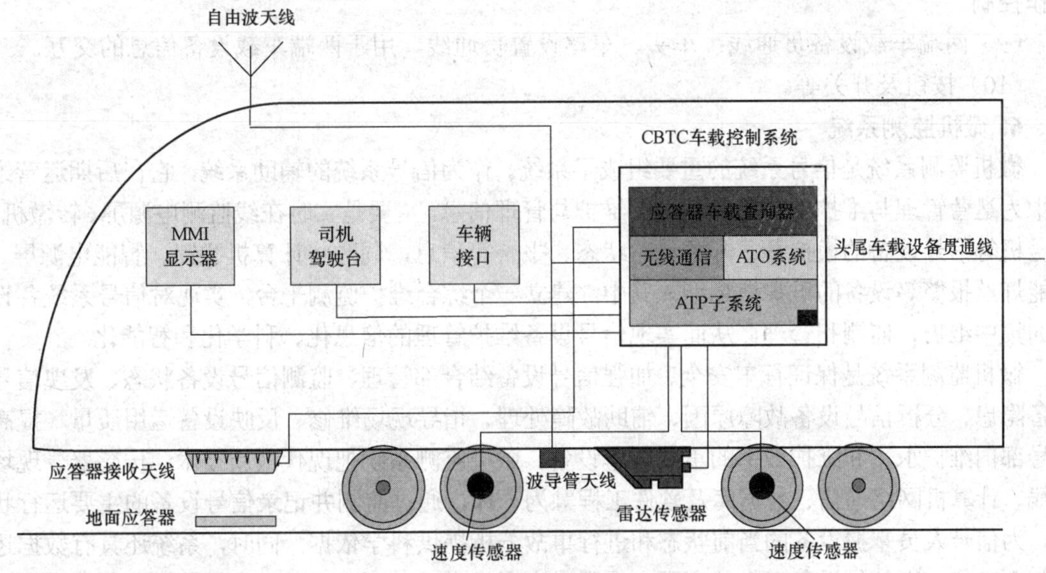

图 1-11 车载控制系统 VOBC

ATP 系统主要负责列车的安全，主要功能包括：管理列车驾驶模式、测速测距及定位、车速车距安全防护、车门监督、退行防护等。ATO 系统主要负责列车的自动驾驶，主要功能包括：列车时刻自动调整、运营节能及优化、速度曲线控制、列车精确停车、列车车门控制、屏蔽门控制、列车折返管理、辅助显示等。

基于通信的 CBTC 系统的车载 ATP 子系统车头、车尾各一套，头尾车载设备贯通线相连，用以实现头尾两端设备之间的通信以及车地无线通信的双路冗余。车载 ATP 子系统采用“3 取 2”的安全冗余技术，确保了车载子系统的安全性、可靠性及可用性。

车载子系统主要包括：

（1）ATP 安全冗余单元（3 取 2）：车头、车尾各安装一套 ATP 车载设备，车载 ATP 采用“3 取 2”的冗余安全计算机结构，设备转换时间不影响列车正常运行或司机正常驾驶，且不会导致车辆控制端的改变。

（2）雷达传感器：车头、车尾分别安装一个雷达传感器，与速度传感器完成冗余的列车速度、走行测算与验证，可对在线运营列车进行连续、安全、可靠的定位检测，其定位精度满足列车控制和追踪间隔要求，测速设备满足工程现有的环境和工程现场条件，并符合故障—安全原则。

（3）速度传感器：车头、车尾在不同车轴安装独立的速度传感器，与雷达传感器完成冗余的速度、走行距离测算与验证。

（4）BTM 应答器主机单元：车头、车尾各设置一个，与应答器接收天线一起，实现对应答器报文解析和列车位置矫正等。

（5）应答器接收天线：车头、车尾各设置一个，接收地面应答器发送的报文。

（6）车载无线单元：车头、车尾各安装一套车载无线自由波单元，双端互为冗余。

（7）车载自由波天线：车头、车尾各设置两个车载自由波天线，接收/发送来自沿线无线自由波的信号。

（8）MMI 显示器：车头、车尾各配备一套 MMI 显示器，向司机提供驾驶信息的显示与操作控制。

（9）两端车载设备贯通线：车头、车尾设置贯通线，用于两端车载设备信息的交互。

（10）按钮及开关等。

6. 微机监测系统

微机监测系统是信号系统的重要组成子系统。作为信号系统的辅助系统，它在后期运营维护中为运营管理与维护人员提供强大的维护与管理信息，主要是实时在线监测电源屏、转辙机、信号机等信号设备的模拟量、开关量、状态、报警等信息，同时将计算机联锁、智能电源屏、智能灯丝报警等设备的维护信息纳入其中，建立一个综合维护监测平台，实现对信号系统各设备的集中维护、监测和管理，从而实现信号设备维护管理的信息化、科学化和智能化。

微机监测系统是保证行车安全、加强信号设备结合部管理、监测信号设备状态、发现信号设备隐患、分析信号设备故障原因、辅助故障处理、指导现场维修、反映设备运用质量、提高信号部门维护水平和维护效率的重要行车设备。微机监测系统把现代最新技术、传感器、现场总线、计算机网络通信、数据库及软件工程融为一体，通过监测并记录信号设备的主要运行状态，为信号人员掌握设备的当前状态和进行事故分析提供科学依据。同时，系统还具有数据逻辑判断功能，当信号设备工作偏离预定界限或出现异常时，可以及时进行报警，避免因设备故障或违章操作影响列车的安全、正点运行。图 1－12 为微机监测系统构成图。

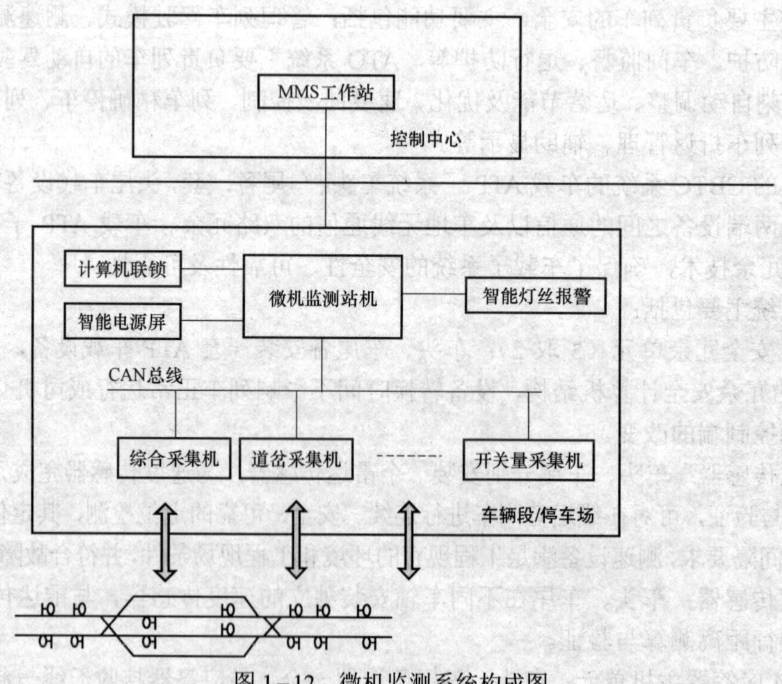

图 1－12　微机监测系统构成图

1.1.4 全自动运行系统

1. FAO 系统应用现状

全自动运行（fully automatic operation，FAO）系统是基于现代计算机、通信、控制和系统集成等技术，由信号、车辆、综合监控、通信、站台门等与列车运行相关的设备组成，实现列车运行全过程自动化的系统。2008 年 7 月开通的北京机场线采用法国 Alstom 无人驾驶系统；2010 年开通的上海 10 号线于 2014 年 8 月开始应用有人值守的全自动运行系统，线路全长 36 km，车站 29 座，车辆采用中车浦镇阿尔斯通运输系统有限公司生产的车辆，无人驾驶系统采用阿尔斯通公司信号系统，运行间隔 100 s，如图 1－13 所示。2017 年 12 月我国首条完全自主知识产权的全自动运行线路——北京燕房线正式投入运营，如图 1－14 所示。2019 年 9 月北京大兴机场线投入运营，它使用的是由交控科技支持的全自动运行系统，速度达到 160 km/h，采用 25 kV 供电制式，且具备互联互通的 FAO 系统，如图 1－15 所示。

图 1－13 上海 10 号线

图 1－14 北京燕房线

图 1–15　北京大兴机场线

据国际公共交通协会 UITP 统计，国外 75%在建新线、40%既有线改造将采用 FAO 技术，预计 2025 年全球 FAO 线路里程将达 2 300 km。

2. FAO 系统的应用优势和特点

（1）城市轨道交通安全性水平显著提升，如安全防控范围的扩大：停车库、段内行车线、正线区间、车站等的全域安全防护。安全监控能力的增强：实现对车辆、线路、站台门、乘客、维护人员等的全方位安全防护。安全受控水平的提高：降低人为误操作引起事故发生的风险。

（2）运营效率显著提升，如正线自动化水平提高，减少人工驾驶时间；每站停站时间节约 5～7 s，运营能力提升 5%；车辆段自动化水平提高，减少人员整备列车时间；出入库 31 项自检全自动完成，耗时比传统段场节约 30 min；故障定位至板级，中心报警。

3. 目前我国 FAO 系统的具体定位

（1）FAO 系统适用于全封闭的城市轨道交通线路，在提高运能、提升安全性、减少人为误操作、降低运营人员劳动强度、提升乘客服务质量、提高运营组织的灵活性等方面具有突出的实用性。

（2）对于复合型城市交通廊道上敷设的联系中心城区与外围组团的线路、由城市重要功能组团向外围区域辐射的线路，FAO 系统精确的控制能力，支持灵活编组运营模式。通过灵活编组，精准适应不同量级客流，实现运营服务水平与运营经济性的良性平衡。

（3）对于中心城主要客流走廊上敷设的大运量等级城市轨道交通线路，FAO 系统可最大限度规避人为误操作，有效提升系统的安全性及可靠性，保障系统运营能力。

（4）对于中低运量等级的城市轨道交通线路，FAO 系统自动化程度高，有助于优化运营人力资源配置，降低运营成本。

（5）对于运营高峰与平峰期客流量差异显著的线路，FAO 系统精确的控制能力，支持灵活编组运营模式。通过灵活编组，精准适应不同量级客流，实现运营服务水平与运营经济性的良性平衡。

4. FAO 系统的构架

图 1–16 为交控科技股份有限公司（简称交控科技）的全自动运行系统构架。

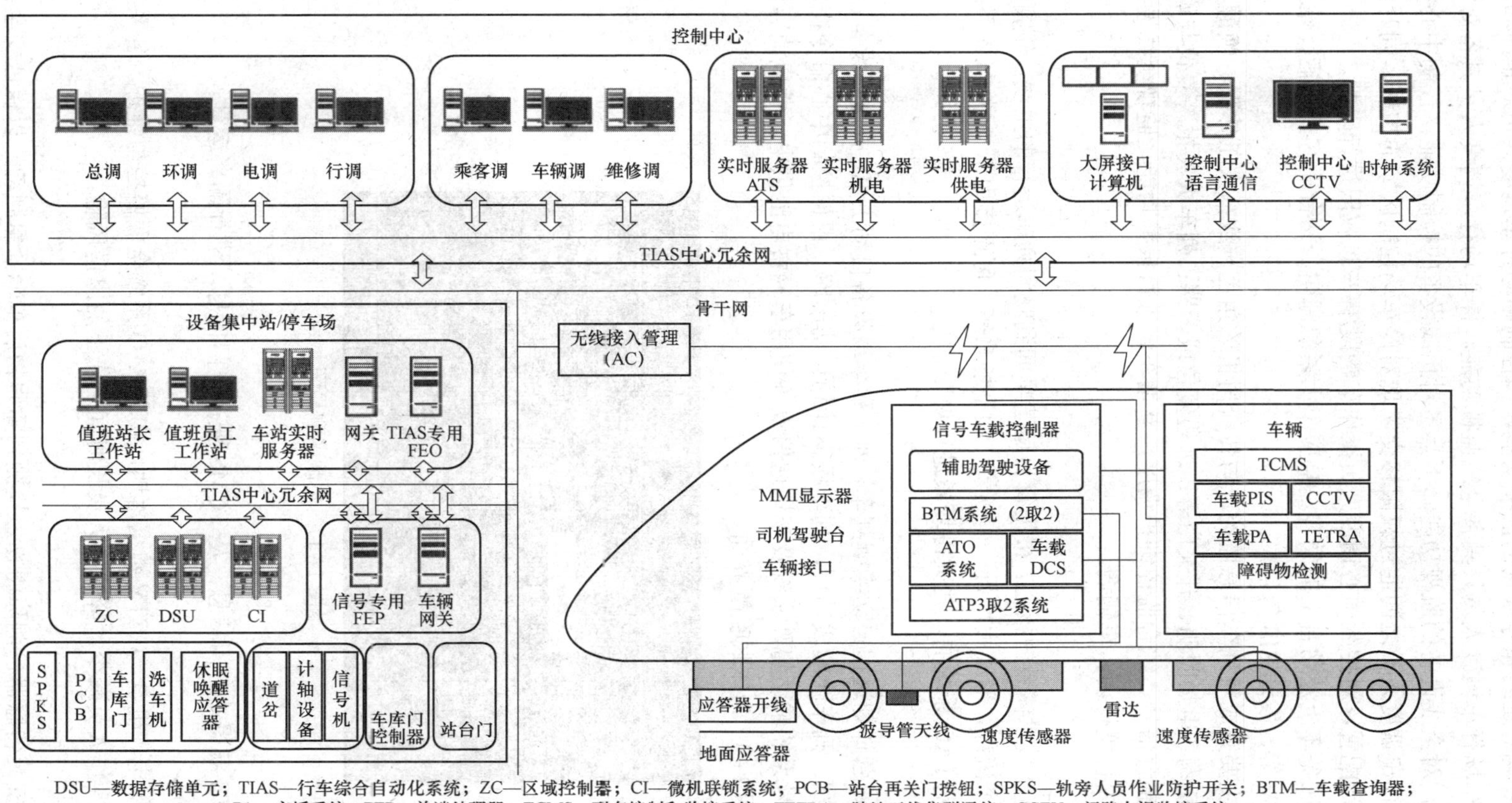

DSU—数据存储单元；TIAS—行车综合自动化系统；ZC—区域控制器；CI—微机联锁系统；PCB—站台再关门按钮；SPKS—轨旁人员作业防护开关；BTM—车载查询器；PA—广播系统；FEP—前端处理器；TCMS—列车控制和监控系统；TETRA—陆地无线集群通信；CCTV—闭路电视监控系统。

图 1－16　交控科技的全自动运行系统架构

控制中心可以实现对正线和停车场的监控功能，当控制中心行车调度人员对正线和停车场进行控制时，停车场行车调度人员只具备全线监视功能。停车场行车调度人员具备对停车场设备的控制功能，对全线设备的监视功能，不具备对正线设备的控制功能。控制中心行车调度人员与停车场行车调度人员之间通过权限移交实现对停车场控制区域的控制，同时系统可根据用户需求灵活配置，对控制中心调度人员操作车辆段/停车场权限进行限制。

（1）乘客调：服务车上及站台上的乘客，响应车上紧急呼叫，站台清客，车辆、站台广播，控制车载 CCTV 等，发送 PIS 等信息。

（2）车辆调：主要完成对列车信息监控，与传统司机的角色一致；人工休眠、唤醒、清扫时间、远程控制空调、电热照明、开关门等；远程复位或旁路；列车火灾报警复位与确认。

（3）维修调：整合信号、综合监控维护调度，新增车辆维修报警功能，监视全线设备状态及报警处理；场内设置行调、车辆调。

5. 运营场景

运营场景是 FAO 技术体系的核心，根据每日运营早间到晚间列车运行的主线，分成正常处理和异常处理两个流程，形成大场景、小场景、细小场景等，可直接用于指导 FAO 系统的建设和运营。下面对 FAO 系统的一些关键场景进行说明。

1）唤醒休眠

控制中心根据运营计划远程自动唤醒列车，列车和车载设备自动上电，并进行设备自检、静态测试、动态测试；列车唤醒成功后，列车根据计划自动出库。根据控制中心命令在规定区域进行休眠。信号系统辅助驾驶系统及车地通信设备使用车辆蓄电池供电，蓄电池容量应支持 7×24 小时。图 1–17 为休眠唤醒界面。

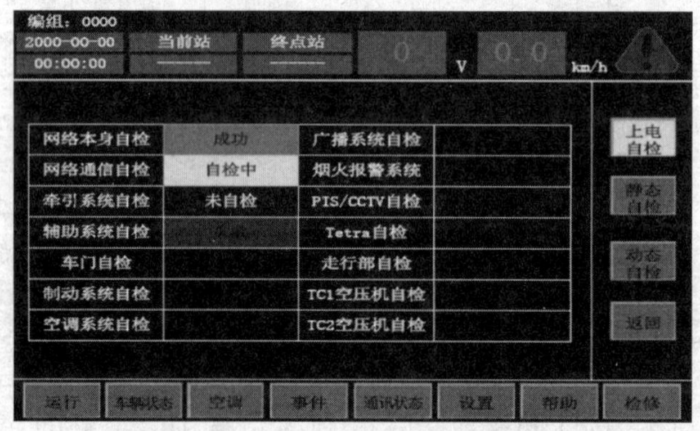

图 1–17　休眠唤醒界面

2）对位隔离

列控系统从 ATS 获得站台门信息，从 TCMS 获得车门信息，进行隔离运算。

3）多系统联动

信号、车辆、供电、机电、CCTV 数据落地，实现 FAO 系统全面监控与维护。各系统间的联动自动化使得操作人员减少，降低了人员长时间工作下的出错风险。

4）障碍物检测

车辆车头前方安装传感器检测障碍物，检测到障碍物后车辆紧急制动，以保证安全；车辆将障碍物信息传递给信号系统，信号系统输出紧急制动停车命令，并向地面 ATP 汇报以建

立防护区域；控制中心进行报警，同时联动区间 CCTV 查看现场情况，通知人员到事发地点处理。障碍物检测如图 1-18 所示。

图 1-18 障碍物检测

5）清客

（1）对于计划列车，在折返站和终到站（含临时清客站台）系统自动触发站台清客功能，同时触发车辆/站台清客广播及 PIS，列车到站后打开车门不关闭。

（2）站台值班员确认清客完成后，按压站台端部的站台关门按钮，关闭车门和站台门，列车自动发车。

（3）控制中心乘客调通过调用车载 CCTV 视频，远程确认清客完毕后，发送远程关门命令。

（4）行调可设置或取消站台固定清客、站台临时清客命令；取消清客命令后，停站倒计时结束后，列车自动关门并发车。

6）车门状态丢失

列车在线路任意位置采集到车门处于非关闭且锁闭状态时，上报中心系统，联动车载 CCTV，根据列车具体位置采取如下措施：

（1）列车在区间时，则继续运行进站精确停车；

（2）列车速度小于或等于 3 km/h，且列车与站台区域有重叠时，立即实施紧急制动。

7）远程复位

（1）当发生转向架制动故障时，若列车切除牵引无法继续全自动驾驶运行，可通过远程切除单个转向架故障，继续完成本次全自动驾驶运行。

（2）当车辆设备发生故障时，可通过控制中心向车载设备发送远程复位命令，远程复位车辆设备故障，继续全自动驾驶，运行至最近的站台。

课堂思考与讨论

城市轨道交通信号系统的设备都安装在哪里呢？

任务 1.2　认识信号基础设备

信号基础设备一般包括：信号继电器、信号机、转辙机、轨道电路、计轴设备、查询应答器及数据通信网络设备等。信号基础设备的正常运行为计算机联锁系统及列车运行自动控制系统提供了基础的、重要的数据依据。如果把城市轨道交通信号系统总体构成分成四层，那么信号基础设备位于基础第一层，也就是最底层，为整个信号系统的正确运行提供重要支持。城市轨道交通信号系统的总体构成如图 1-19 所示。

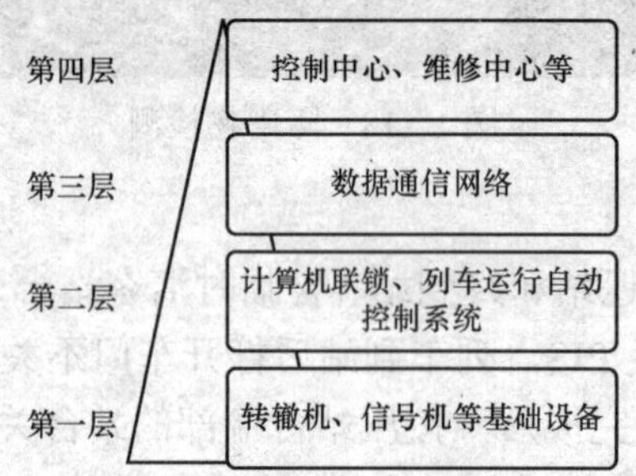

图 1-19　城市轨道交通信号系统的总体构成

1.2.1　信号继电器

信号继电器是信号设备的主要器件之一，它是一种电子控制器件，即电磁开关，通常应用于自动控制电路中，包括控制系统（又称输入回路）和被控制系统（又称输出回路），它在运用中的安全和可靠是保证各种自动控制、远程控制信号设备正常使用的必要条件。城市轨道交通信号系统对继电器提出了严格的要求：

（1）动作可靠、准确；

（2）使用寿命长；

（3）足够的闭合和断开电路能力；

（4）稳定的时间和电气参数等。

城市轨道交通信号继电器种类繁多，图 1-20 为 JPXC-1000 型继电器，是我国广泛应用在城市轨道交通中的偏极继电器。

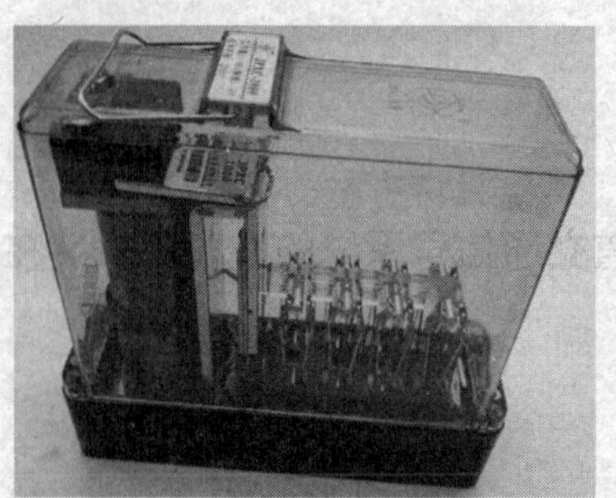

图 1-20　JPXC-1000 型继电器

1.2.2　信号机

在轨道交通线路上装设信号机，是为了迅速、准确地组织列车运行和保证调车作业安全，提高运输效率，改善行车工作人员的劳动条件。利用信号机的显示，能够向列车或者调车车列发出指示运行条件、线路状况、列车车辆位置等的信息。信号是一种指挥命令，相关行车工作人员必须严格执行，以便安全地按照计划组织列车运行。信号受联锁关系制约，通过不同色灯的显示，为司机指示前方进路的运行条件、轨道区段状态及行车调度命令。信号机的显示由信号联锁设备结合轨道、道岔、进路、列车位置等多种因素综合决定。图 1-21 为二显示调车信号机，是目前地铁线路常用的信号机。

图 1-21　二显示调车信号机

1.2.3　转辙机

转辙机是重要的信号基础设备，用于可靠地转换道岔位置，改变道岔开通方向，锁闭道岔尖轨，反映道岔位置。它对于保证行车安全、提高运输效率、改善行车人员的劳动强度起到了非常重要作用。为满足安全行车和提高运输效率的要求，转辙机必须高安全、高可靠、长寿命、少维护。转辙机如图 1-22 所示。

图 1-22　转辙机

1.2.4 轨道电路

轨道电路是重要的信号基础设备，它不仅用来检查线路空闲，还可以向列车传输信息，是信号和列控车载设备工作的基础。它的性能直接影响行车安全和运输效率，在我国及世界大多数铁路干线，轨道电路仍然是主要的列车位置检测手段。轨道电路如图 1-23 所示。

图 1-23 轨道电路

1.2.5 计轴设备

计轴技术是以计算机为核心，辅以外部传感器等设备，利用统计车辆通过某一轨道区段的轴数来检测相应轨道区段占用或空闲状态的技术。计轴技术克服电气化铁路的牵引电流回流对轨道电路的较大影响，同时也克服轨道电路的工作状态严重依赖于道床状态的情况，计轴设备越来越展现出它的优越性和广泛的发展空间，成为当今理想的轨道区段、区间的空闲检测产品。计轴设备如图 1-24 所示。

图 1-24 计轴设备

1.2.6 查询应答器

查询应答器是利用无线感应原理在特定地点实现列车与地面间相互通信的一种数据传输装置，主要用于车地之间的数据交换，其数据交换形式可以是单向的也可以是双向的。现代轨道交通系统中查询应答器可为列车 ATP 提供其所需的各种控车信息，通过车载天线与应答器之间的电磁耦合原理进行工作，当列车上的查询器通过地面应答器时，地面应答器被查询

器瞬态功率激活，进入工作状态，并向查询器连续发送存储于应答器中的行车数据。图1-25为地面应答器设备。

图1-25 地面应答器设备

1.2.7 数据通信网络设备

城市轨道交通信号系统通常会在轨旁设置漏泄电缆、感应环电缆、漏泄波导管、无线接入点设备AP（简称AP设备）等，如图1-26所示，以实现车地连续双向、大容量的通信。

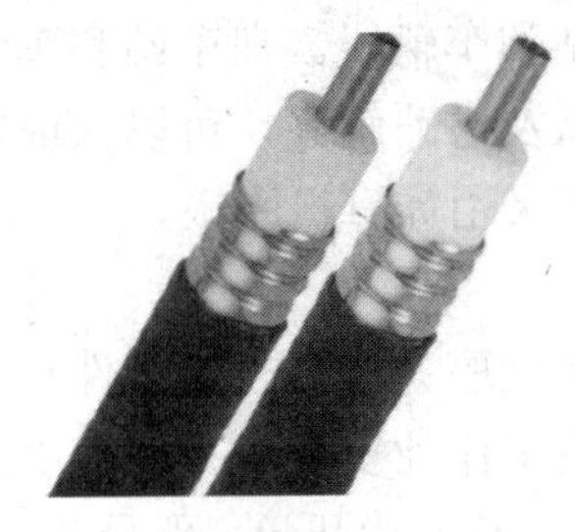

（a）漏泄电缆

（b）漏泄波导管

（c）AP设备

图1-26 数据通信网络设备

1. 漏泄电缆

漏泄电缆由内导体、绝缘介质和开有周期性槽孔的外导体组成，电磁波在漏泄电缆中纵向传输的同时通过槽孔向外界辐射电磁波，外界的电磁场也可通过槽孔感应到电缆内部并传送到接收端。

2. 感应环电缆

感应环电缆一般由绞线芯和绝缘防护外套组成，车地之间的通信通过铺设在钢轨中间的交叉感应环电缆进行，一般是每隔25 m进行交叉，当列车经过环线交叉点时检测到信号变化，实现列车定位。

3. 漏泄波导管

波导管是引导电磁波传播的空心金属管，一般使用铜或铝等良导体材料制成，内表面镀银后可提高导电率，银层上再镀铑或金可防止银层氧化。波导管的加工非常精密，内表面光洁度要求很高，能避免电磁波多次反射而产生的高次寄生波。波导管表面以一定的形状和间距开孔构成漏泄波导管。

4. AP 设备

轨旁 AP 设备是将无线信号接入轨旁有线以太局域网的无线设备，AP 设备沿着轨道线路设置，安装于轨旁的隧道壁上或者车站建筑物上，采用定向天线取得更高的接收信噪比和更大的无线覆盖范围。

5. 其他设备

城市轨道交通信号系统组网时，会用到大量的交换机、电缆和光缆等。

（1）交换机是一种用于电信号转发的网络设备，可以为接入交换机的任意两个网络节点提供单独的电信号通路，常用的是以太网交换机、光纤交换机等。

（2）电缆主要完成了有线信号的传送。

（3）光缆主要传输光信号。

任务 1.3　认识联锁设备

1.3.1　联锁基础

联锁设备是城市轨道交通的重要设备，主要应用于正线车站和车辆段。在车站和车辆段实现联锁关系，建立进路，控制道岔的转换和信号机的开放，以及进路解锁，可以保证行车安全，提高作业效率。联锁设备早期采用继电集中联锁，现在多采用计算机联锁。

1. 联锁的定义

联锁是指通过技术方法，使信号、道岔和进路必须按照一定程序并满足一定条件，才能动作或建立起来的相互关系。城市轨道交通中为了保证行车、调车作业安全，只有在“进路空闲、道岔位置正确、敌对信号处于关闭”状态时，防护进路的信号才能开放；信号开放后，进路上有关道岔不能再转换，其敌对进路不能建立、敌对信号不能开放；这种信号、道岔、进路之间相互制约的关系，称为联锁关系，简称“联锁”。图 1-27 为联锁机柜、I/O 接口柜，图 1-28 为联锁工作站。

图 1-27　联锁机柜、I/O 接口柜

2. 联锁的主要内容与基本技术条件

1）联锁的主要内容

联锁的主要内容包括：

（1）防止建立会导致机车车辆相冲突的进路；

（2）必须使列车和调车车列经过的所有道岔均锁闭在与进路开通方向相符合的位置；

（3）必须使信号机的显示与所建立的进路相符。

图 1－29 为联锁相互制约关系示意图。

图 1－28　联锁工作站

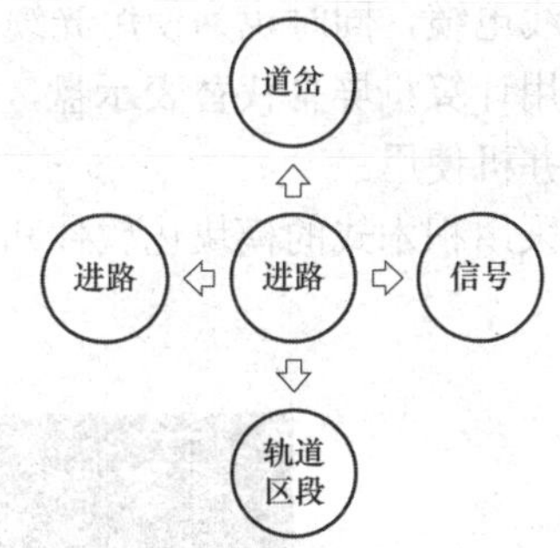

图 1－29　联锁相互制约关系示意图

2）联锁的基本技术条件

（1）进路上各区段空闲时才能开放信号，这是联锁最基本的技术条件之一，必须要遵守。如果进路上有车占用，却开放信号，则会引起列车、调车车列与原停留车冲突。

（2）进路上有关道岔在规定位置才能开放信号，这是联锁最基本的条件之二。如果进路上有关道岔开通位置不对却开放信号，则会引起列车、调车车列进入异线或挤坏道岔。信号开放后，其防护的进路上的有关道岔必须被锁闭在规定位置，而不能转换。

（3）敌对信号未关闭时，防护该进路的信号机不能开放，这是联锁最基本的技术条件之三。否则列车或调车车列可能造成正面冲突。信号开放后，其敌对的信号也必须被锁闭在关闭状态不能开放。

3. 联锁设备

控制车站的道岔、进路和信号，并实现联锁关系的设备称为联锁设备。联锁设备可以分散控制，也可以集中控制。目前主要有电气集中联锁和计算机联锁两大类。

1）电气集中联锁

用电气的方法集中控制和监督全站的道岔、进路和信号机，并实现联锁关系的设备称为电气集中联锁设备，简称电气集中联锁。电气集中联锁把全部道岔、进路和信号集中起来控制和监督，在一定程度上实现了站内行车指挥的自动控制，能及时、准确地反映现场行车状况，不再需要分散控制时所需的联系时间，完全避免了因联系错误而引起的事故，大大提高了行车安全程度和作业效率，改善了行车人员的劳动条件。电气集中联锁具有操作简便、办理迅速、表示完善、安全可靠等优点。图 1－30 为电气集中联锁控制台。

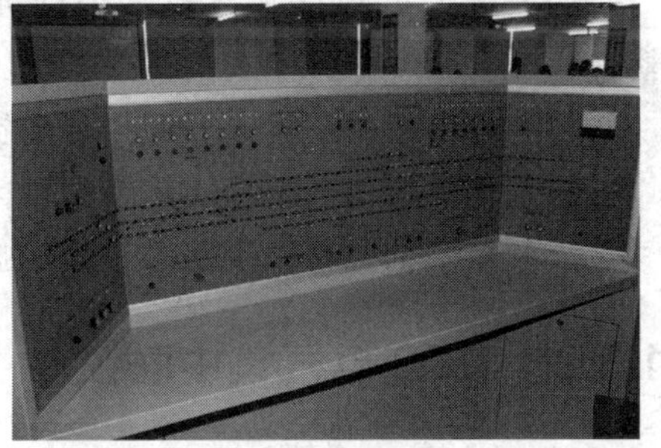

图 1－30　电气集中联锁控制台

2）计算机联锁

随着计算机技术的迅速发展，以及可靠性技术和容错技术的深入研究，计算机联锁正在逐渐取代继电集中联锁，图 1－31 为计算机联锁控制台。与继电集中联锁相比，计算机联锁的主要特点在于：

（1）利用计算机对车站值班员的操作命令和现场监控设备表示信息进行逻辑运算后，完成对信号机、道岔及进路的联锁和控制。

（2）计算机发出的控制信息和现场发回的表示信息，均能由传输通道串行传送，可节省大量的干线电缆，同时也为使用光缆提供一定的可能性。

（3）用计算机屏幕代替表示盘，大大缩小了体积，简化了结构，方便了使用，还可根据需要多台并机使用。

（4）采用积木式的模块化软件和硬件结构，便于站场变更，更容易实现故障控制、分析等功能。

图 1－31　计算机联锁控制台

4. 联锁设备的功能

联锁设备能够响应来自 ATS 的命令，在满足安全的前提下，控制进路、道岔和信号机，并将进路、轨道电路、道岔和信号机的状态信息提供给 ATS 和 ATP/ATO。联锁设备的功能包括：

（1）联锁逻辑运算：接收 ATS 或车站值班员的进路命令，进行联锁逻辑运算，实现对道岔和信号机的控制。

（2）轨道电路信息处理：处理列车检测功能的输出信息，以提高列车检测信息的完整性。

（3）进路控制：设定、锁闭和解锁进路。

（4）道岔控制：解锁、转换和锁闭道岔。

（5）信号机控制：确定信号机的显示。

1.3.2　6502 电气集中联锁

目前我国多条地铁线路的车辆段均采用 6502 电气集中联锁，如北京地铁 1 号线车辆段、

广州地铁1号线车辆段等。6502电气集中联锁设备的组成如图1-32所示。

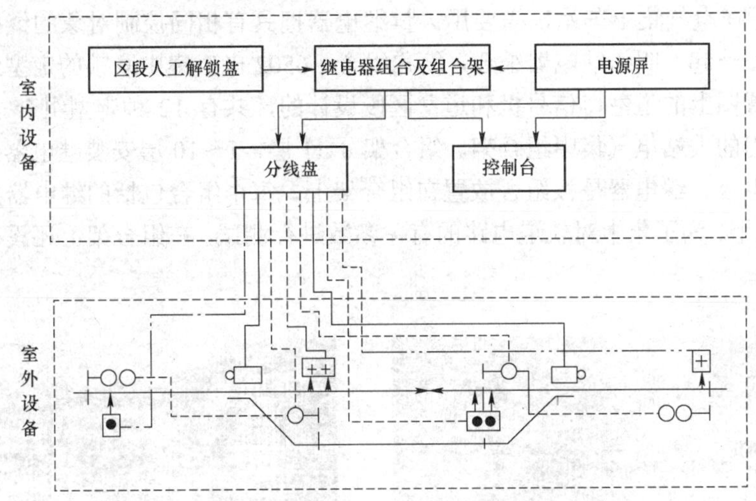

图1-32 6502电气集中联锁设备的组成

6502电气集中联锁设备分为室内和室外两部分。信号楼内设有控制台、区段人工解锁盘、继电器组合及组合架、电源屏和分线盘。室外主要是信号基础设备，如色灯信号机、电动转辙机、轨道电路和电缆等。下面来介绍下室内设备。

1）控制台

电气集中联锁室内设备一般设置在信号楼内，设有控制台的信号楼是车站的控制中心。控制台的盘面是按照每个车站站场的实际情况布置的，盘面上的模拟站场线路、接发车进路方向、道岔和信号机位置均与室外站场实际位置相对应。6502电气集中联锁控制台（见图1-33）是用各种定型的标准单元块拼装而成的，称为单元拼装式控制台。在控制台盘面上设有各种用途的按钮和表示灯、电流表。在控制台中部设有供车站值班员使用的工作台，下部背面设有配线端子板、熔断器及报警电铃。控制台是车站值班员集中控制和监督全站的道岔、进路和信号机，指挥列车运行和调车作业的控制中心；也是信号维修人员分析、判断、控制系统故障范围的辅助设备。

图1-33 6502电气集中联锁控制台

2）区段人工解锁盘

在离开控制台一定距离的室内墙面上，装设有区段人工解锁盘，是控制台操作时的辅助设备，盘面设有许多带有铅封的事故按钮，每个按钮对应于车站的一个道岔区段或有列车经过的无岔区段。当轨道区段因故障不能正常解锁时，用它办理故障解锁；在更换继电器或停电后恢复时，用它来使设备恢复正常状态；或在用取消进路办法不能关闭信号时，可用它来关闭信号。区段人工解锁盘必须与控制台隔开一定的距离，操作时，一人按压控制台上的总人工解锁按钮，另一人按压区段人工解锁盘上的按钮，避免单人操作危及行车安全。区段人工解锁盘如图1-34所示。

3）继电器组合及组合架

继电器组合及组合架是实现电气集中联锁的设备。通常设置在信号楼继电器室内，如图 1−35 所示。在电气集中车站，需要用大量继电器把具有相同控制对象的继电器按照定型电路环节组合在一起，叫作继电器组合，简称组合。6502 电气集中联锁的定型组合是根据车站信号平面布置图上的道岔、信号机和道岔区段设计的，共有 12 种定型组合。6502 电气集中联锁采用通用的大站电气集中组合架。组合架分 11 层，1～10 层安装继电器组合，每层安装一个继电器组合。继电器是按组合放置在组合架上，每个组合包括的继电器数量应接近，最多不超过 10 个。为了集中对轨道电路的有关参数进行测试，在组合架上还设有轨道电路测试盘。

图 1−34　区段人工解锁盘

图 1−35　继电器组合及组合架

4）电源屏

电源屏是电气集中联锁的供电设备，通常设置在信号楼电源室内。电源屏一般要求有两路可靠的电源，即主电源和副电源。主、副电源引至信号楼内，要能够自动和手动相互切换，经过稳压与地隔离和调制后，保证不间断地供给电气集中联锁需要的各种交流电源和直流电源。6502 电气集中联锁车站一般设置一套电源屏，包括转换屏一面、调压屏一面、交流屏两面（其中一面备用）、直流屏两面（其中一面备用）。电源屏如图 1−36 所示。

图 1−36　电源屏

5）分线盘

在室内电缆引出处设有分线盘，因为电气集中联锁的室内与室外联系导线都必须经过分

线盘端子。分线盘如图 1-37 所示。

图 1-37 分线盘

1.3.3 计算机联锁

计算机联锁是由计算机软硬件和一些电子、继电器件组成的，具有故障—安全性能的实时控制系统，它在安全性、可靠性、经济性等方面的性能都是电气集中联锁无法比拟的，它的设计、施工、维修和使用都很方便。

计算机联锁系统大部分使用工业控制计算机或从国外引进安全平台，以继电器作为执行电路，以联锁应用软件实现逻辑功能。

1. 基本结构

根据计算机联锁系统各主要部分的功能和设置地点的不同，它在硬件上一般采用分层结构形式，分为人机交互层、联锁控制层、采集/驱动层和室外设备层，如图 1-38 所示。

1）人机交互层

一部分设备设置于车站值班员室，另一部分设备设置于车站维修值班室。车站值班员通过其进行操作，向联锁层输入操作命令，接收联锁层输出的反映设备工作状态和行车作业情况的表示信息。维修人员通过对其进行操作了解车站联锁设备的运行情况和故障情况，便于维修。

2）联锁控制层

这是车站联锁系统的核心，设置在车站信号楼的机械室内，其基本功能是实现联锁逻辑控制。联锁控制层接收来自人机交互层的操作命令，依据从采集/驱动层接收到的反映室外信号机、道岔和轨道电路状态的信息，结合内部的中间状态信息，进行联锁逻辑运算，产生相应的输出信息。

3）采集/驱动层

这是位于联锁控制层和室外设备层之间的中间层，起信息交互、硬件电路转换等作用，同时在硬件上进行隔离，保证室内设备的安全。

4）室外设备层

室外设备层主要由信号机、电动转辙机、轨道电路、电缆和箱盒设备等组成。

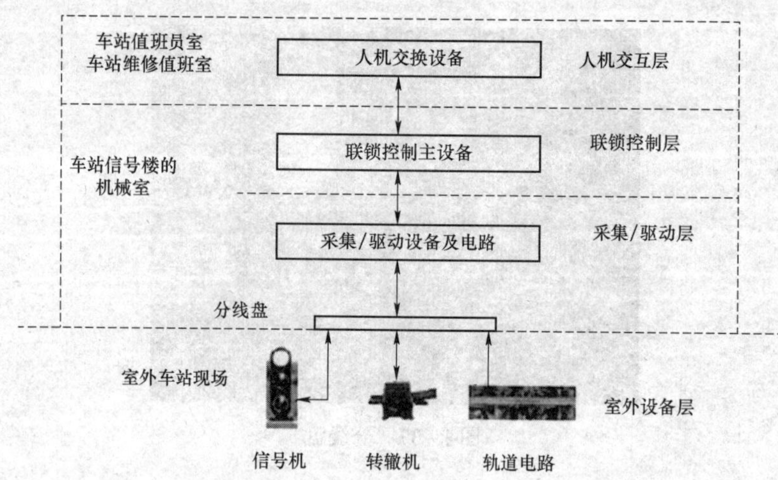

图 1-38　计算机联锁的基本结构

2. TYJL-Ⅱ计算机联锁系统

TYJL-Ⅱ计算机联锁系统是由中国铁道科学研究院集团有限公司通信信号研究所（以下简称通号所）研制的双机热备结构联锁系统，主要设备包括操纵显示设备、监控机、联锁机、执行表示机和输入输出接口、现场设备和其他设备。图 1-39 为 TYJL-Ⅱ计算机联锁系统的结构。

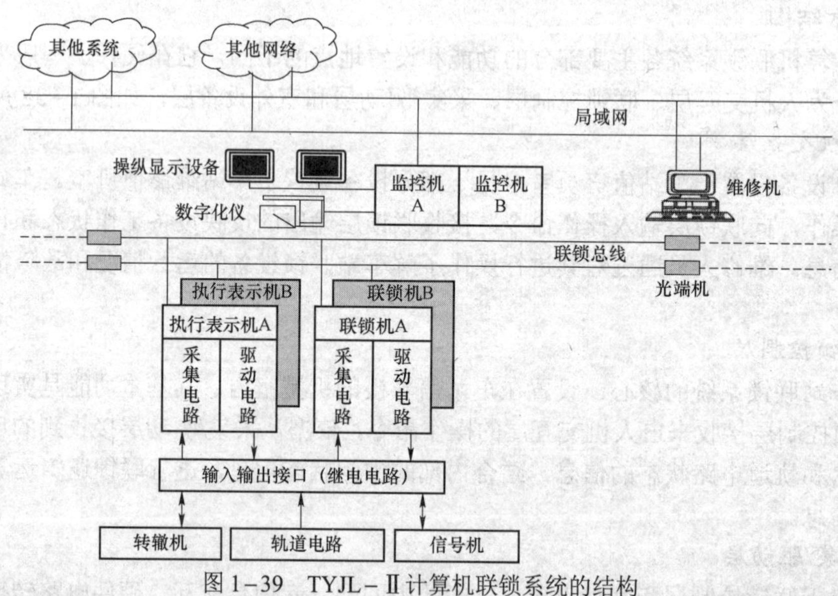

图 1-39　TYJL-Ⅱ计算机联锁系统的结构

1）操纵显示设备

计算机联锁的操纵显示设备有多种形式：数字化仪加显示器、鼠标加表示器，以及控制表示合一的控制台等多种形式，其主要功能是供值班员办理各种行车命令，提供站场图形显示、语音和文字提示等。图 1-40 为操纵显示设备。

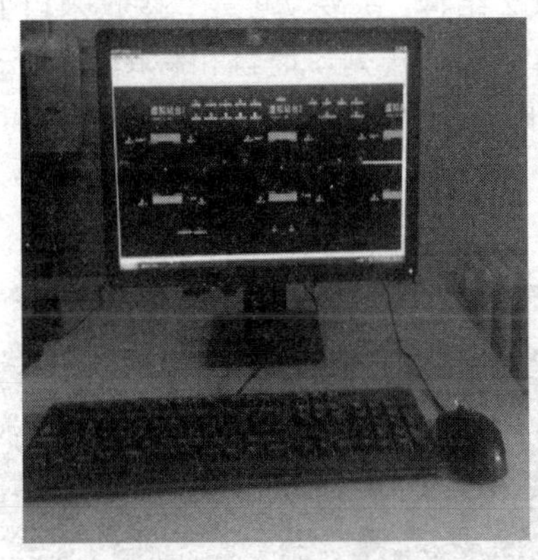
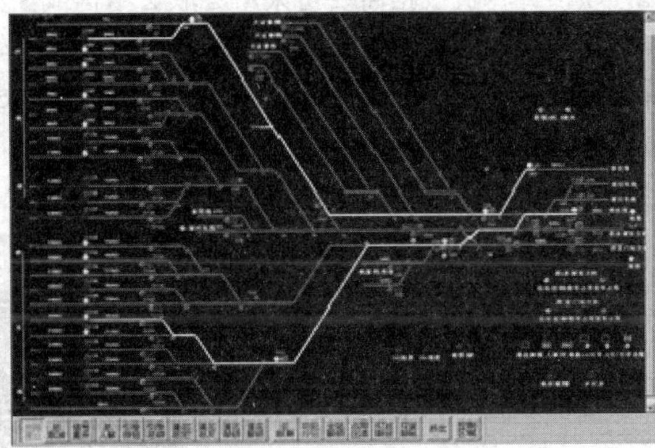

图 1-40 操纵显示设备

2）监控机

作为人机接口，监控机的主要功能是：一方面，接收来自控制台的操作命令和向控制台提供图像、语音、文字等信息；另一方面，与联锁机进行信息交换，向联锁机提供初选的操作命令并接收来自联锁机的道岔、信号、轨道电路等表示信息。

3）联锁机

联锁机是计算机联锁系统的核心，它根据现场信号设备状态和控制台操作命令，实现信号设备的联锁逻辑处理功能，完成进路选择和锁闭、发出转换道岔和开放信号等控制命令。

4）执行表示机和输入输出接口

执行表示机通过由继电电路构成的输入输出接口，接收并执行来自联锁机的控制命令，采集并向联锁机发送现场设备信息。

5）现场设备

现场设备包括电气集中设备，道岔控制电路、信号机点灯电路、轨道电路等采用现有的成熟电路。

6）其他设备

计算机联锁除上述设备外，还包括与其他系统连接的网络、电务维修机等设备。

3. SICAS 型计算机联锁

SICAS（Siemens computer aided signalling，西门子计算机辅助信号）系统是基于故障—安全、高可用性的计算机联锁系统，可以监督和控制道岔、轨道区段、信号机以及其他室外设备的部件，包括单独操作和排列进路、辅助操作、操作员动作记录、进路占用和解锁、与列车自动控制系统设备的集成等。它是具备集中和本地操作能力的 ATS 系统，可以保证系统的高可用性和扩展性，因此在我国城市轨道交通正线信号设备联锁中具有举足轻重的地位。

SICAS 型计算机联锁分别对应：LOW（现场操作员工作站）、联锁计算机、STEKOP（现场接口计算机）、DSTT（现场接口模块），以及现场的道岔、轨道电路和信号机，其总体结构如图 1-41 所示。

（1）LOW（现场操作员工作站）是人机操作界面，将设备和列车运行情况图形化显示，接收操作人员的操作命令并传递给联锁计算机进行处理。LOW 主界面如图 1-42 所示。

（2）联锁计算机根据需要可采用 2 取 2 结构或 3 取 2 结构，主要功能是：接收来自 LOW 的操作命令和来自现场的设备状态信息，进行联锁逻辑运算，排列、监督和解锁进路，动作和监督道岔，控制和监督信号机，防止同时排列敌对进路，向 ATC 发出进入进路的许可，并将产生的结果状态和故障信息传送至 LOW。

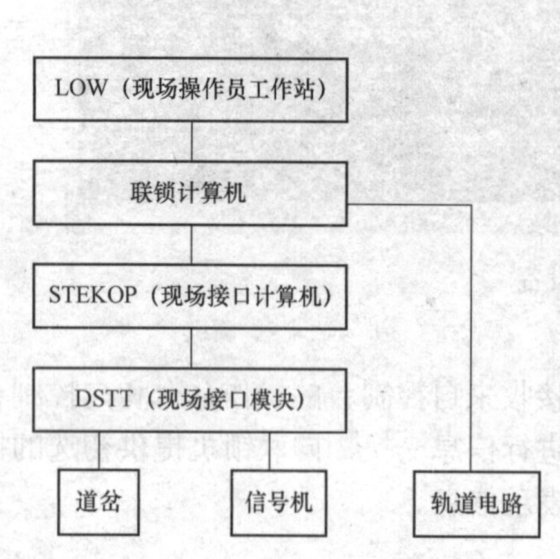

图 1-41　SICAS 型计算机联锁总体结构

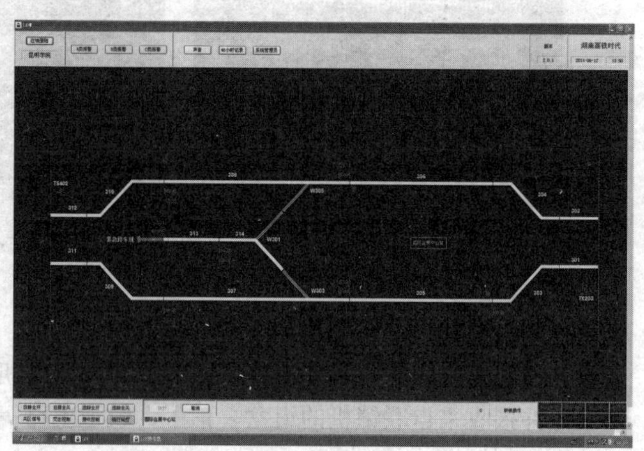

图 1-42　LOW 主界面

4. DS6-K5B 型计算机联锁系统

DS6-K5B 型计算机联锁系统是北京通号设计院与日本京三制作所联合开发的一套用于车站信号联锁控制的系统。该系统的核心硬件——联锁机和输入输出电路采用京三公司的 K5B 型产品。该产品所有涉及安全信息处理和传输的部件均按照故障—安全原则采取了 2 重系结构设计。图 1-43 为 DS6-K5B 的联锁机柜。

图 1-43　DS6-K5B 的联锁机柜

（1）联锁处理部件采取双 CPU 共用时钟，对数据母线信号执行同步比较，发生错误时使输出导向安全，具备了故障—安全性能。联锁 2 重系为主从式热备冗余，通过高速通道进行数据交换，保证 2 重系同步运行，可实现不间断切换。

（2）输入输出电路采用京三公司生产的电子终端，电路为 2 重系并行工作，具有故障—

安全性能，输入输出均采取静态方式，省去了静态—动态变换电路，简化了继电器接口电路设计。

（3）系统内各微机之间的通信全部通过光缆连接，传输距离远，抗干扰能力和防雷性能强，保证系统具有高的运行稳定性，并具有区域联锁功能。

 实践技能

实训 1.1 认识车辆段信号设备

证 本实训项目对标 1+X 城市轨道交通信号检修职业技能等级证书考核要点，要求能够识读车辆段信号设备平面布置图，了解各表示符号的含义。

一、实训目的

（1）了解车辆段内的线路设置情况及特点。

（2）认识车辆段内的信号设备设置情况，并知道其基本功能。

（3）认识车辆段信号设备平面图上各个信号设备的图形符号，构建起车辆段信号系统的基本框架，逐步培养岗位意识及零违章、零违纪、零事故的行业特色精神。

二、器材、工具准备

（1）车辆段信号设备平面图。

（2）车辆段信号设备的相关图片和视频资源。

（3）绘图软件 Microsoft Visio。

注意：也可以去车辆段现场进行实地参观。

三、任务实施

学生 5 人一组完成以下实训任务，并推荐一人进行汇报。

（1）仔细观察车辆段线路的设置情况，识别各线路的名称及功能。

（2）认识车辆段内的各种信号机的设置情况，观察设置位置、灯光配列组合情况及信号机名称。

（3）认识车辆段内的转辙机的设置情况，观察转辙机的位置和型号、与道岔的关系。

（4）认识车辆段内的轨道电路的设置情况，观察轨道电路的相关设备特点。

（5）仔细观察信号楼设备室中的信号设备，了解室内设备的组成。

（6）仔细观察信号楼控制室中的信号设备，了解控制室内的各个设备是如何操作控制室外转辙机、信号机的。

（7）用 Microsoft Visio 软件绘制：

① 车辆段信号系统构成图，示例如图 1–44 所示。

② 车辆段信号平面布置图，并正确标出相关信号设备的位置，说明具体作用，如图 1–45 所示。

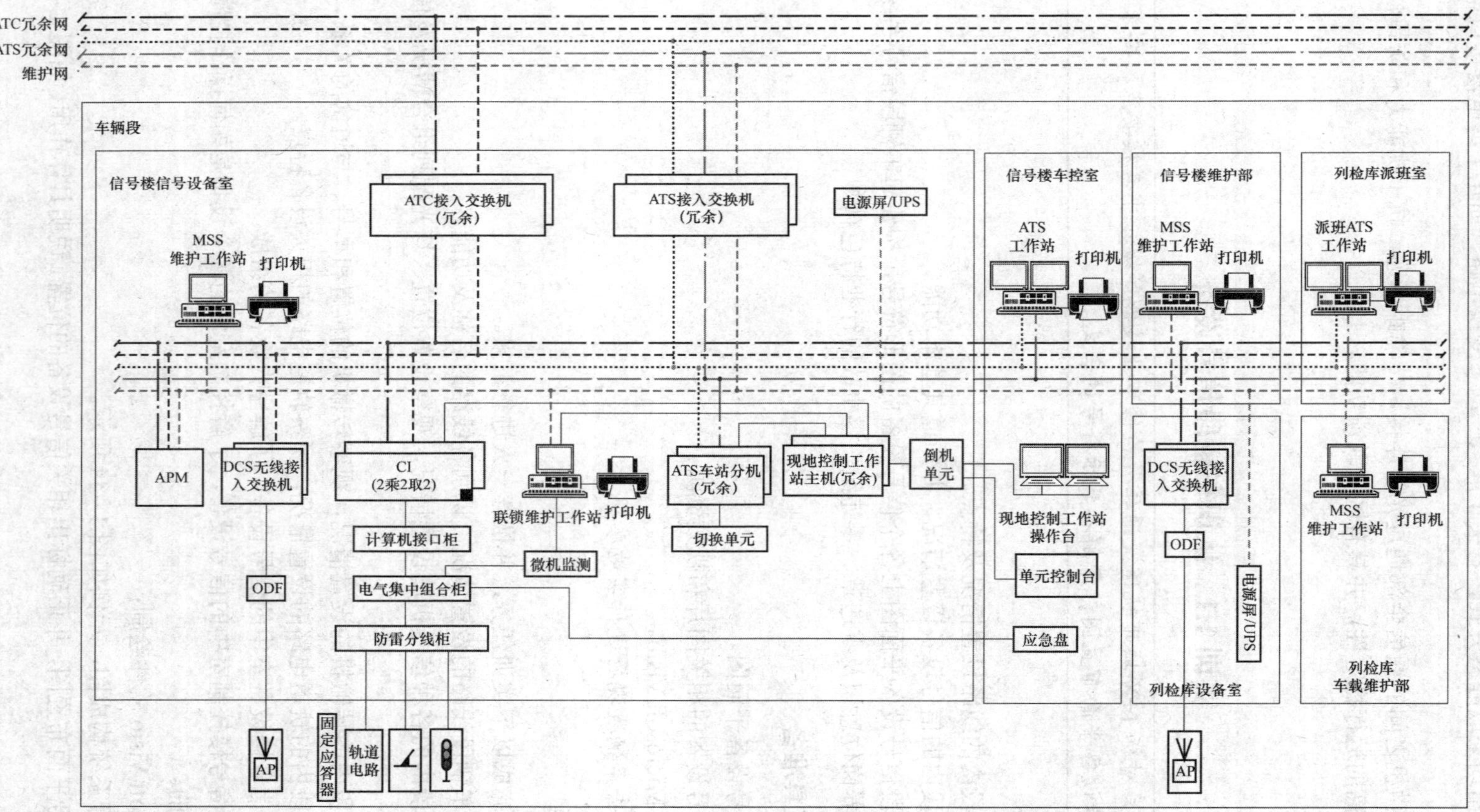

图1-44　车辆段信号系统构成图示例

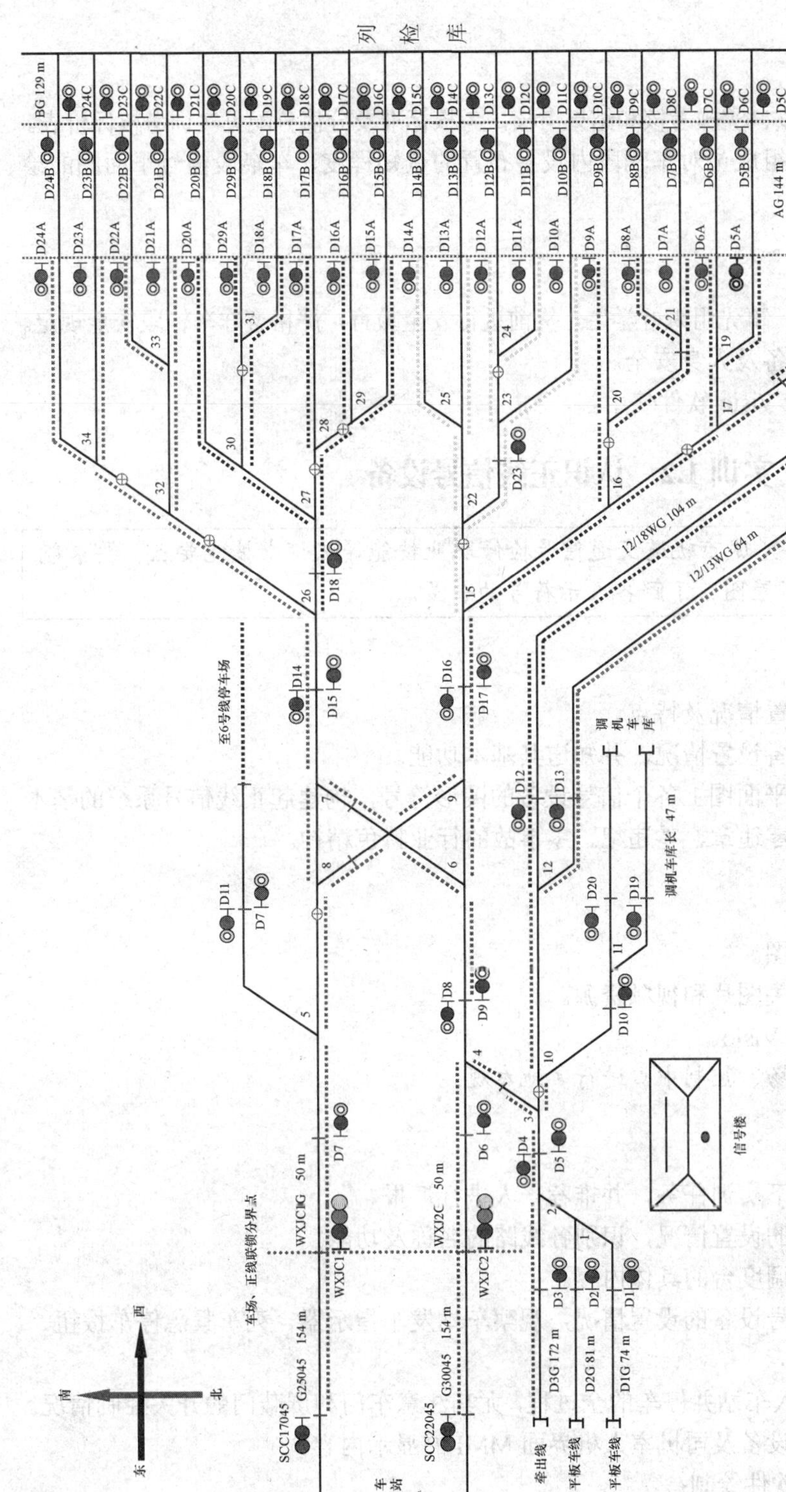

图1-45 车辆段信号平面布置图示例

四、实训考核标准

本实训考核包含过程考核、实操考核和结果考核，考核标准及分值分配见实训考核评价表。其中实操过程中着重考核小组成员对车辆段内设备布置的认知程度、车辆段信号平面图的绘制准确性。

五、注意事项

（1）如果去车辆段参观，事先组织好学生，提前进行安全教育，严格遵守车辆段安全规定。

（2）参观过程中注意设备及人身安全。

（3）课前熟悉 Microsoft Visio 软件使用。

实训 1.2　认识正线信号设备

> ㊟本实训项目对标 1+X 城市轨道交通信号检修职业技能等级证书技能要点，要求能够识读正线信号设备平面布置图，了解各表示符号的含义。

一、实训目的

（1）了解正线的线路设置情况及特点。

（2）认识正线的信号设备设置情况，并知道其基本功能。

（3）认识正线信号设备平面图上各个信号设备的图形符号，构建起正线信号系统的基本框架，逐步培养岗位意识及零违章、零违纪、零事故的行业特色精神。

二、器材、工具准备

（1）正线信号设备平面图。

（2）正线信号设备的相关图片和视频资源。

（3）绘图软件 Microsoft Visio。

注意：也可以去正线现场、控制中心进行实地参观。

三、任务实施

学生 5 人一组，完成以下实训任务，并推荐一人进行汇报。

（1）仔细观察正线线路的设置情况，识别各线路的名称及功能。

（2）观察控制中心各个调度台的具体内容。

（3）认识正线上车站信号设备的设置情况，观察车站发车指示器、列车紧急停车按钮、车站线路上的相关设备。

（4）观察列车从区间进入车站并停车的全过程，尤其注意车门和屏蔽门的开关控制情况。

（5）仔细观察车载信号设备及司机室人机界面 MMI 的显示内容。

（6）用 Microsoft Visio 软件绘制：

① 车站信号系统构成图，示例如图 1–46 所示。

② 正线车站信号平面布置图，并正确标出相关信号设备的位置，说明具体作用，示例如图 1–47 所示。

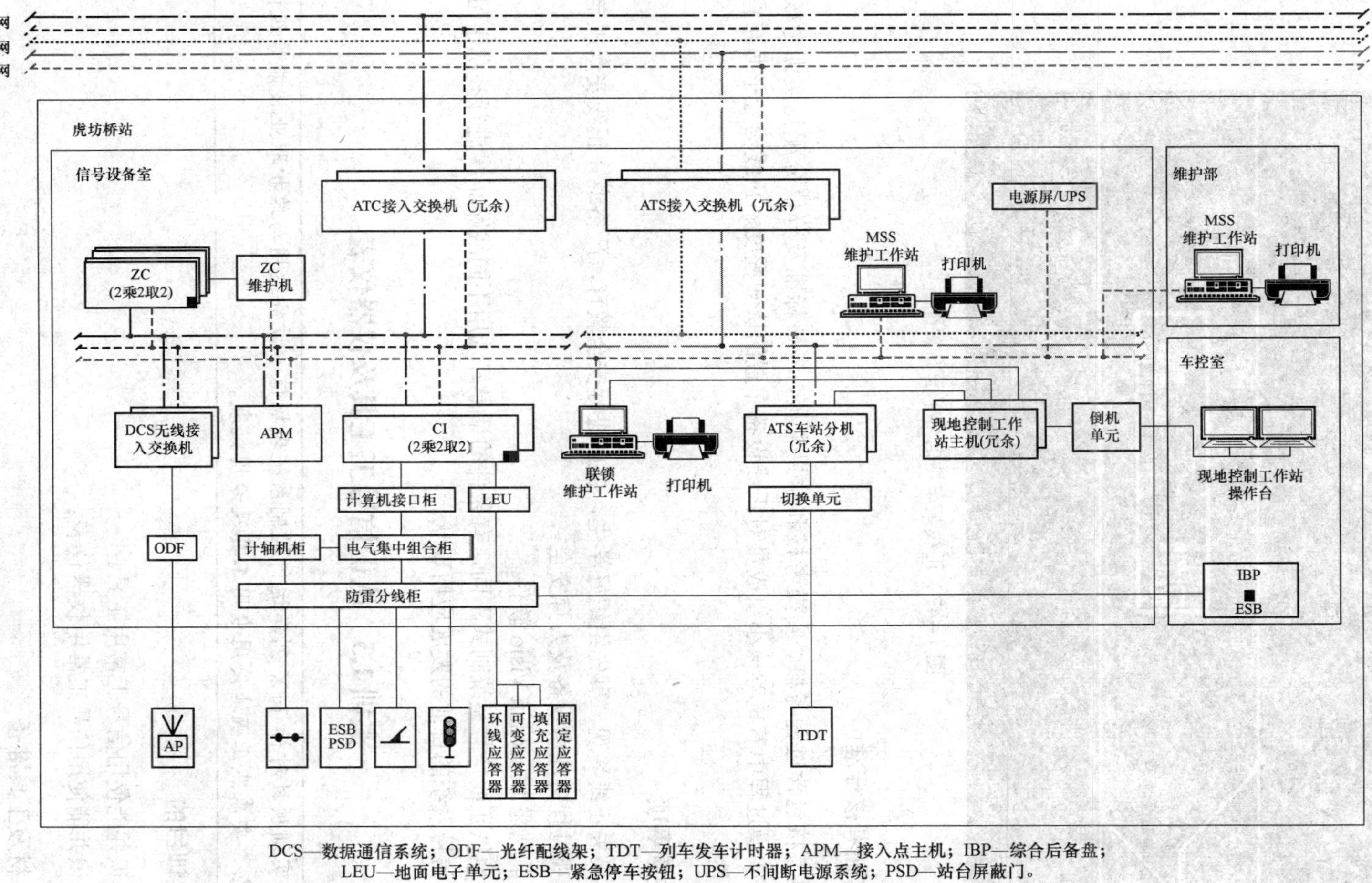

DCS—数据通信系统；ODF—光纤配线架；TDT—列车发车计时器；APM—接入点主机；IBP—综合后备盘；LEU—地面电子单元；ESB—紧急停车按钮；UPS—不间断电源系统；PSD—站台屏蔽门。

图 1-46 车站信号系统构成图示例

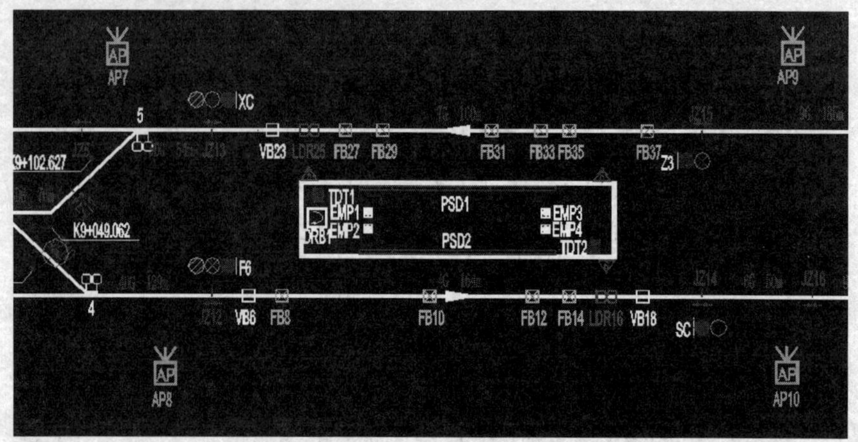

图 1-47　正线某车站信号平面布置图

四、实训考核标准

本实训考核包含过程考核、实操考核和结果考核，考核标准及分值分配见实训考核评价表。其中实操过程中着重考核小组成员对正线设备布置的认知程度、正线信号平面布置图的绘制准确性。

五、注意事项

（1）如果去正线参观，事先组织好学生，提前进行安全教育，严格遵守正线安全规定。

（2）参观过程中注意设备及人身安全。

（3）课前熟悉 Microsoft Visio 软件。

（4）各地铁正线信号系统制式不同，有条件的话最好选用不同线路正线进行参观学习，让学生知道信号系统的目前的发展应用现状。

实训 1.3　认识信号工工具及仪器仪表

> 证 本实训项目对标 1+X 列车运行控制系统现场信号设备运用与维护职业技能等级证书技能要点，要求能正确地使用专用工具及专用仪表。

一、实训目的

（1）认识并能使用信号工常用工具。

（2）认识并能使用信号工常用仪器仪表。

二、器材及工具准备

信号工常用工具：验电笔、钢丝钳、尖嘴钳、剥线钳、斜口钳、电工刀、螺丝刀、活扳手及手台等。信号工常用仪器仪表：数字万用表、钳形电流表、绝缘电阻表（又称兆欧表，俗称摇表）等。

三、任务实施

学生 2 人一组，依托城市轨道交通实训中心实训环境及相关工具、仪器仪表，完成以下实训任务：

（1）熟悉信号工常用工具包括验电笔、钢丝钳、尖嘴钳、剥线钳、斜口钳、电工刀、螺丝刀、活扳手及手台的工作原理，并练习使用。

（2）熟悉数字万用表、钳形电流表、绝缘电阻表的工作原理，并练习使用。

本次实操主要熟悉常用工具和仪器仪表的工作原理并学会使用。

四、实训考核标准

本实训考核包含过程考核、实操考核和结果考核，考核标准及分值分配见实训考核评价表。其中实操过程中着重考核小组成员：对常用工具的熟悉程度和使用的正确性，对常用仪表的熟悉程度和使用的正确性。

五、注意事项

（1）练习使用常用工具和仪器仪表的时候，一般可借助电工实训室进行练习。

（2）注意采用正确的方法使用工具，切勿造成人身伤害或者工具损坏。

（3）使用仪器仪表时，注意用电安全。

思政微课堂

不忘初心，牢记使命
交通强国，城轨担当

截至 2022 年 12 月 31 日，31 个省（自治区、直辖市）和新疆生产建设兵团共有 53 个城市开通运营城市轨道交通线路 290 条，运营里程 9 584 km，车站 5 609 座。城市轨道交通运营线路包含地铁、轻轨、跨坐式单轨、市域快轨、有轨电车、磁浮交通、自导向轨道系统、电子导向胶轮系统、导轨式胶轮系统、无悬挂式单轨等多种制式。在“十三五”时期，我国城市轨道交通运营里程稳步攀升，并且我国已经成了全球城市轨道交通运营里程第一，远超德国、俄罗斯、美国等发达国家。

目前，北京、上海、天津、重庆、广州、武汉、成都、苏州、宁波、南宁、济南、太原、芜湖等十几个城市开通了全自动运行系统线路。随着城市轨道交通运营线路长度的快速增长，线网的织密，城市轨道交通分担公共交通客流的比例逐年提高。同时，北京、上海、广州、深圳、重庆、南京、武汉、西安等 20 多个城市开展智慧城轨建设并取得一定成果。

作为交通强国重要支撑的城市轨道交通行业，积极准确把握世界科技发展和产业变革趋势，把智慧城轨建设作为交通强国的重要支撑和抓手，以信息化、智能化和智慧化促进城市轨道交通行业高质量发展，凝聚共识，汇力推进。

城市轨道交通行业始终坚持以习近平新时代中国特色社会主义思想为指导，助推交通强

国发展战略；始终坚持以人民为中心的宗旨，把乘客的安全、便捷、舒适出行放在创新发展的首位；始终坚持以党中央、国务院交通强国和智慧城市决策部署，作为助推交通强国建设的总目标；始终坚持把关键核心技术作为交通强国的战略高地，予以重点突破；始终坚持汇聚全行业磅礴之力，共筑交通强国梦。

城市轨道交通担当的使命催人奋进，宏伟目标的实现任重道远。作为城轨人，需要深刻把握时代背景，不忘初心，牢记使命，聚心汇力，励精图治，以交通强国和城轨担当强烈的使命感、责任感和紧迫感，推进城市轨道交通发展，引领城市轨道交通行业，统一思想，齐心协力，去开创交通强国建设的新局面。

想一想 辩一辩 结合我国城市轨道交通发展规划和历程、“十三五”时期的建设成果，谈谈你对交通强国的感想。

拓展知识

知识点	二维码
轨道交通信号工岗位基本规范	
常用工具及仪器仪表使用说明	
全电子联锁	

应知应会试题

应知应会试题	二维码
项目 1 应知应会试题	

项目 2　信号继电器维护

㊍ 轨道交通信号工岗位职业能力分析（项目 2）

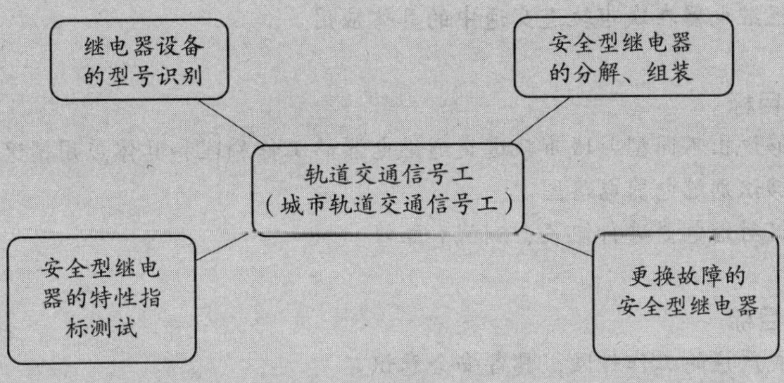

项目 2 按照国家职业标准“轨道交通信号工（城市轨道交通信号工）”岗位工作内容中对继电器设备相关知识和技能要求进行目标设定、理论与实训任务划分编写，涵盖了各型号继电器设备识别、巡检、维护内容。

项目导入

某城市地铁6号线巨峰路站20#道岔定位失去表示专报，经检查确认为控制该道岔的JYJXC−135/220型继电器动作幅度大，在磁钢作用下翻转力度大，造成中接点的簧片在长时间的高强度反复动作中产生金属疲劳，最后导致齐根断裂，20#道岔的定位失去表示，影响列车运行。

那么什么是继电器呢？它在城市轨道交通信号中发挥着怎样的重要作用？在城市轨道交通中的具体应用体现在哪些方面呢？下面我们就来学习一下城市轨道交通信号继电器设备。

教学目标

1. 知识目标

（1）了解城市轨道交通信号继电器的作用及结构。

（2）理解城市轨道交通信号继电器的类型、结构特点和工作原理。

（3）掌握继电器在城市轨道交通中的具体应用。

2. 技能目标

（1）能够说出不同型号城市轨道交通继电器的工作原理和具体应用情况。

（2）能够识别继电器电路图。

（3）能够对继电器进行组装、测试和维修。

3. 素质目标

（1）形成严谨的工作作风，具备安全意识。

（2）培养理论联系实际的动手能力，激发浓厚的学习兴趣。

（3）培养良好的职业道德及爱岗敬业的精神。

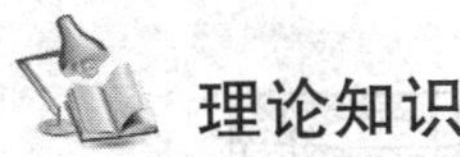
理论知识

任务 2.1 认识继电器

2.1.1 继电器概述

继电器是一种电磁开关，能以较小的电信号控制执行电路中的大功率设备，利用电磁原理对设备进行自动控制和远程控制，其控制对象可以是单个设备、多个设备、多个回路等。继电器广泛应用于国民经济众多部门的生产过程控制、国防系统的自动化和远程化，同时也广泛应用于轨道交通信号的各个方面。

城市轨道交通信号系统中广泛采用的继电器，称为信号继电器。信号继电器是城市轨道交通信号系统中的重要部件，无论是作为继电式信号系统的核心部件，还是作为电子式或计算机式信号系统的接口部件，其动作的可靠性都会直接影响信号系统整体的可靠性和安全性。图 2-1 为城市轨道交通系统常用的 JWJXC-H125/80 型继电器。

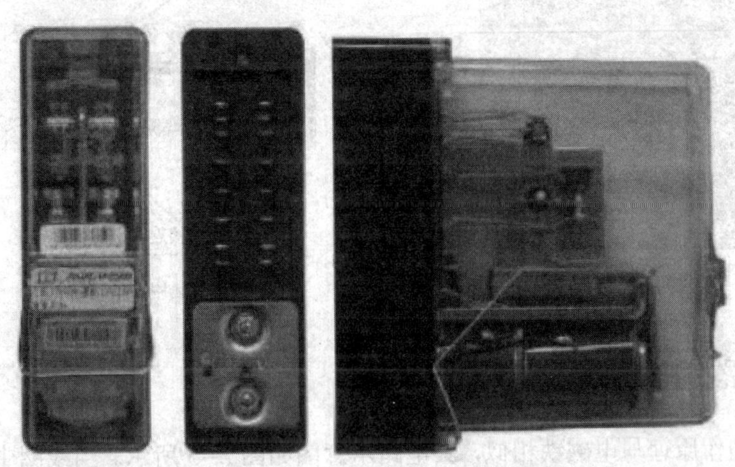

图 2-1 JWJXC-H125/80 型继电器

我国城市轨道交通信号系统中应用较多的信号继电器是 AX 系列继电器，其结构如图 2-2 所示。可以看出，信号继电器通常由直流电磁系统和接点系统两部分构成。

（1）直流电磁系统由线圈、铁芯、轭铁等组成。线圈分为前圈和后圈，可根据电路需要设置单线圈控制、双线圈串联控制或双线圈并联控制。直流电磁系统是继电器的感受机构，接收输入量。图 2-3 为继电器的线圈。

（2）接点系统包括拉杆和接点组。接点组分为静止的前接点、后接点和固定在拉杆上的中接点（也称作动接点）。接点的接通情况可以反映继电器的状态，同时用于控制其他设备。接点系统是继电器的执行机构，实现控制。图 2-4 为继电器的接点。

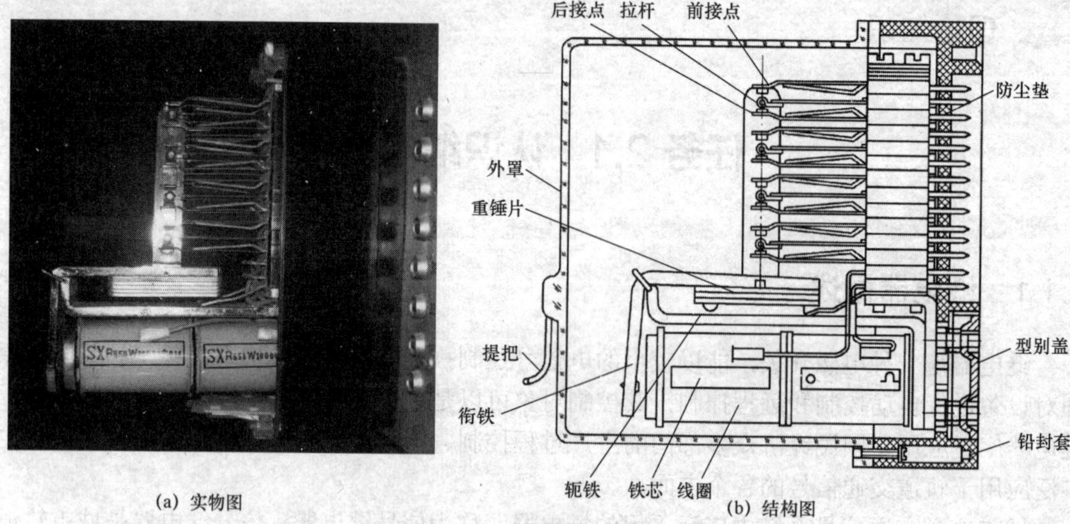

图 2-2　AX 系列继电器的结构

图 2-3　继电器的线圈

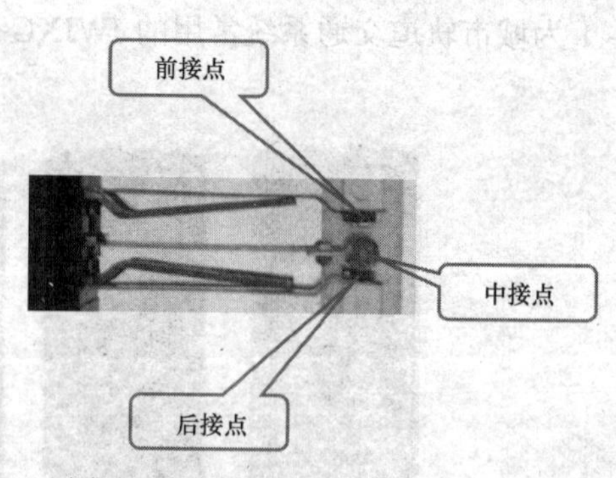

图 2-4　继电器的接点

2.1.2　继电器动作原理

继电器的动作原理与电磁铁相似，其电路示意图如图 2-5 所示。当线圈中通以规定的电流后，在衔铁和铁芯之间就产生一定数量的磁通，该磁通经铁芯、衔铁、轭铁和气隙形成一个闭合磁路，铁芯对衔铁产生吸引力，吸引力的大小取决于所通电流的轭铁大小。

1. 励磁吸起状态

当电流增大到一定值时，吸引力增大到能克服衔铁向铁芯运动的阻力时（主要是衔铁自重），衔铁就被吸向铁芯；由衔铁带动的动接点（随衔铁一起动作的接点）也随之动作，与前接点接通。此状态称为励磁吸起（简称吸起）状态。

2. 失磁落下状态

当线圈中电流变小直至消失时，吸引力随电流的减小而减小，当吸引力减小到不足以克服衔铁重力时衔铁靠自重落下（称为释放），衔铁带动中接点与前接点断开，与动断接点（常

称为后接点）接通。此状态称为继电器失磁落下状态。这样，随着衔铁的动作，动接点与静接点接通或断开，从而连通了不同的电路，实现对其他设备的控制。

可见，继电器具有开关特性，利用它的接点通、断电路，构成各种控制和表示电路。图 2-5 中，前接点接通时点亮绿灯，后接点接通时点亮红灯。

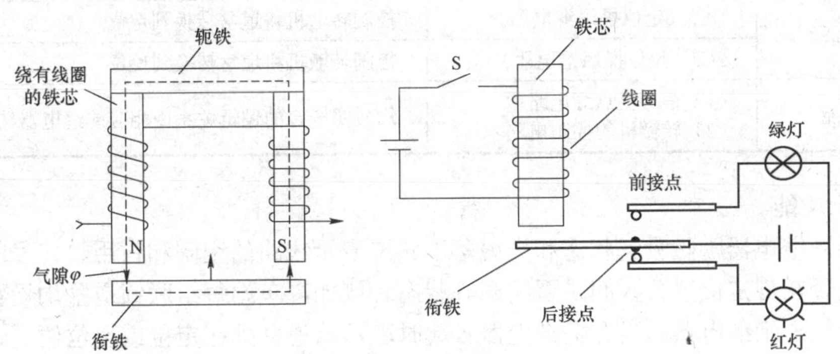

图 2-5　继电器电路示意图

2.1.3　继电器的作用

信号继电器作为城市轨道交通信号设备的组成部分之一，它具有城市轨道交通信号设备整体的地位，同时它又是地铁信号设备中的“第一关”，是保障后续地铁信号设备正常工作的重要前提条件。继电器设备的故障，往往会给地铁运营带来很大的影响。图 2-6 为城市轨道交通的信号继电器组合架。

图 2-6　城市轨道交通的信号继电器组合架

故障—安全原则是城市轨道交通信号设备必须遵守的原则。当系统任何部分出现故障时，都应该确保系统的输出导向安全状态。在城市轨道交通信号设备中，继电器的作用可以概括为表示、驱动、逻辑等功能，如表 2-1 所示。

表 2-1 信号继电器的作用

表示功能	GJ（轨道继电器）	吸起状态表示轨道区段的空闲 落下状态表示轨道区段的占用
	DBJ（定位表示继电器）	吸起状态表示道岔在定位
	FBJ（反位表示继电器）	吸起状态表示道岔在反位
驱动功能	DCJ（定位操纵继电器）	控制转辙机将道岔转换到定位
	FCJ（反位操纵继电器）	控制转辙机将道岔转换到反位
逻辑功能	（1）信号机点灯电路； （2）转辙机的控制电路	均按照一定的逻辑关系由相应的继电器构成控制电路

1. 表示功能

利用不同继电器励磁吸起状态和失磁落下状态表示线路的空闲和占用、信号的开放和关闭、道岔是否在规定位置、区间是否闭塞等状态。例如，车站每组联锁道岔均设置定位表示继电器和反位表示继电器，当有关继电器吸起时表示该道岔处在定位或反位位置，进而利用继电器接点接通控制台或显示屏的相关表示灯，从而实现有关设备间的相互控制关系。

2. 驱动功能

车站联锁设备的主要被控对象是信号机和转辙机，计算机联锁均利用继电器控制相关设备。当达到相应的条件时，负责道岔操作的继电器可以通过励磁吸起状态或失磁落下状态分别控制转辙机将道岔转换到定位或反位。同样，当达到相应条件时，负责信号机控制的继电器通过励磁吸起状态或失磁落下状态分别控制信号机的开放和关闭。

3. 逻辑功能

在继电联锁设备及继电半自动闭塞设备中，利用继电电路可以实现有关逻辑关系，以保证车站和区间的行车、调车作业安全。利用继电器电路可以判断道岔位置是否正确、进路是否空闲等条件，从而确定信号是否能正常开放。当信号正常开放后，还需要利用继电电路锁闭与之相敌对的信号，并实时检查联锁条件是否满足，一旦出现不满足联锁条件的情况，就及时关闭有关信号，最终保证行车安全。

2.1.4 继电器的接点

接点是继电器的执行机构，通过接点来反映继电器的状态，进行电路的控制。信号继电器对接点有较高的要求，从接点材质到接点结构，从接点组数到接点容量都有较高要求。对于频繁通断大电流的接点，还必须采取灭火花措施。

接点的接触形式，通常有面接触、线接触和点接触 3 种，如图 2-7 所示。

1）面接触

接触面最大，接触电阻最小，但实际上由于接点的接触面稍有歪斜，所以两个接点的接触面不能全面接触，往往只能在一个点或一个不大的面积上接触，因此接触电阻仍然较大。而且接触的部分每次闭合都有不同，加上接点表面的氧化物层自动净化不良，导致接触电阻很不稳定。

2）线接触

压力比较集中，在接点闭合和断开的过程中，线接触的接点表面能沿另一接点的表面滑

动，引起表面氧化层和灰尘自动脱落，起到自动净化的作用，使接触电阻减小，而且接触电阻也较稳定。

3）点接触

压力最为集中，接触电阻也最为稳定，但接触电阻大。因为散热面积小，所以温升高，故点接触这种形式只适用于小功率的控制电路。

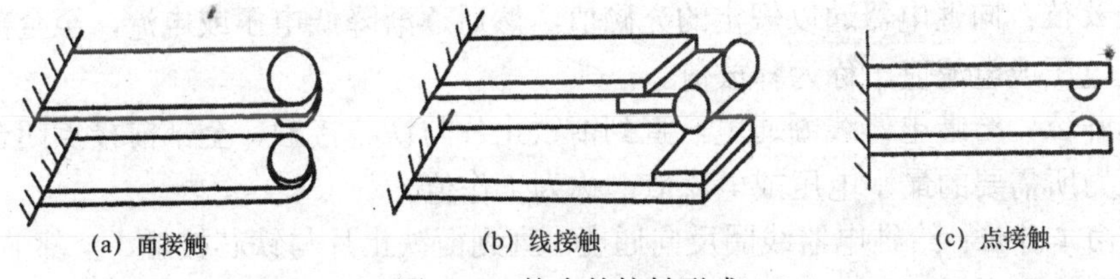

(a) 面接触　(b) 线接触　(c) 点接触

图 2-7　接点的接触形式

例如，JWXC 型无极继电器的接点采用点接触方式。在接点簧片的端部开一条 0.5 mm 宽的细长槽口，在槽的两边各焊一个银接点（由直径为 1.5 mm 的银丝制成，如图 2-8 所示）。它与动、静接点一起构成点接触方式，且形成一个簧片上有两个接触点的并联接触方式，大大提高了触头接触的可靠性。为满足通断较大电流的需要，JYJXC-135/220 型加强接点有极继电器除了加强接点簧片厚度外，接点一般采用面接触方式。

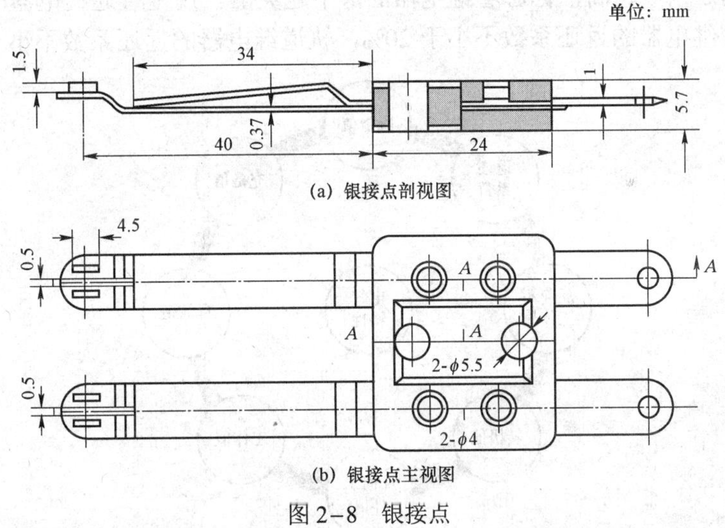

(a) 银接点剖视图

(b) 银接点主视图

图 2-8　银接点

2.1.5　继电器的特性

> 证 本节内容对标 1+X 城市轨道交通信号检修职业技能等级证书知识要点，要求学生会分析安全型继电器的电气特性和机械特性。

安全型继电器的特性包括电气特性、时间特性、机械特性和牵引特性。这些特性用来表征继电器的性能，是使用和检修继电器的重要依据。

1. 电气特性

电气特性是安全型继电器的基本要求，也是设计和实现信号逻辑电路的依据。其电气特性如图 2-9 所示。

（1）额定值：额定值是满足继电器安全系数所必须接入的电压或电流值。除了作为轨道继电器、灯丝继电器、道岔启动继电器之外，AX 系列继电器的额定电压通常为直流 24 V。

（2）充磁值：为了测试继电器的释放值或转极值，预先使继电器磁系统磁化，向其线圈通以 4 倍的工作值或转极值，称为充磁值。

（3）释放值：向继电器通以规定的充磁值，然后逐渐降低电压或电流，至全部前接点断开时的最大电压或电流值，称为释放值。

（4）工作值：给继电器线圈通电，直到衔铁止片与铁芯接触、全部前接点闭合，并满足规定接点压力所需要的最小电压或电流值，称为工作值。

（5）反向工作值：给继电器线圈反向通电，直到衔铁止片与铁芯接触、全部前接点闭合，并满足接点压力时所需要的最小电压或电流值，称为反向工作值。

（6）转极值：转极值是使有极继电器衔铁转极的最小电压或电流值，分为正向转极值和反向转极值。

（7）反向不工作值：向偏极继电器线圈反向通电，继电器不动作的最大电压值，称为反向不工作值。

（8）返还系数：释放值与工作值之比称为返还系数。返还系数对于信号继电器有着特别重要的意义，返还系数越高，标志着继电器的落下越灵敏。规定普通继电器的返还系数不小于 30%，缓放型继电器的返还系数不小于 20%，轨道继电器的返还系数不小于 50%。

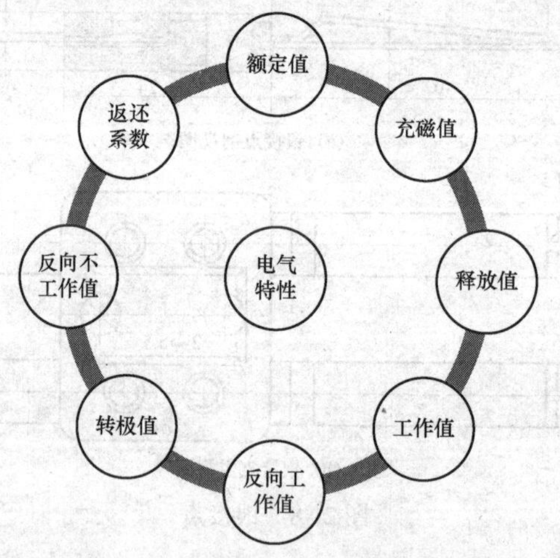

图 2-9　安全型继电器的电气特性

2. 时间特性

电磁继电器的电磁系统具有铁芯的电感，在接通或断开电源时，由于电磁感应作用，在铁芯中产生涡流，在线路中产生感应电流。这些电流产生的磁通会阻碍铁芯中原来的磁通的变化，所以电磁继电器或多或少地都具有一些缓动的时间特性。

电磁继电器线圈所具有的电感不仅电感量大，而且是非线性的。再加上继电器磁路中的工作气隙在动作过程中是变化的，因此继电器线圈中的电流变化规律较为复杂。

从线圈通电到衔铁动作，带动后接点断开、前接点接通，需要一定的时间。从线圈断电到衔铁动作，带动前接点断开、后接点接通，也需要一定的时间。即吸合需要时间，释放也

需要时间。

（1）吸合时间指从向继电器通入额定值起至全部前接点闭合所需的时间（包括通电至后接点断开的吸起启动时间和从后接点断开到前接点闭合的衔铁运动时间）。

（2）返回时间指从向继电器通入额定值，从线圈断电时至前接点断开所需的时间（包括断电至前接点断开的缓放时间和从前接点断开至后接点闭合的衔铁运动时间）。

例如，JWXC－1000 型继电器的吸合时间为 0.10～0.15 s，返回时间为 0.01～0.02 s。可见继电器都是缓动的，但其缓吸时间、缓放时间都非常短。继电器的时间特性如图 2－10 所示。

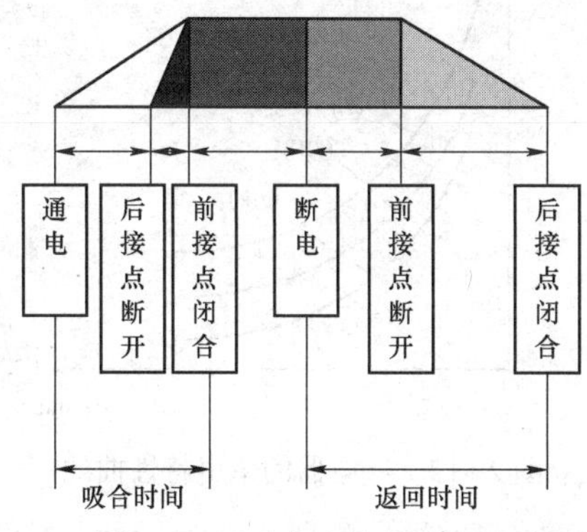

图 2－10 继电器的时间特性

3. 机械特性与牵引特性

在继电器衔铁的动作过程中，衔铁上受到电磁吸引力和反作用力。电磁吸引力又称牵引力，反作用力与之方向相反。对于安全型继电器来说，牵引力是由衔铁（及重锤片）的重力和接点簧片的弹力组成的，所以称为机械力。要使继电器可靠工作，牵引力必须大于机械力。因此牵引力的大小要根据机械力来确定。

1）机械特性

AX 系列继电器机械力的大小与接点簧片的数量、重锤片的数量、衔铁的动程等有关，而且在衔铁的整个运动过程中所受到的机械力不是固定不变的，而是在一个很大的范围内变化的。也就是说，继电器的机械力 F_J 是随着衔铁与铁芯间的气隙 δ 的变化而变化的。$F_J=f(\delta)$ 的变化关系称为继电器的机械特性，表示这种变化关系的曲线，称为机械特性曲线，如图 2－11 所示。不同类型的继电器，其结构不同，机械特性也不同。

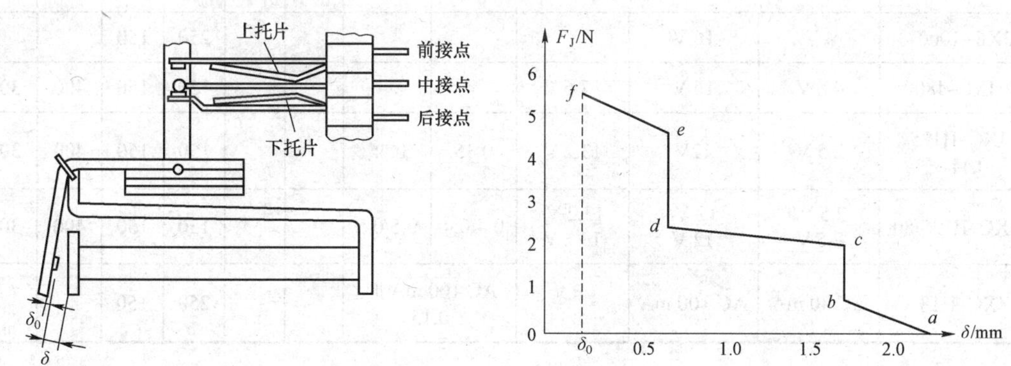

图 2－11 继电器的机械特性曲线

2）牵引特性

当无极继电器线圈上加上直流电源后，铁芯中就产生磁通，磁通经过铁芯与衔铁间的气隙 δ时，对衔铁产生电磁吸引力，称为牵引力 F_Q。牵引力 F_Q与线圈的磁势（线圈的匝数和所加电流的乘积 IW，通常为安匝）及气隙大小有关。当 δ一定时，F_Q与安匝的平方成正比；当安匝一定时，F_Q 与 δ的平方成反比。即 F_Q 随 δ呈双曲线规律变化。牵引力 F_Q 随工作气隙 δ变化的关系 $F_Q=f(\delta)$称为牵引特性。继电器的牵引特性曲线如图 2–12 所示。

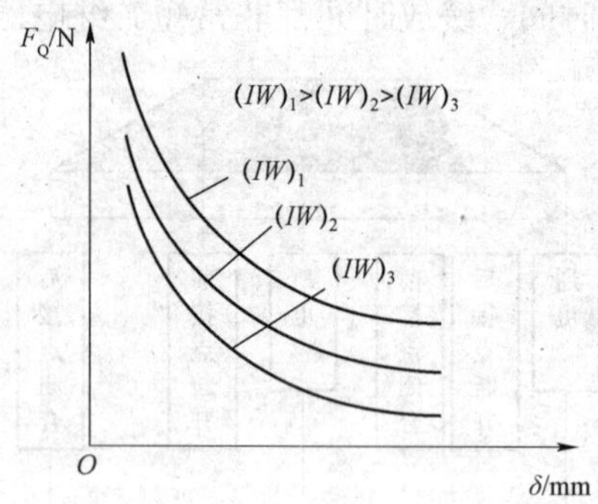

图 2–12　继电器的牵引特性曲线

表 2–2 为城市轨道交通常用信号继电器特性表。

表 2–2　城市轨道交通常用信号继电器特性表

继电器型号	电气特性			时间特性				接点压力			
				缓放时间不小于/s		缓吸时间不大于/s		普通不小于/mN		加强不小于/mN	
	释放值不小于	工作值不大于	反向工作值不大于	18 V	24 V	18 V	24 V	动合接点	动断接点	动合接点	动断接点
JWXC–1700	3.4 V	16.8 V	18.4 V					250	150		
JWXC–H340	2.3 V	11.5 V	12.6 V	0.45	0.50	0.35	0.3	250	150		
JYJXC–135/220	转极值：正向 10～16 V 反向 10～16 V							定位 150	反位 150	定位 2 200	反位 2 200
JPXC–1000	4 V	16 V						250	150		
JWJXC–480	4.8 V	16 V	17.6 V					150	150	400	300
JWJXC–H125/0.44	2.5 V	12V	13.2 V	0.35	0.45			150	150	400	300
JWJXC–H125/80	2.5 V/ 2.5 V	12 V/ 12 V	13.2 V/ 13.2 V	0.4/0.4	0.5/0.5			150	150	400	300
JZXC–H18	AC 40 mA	AC 100 mA		AC 100 mA 时 0.15				250	150		

任务 2.2 安全型继电器

在城市轨道交通信号系统中，凡是涉及行车安全的继电电路都必须采用安全型继电器。AX 系列安全型继电器是在座式继电器和大插入式继电器的基础上，由我国自行设计和制造的，它结构新颖，重量轻，体积小，经过现场几十年的运用考验，证明其安全可靠、性能稳定，能满足信号电路对继电器提出的各种要求，是我国城市轨道交通信号继电器的主要定型产品，应用最为广泛。安全型继电器分为插入式和非插入式两种。在实际使用中，为便于维修，多采用插入式继电器。

2.2.1 安全型继电器概述

1. 安全型继电器型号

信号继电器在轨道交通中使用的时候，继电器正面都会标出该继电器的型号。安全型继电器的型号用汉语拼音和数字表示；字母表示继电器种类，数字表示线圈电阻值。表 2–3 为继电器代号含义。

表 2–3 继电器代号含义

代号	含义		代号	含义	
	安全型	其他类型		安全型	其他类型
A		安全	R		二元
B		半导体	S		时间、灯丝、双门
C	插入	插入、传输、差动	T		通用、弹力
D		单门、动态	W	无极	
DB	单闭磁		X	信号	信号、小型
H	缓放	缓放	Y	有极	
J	继电器、加强接点	继电器、加强接点、交流	Z	整流	整流、转换
P	偏极				

示例：JWJXC–H125/0.44。J 表示继电器；W 表示无极；J 表示加强接点；X 表示信号；C 表示插入式；H 表示缓放；125 表示继电器前圈电阻 125 Ω；0.44 表示继电器后圈电阻 0.44 Ω；当两线圈阻值相同时，用二者之和表示。注意：继电器代号中的“/”也可以写成“—”，如 H125/0.44 可写成 $\frac{\text{H125}}{0.44}$。

2. 继电器插座

从结构上来看，安全型继电器通常有插入式和非插入式两种。在城市轨道交通系统中安全型继电器常用插入式，因而需加装继电器插座。安全型继电器插座的结构如图 2–13 所示。

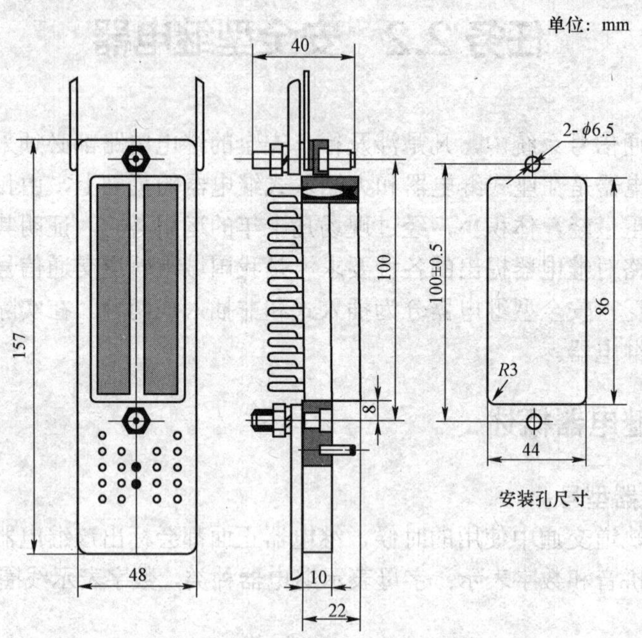

图 2-13　安全型继电器插座的结构

在安全型继电器插座的插孔旁注有数字，对应无极继电器的接点编号，所以必须按接点编号对照使用。图 2-14 为安全型继电器插座接点编号示意图。

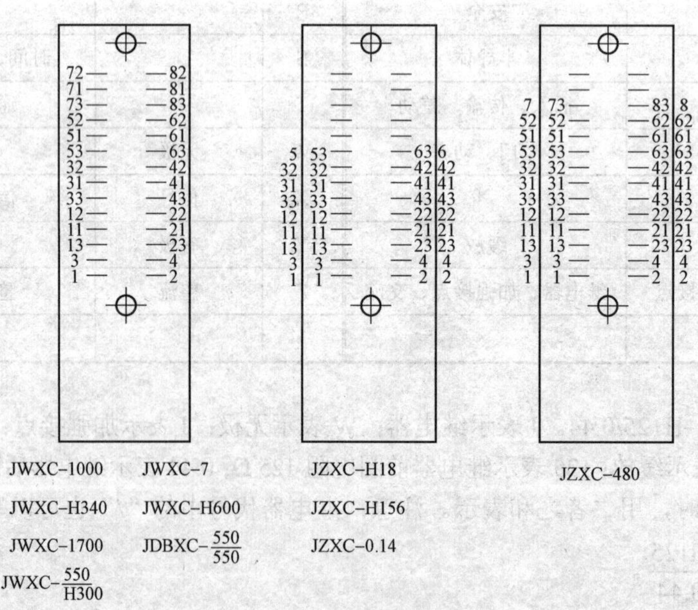

图 2-14　安全型继电器插座接点编号示意图

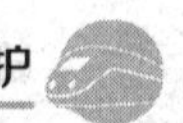

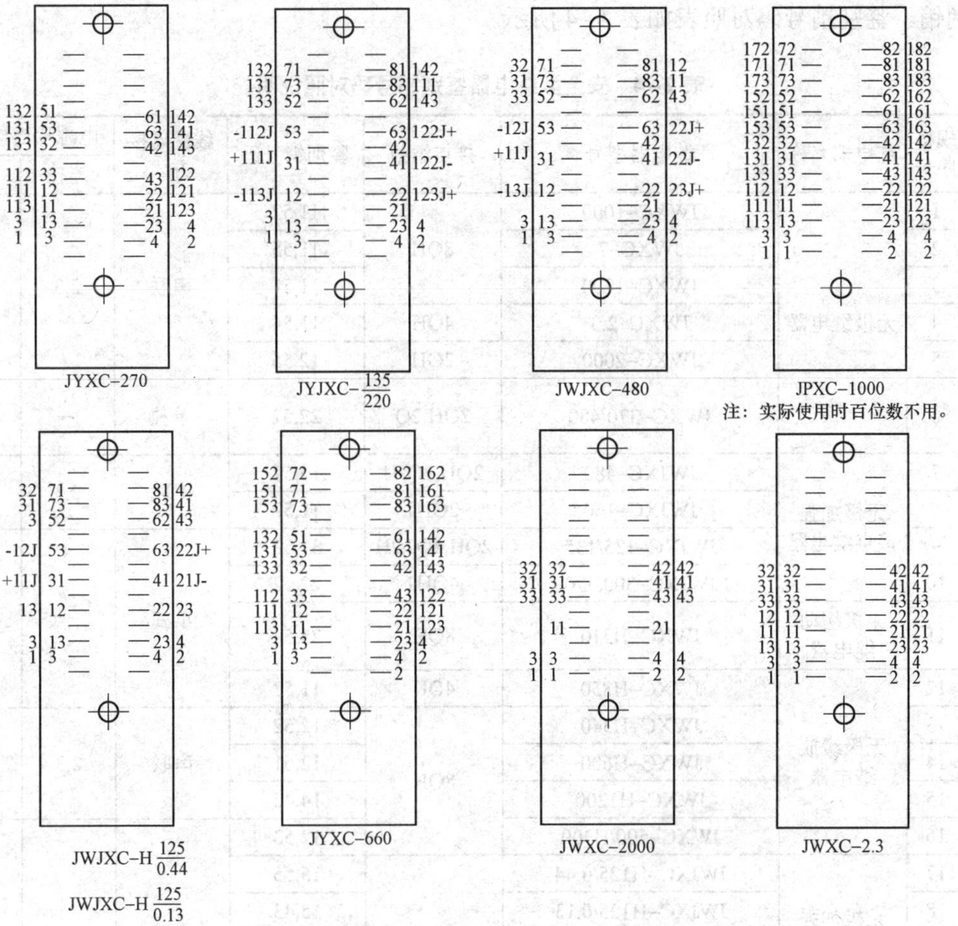

JYXC-270
JYJXC-$\frac{135}{220}$
JWJXC-480
JPXC-1000
注：实际使用时百位数不用。
JWJXC-H $\frac{125}{0.44}$
JWJXC-H $\frac{125}{0.13}$
JYXC-660
JWXC-2000
JWXC-2.3

图 2-14　安全型继电器插座接点编号示意图（续）

以无极继电器 JWXC-1700 为例，继电器插座接点说明如图 2-15 所示。

以第6组接点为例
62：第6组接点前接点
61：第6组接点中接点
63：第6组接点后接点
1、2、3、4线圈接线端

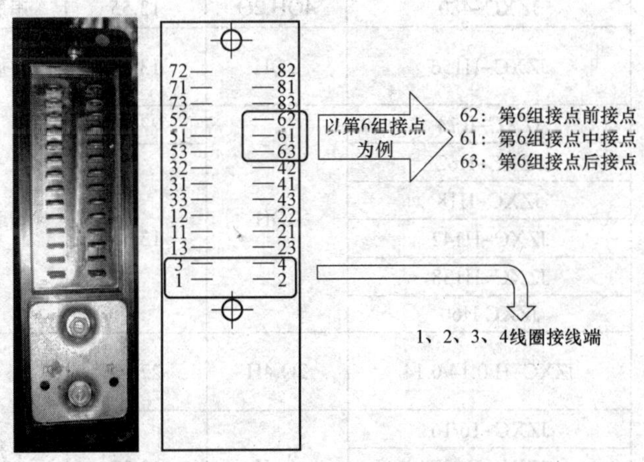

图 2-15　JWXC-1700 继电器插座接点说明

安全型继电器有多种类型，为防止不同类型的继电器错误插接，在插座下部鉴别孔内铆以鉴别销。鉴别销号码对照表如表 2–4 所示。

表 2–4 安全型继电器鉴别销号码对照说明

<table>
<tr><th rowspan="2">品种序号</th><th rowspan="2">规格序号</th><th rowspan="2">继电器名称</th><th rowspan="2">继电器型号</th><th rowspan="2">接点组数</th><th rowspan="2">鉴别销号码</th><th rowspan="2">线圈连接方式</th><th colspan="2">电源片连接方式</th></tr>
<tr><th>连接</th><th>使用</th></tr>
<tr><td rowspan="21">1</td><td>1</td><td rowspan="6">无极继电器</td><td>JWXC–1000</td><td rowspan="3">8QH</td><td>11,52</td><td rowspan="5">串联</td><td rowspan="5">2,3</td><td rowspan="5">1,4</td></tr>
<tr><td>2</td><td>JWXC–7</td><td>11,55</td></tr>
<tr><td>3</td><td>JWXC–1700</td><td>11,51</td></tr>
<tr><td>4</td><td>JWXC–2.3</td><td>4QH</td><td>11,54</td></tr>
<tr><td>5</td><td>JWXC–2000</td><td>2QH</td><td>12,55</td></tr>
<tr><td>6</td><td>JWXC–370/480</td><td>2QH,2Q</td><td>22,52</td><td>单独</td><td>—</td><td>1,2/3,4</td></tr>
<tr><td>7</td><td rowspan="4">无极加强接点继电器</td><td>JWJXC–480</td><td>2QH,2QHJ</td><td>15,51</td><td rowspan="2">串联</td><td rowspan="2">2,3</td><td rowspan="2">1,4</td></tr>
<tr><td>8</td><td>JWJXC–160</td><td>2QHJ</td><td>11,52</td></tr>
<tr><td>9</td><td>JWJXC–135/135</td><td>2QH,4QJ,2H</td><td>31,53</td><td rowspan="4">单独</td><td rowspan="4">—</td><td rowspan="4">1,2/3,4</td></tr>
<tr><td>10</td><td>JWJXC–300/370</td><td>4QHJ</td><td>22,52</td></tr>
<tr><td>11</td><td>无极缓动继电器</td><td>JWXC–H310</td><td>8QH</td><td>23,54</td></tr>
<tr><td>12</td><td rowspan="5">无极缓放继电器</td><td>JWXC–H850</td><td>4QH</td><td>11,52</td></tr>
<tr><td>13</td><td>JWXC–H340</td><td rowspan="4">8QH</td><td>12,52</td><td rowspan="3">串联</td><td rowspan="3">2,3</td><td rowspan="3">1,4</td></tr>
<tr><td>14</td><td>JWXC–H600</td><td>12,51</td></tr>
<tr><td>15</td><td>JWXC–H1200</td><td>14,42</td></tr>
<tr><td>16</td><td>JWXC–500/H300</td><td>12,53</td><td rowspan="6">单独</td><td rowspan="6">—</td><td rowspan="6">1,2/3,4</td></tr>
<tr><td>17</td><td rowspan="5">无极加强接点缓放继电器</td><td>JWJXC–H125/0.44</td><td rowspan="5">2QH,4QJ,2H</td><td>15,55</td></tr>
<tr><td>18</td><td>JWJXC–H125/0.13</td><td>15,43</td></tr>
<tr><td>19</td><td>JWJXC–H125/80</td><td>31,52</td></tr>
<tr><td>20</td><td>JWJXC–H80/0.06</td><td>12,22</td></tr>
<tr><td>21</td><td>JWJXC–H120/0.17</td><td>15,55</td></tr>
<tr><td rowspan="13">2</td><td>22</td><td rowspan="13">整流继电器</td><td>JZXC–480</td><td>4QH,2Q</td><td>13,55</td><td>串联</td><td>1,4</td><td>7,8</td></tr>
<tr><td>23</td><td>JZXC–H156</td><td>2QH</td><td>13,54</td><td>并联</td><td>2,4/1,3</td><td>7,8</td></tr>
<tr><td>24</td><td>JZXC–0.14</td><td rowspan="6">4QH</td><td>22,53</td><td rowspan="6">串联</td><td rowspan="6">1,4</td><td rowspan="6">5,6</td></tr>
<tr><td>25</td><td>JZXC–H62</td><td rowspan="5">13,53</td></tr>
<tr><td>26</td><td>JZXC–H18</td></tr>
<tr><td>27</td><td>JZXC–H142</td></tr>
<tr><td>28</td><td>JZXC–H138</td></tr>
<tr><td>29</td><td>JZXC H60</td></tr>
<tr><td>30</td><td>JZXC–H 0.14/0.14</td><td>2Q,4H</td><td>22,53</td><td rowspan="5">单独</td><td rowspan="5">—</td><td>1,2/3,4</td></tr>
<tr><td>31</td><td>JZXC–16/16</td><td rowspan="3">4QH</td><td rowspan="3">13,53</td><td>1,2</td></tr>
<tr><td>32</td><td>JZXC–H18F</td><td>5,6</td></tr>
<tr><td>33</td><td>JZXC–H18F1</td><td>1,2</td></tr>
<tr><td>34</td><td>JZXC–480F</td><td>4QH,2Q</td><td>13,55</td><td>71,81</td></tr>
</table>

续表

品种序号	规格序号	继电器名称	继电器型号	接点组数	鉴别销号码	线圈连接方式	电源片连接方式	
							连接	使用
3	35	有极继电器	JYXC–660	6DF	15,20	串联	2,3	1,4
	36		JYXC–270	4DF	15,53			
	37	有极加强接点继电器	JYJXC–135/220	2DF,2DFJ	15,54	单独	—	1,2 3,4
	38		JYJXC–135/220		12,23			
	39		JYJXC–220/220		15,54			
	40	有极加强接点继电器	JYJXC–3000	2F,2DFJ	13,51	串联	2,3	1.4
	41		JYJXC–J3000					
4	42	偏极继电器	JPXC–1000	8QH	14,51			
	43		JPXC–400		14,52			
5	44	单闭磁继电器	JDBXC–550/550	4QJ	21,52	单独	—	1,2 3,4
	45		JDBXC–A550/550		13,42			
	46		JDBXC–1500	2QH				

表中，Q 表示前接点，H 表示后接点，D 表示定位接点，F 表示反位接点，J 表示加强接点。

不同类型的继电器由型别盖上的鉴别孔进行鉴别，鉴别孔与鉴别销相吻合。鉴别孔位置及型别盖外形如图 2–16 所示。

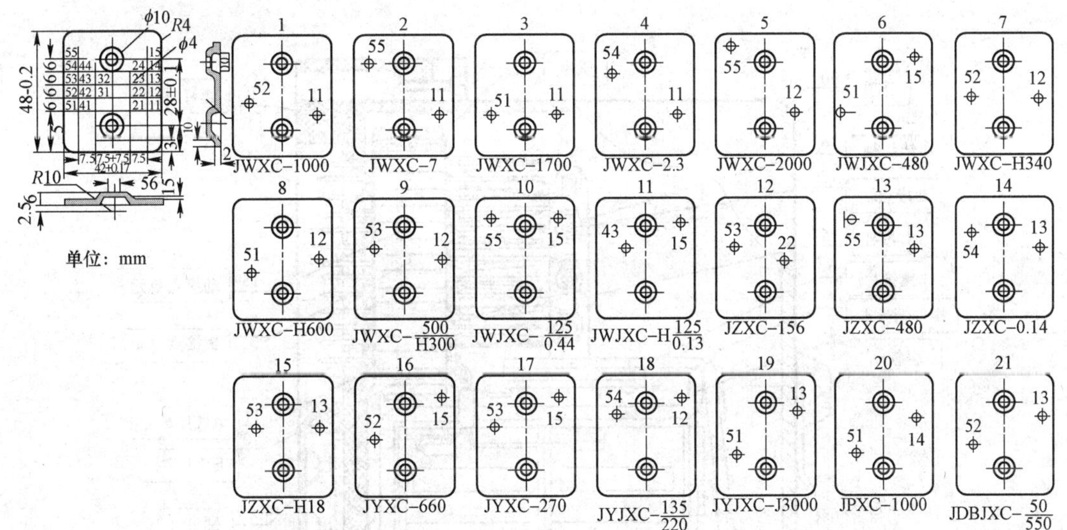

图 2–16 安全型继电器鉴别孔位置及型别盖外形

2.2.2 常用安全型继电器

1. 无极继电器

安全型继电器是直流 24 V 系列的重弹力式直流电磁继电器，其典型结构为无极继电器，其他各型继电器均由无极继电器派生而来。图 2-17 为 JWJXC-480 型和 JWXC-1700 型无极继电器实物图。

(a) JWJXC-480 型无极继电器

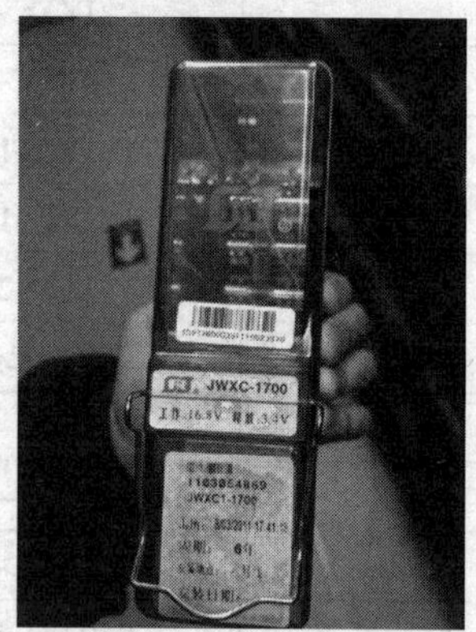

(b) JWXC-1700 型无极继电器

图 2-17　无极继电器实物图

无极继电器由电磁系统和接点系统两部分构成，其结构示意图如图 2-18 所示。电磁系统由铁芯、线圈、轭铁、衔铁等组成。线圈通电后产生磁场，吸起衔铁；线圈断电时依靠重力作用使衔铁可靠释放。接点系统包括拉杆和接点组，接点组分为静止的前接点、后接点和

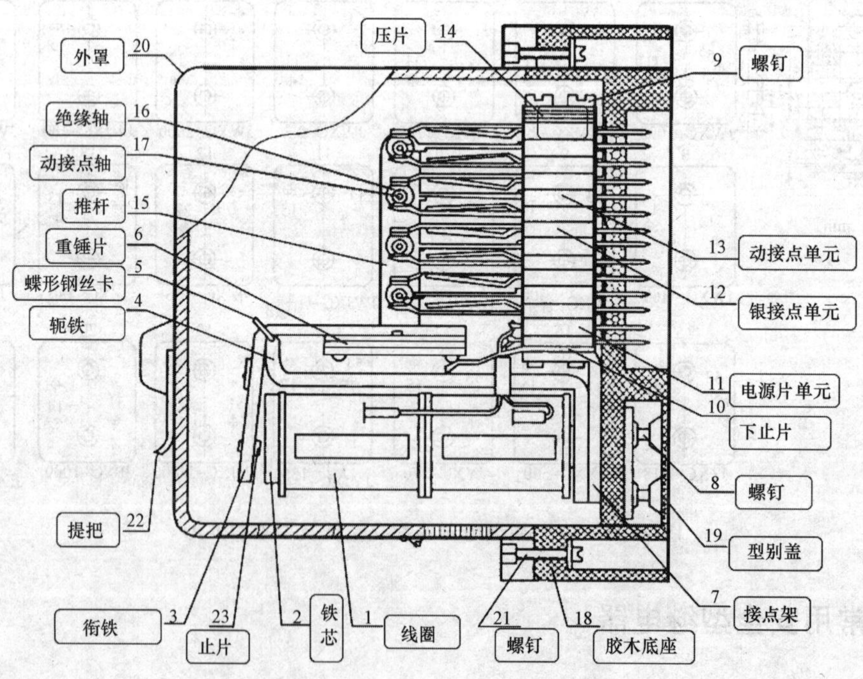

图 2-18　无极继电器结构示意图

固定在拉杆上的动接点。接点的接通情况可以反映继电器的状态，用于控制其他设备。无极继电器一般共有8组接点，彼此独立但是动作一致。

1）线圈

线圈水平安装在铁芯上，分为前圈和后圈。采用双线圈，增强了控制电路的适应性和灵活性，可根据电路需要进行单线圈控制、双线圈串联控制或双线圈并联控制。线圈绕在线圈架上，线圈架由酚醛树脂压制而成。缓放型无极继电器为了增加缓放时间，采用铜质阻尼线圈架。线圈用高强度漆包线密排绕制，抽头焊有引线片，线圈与电源片的连接如图2-19所示。

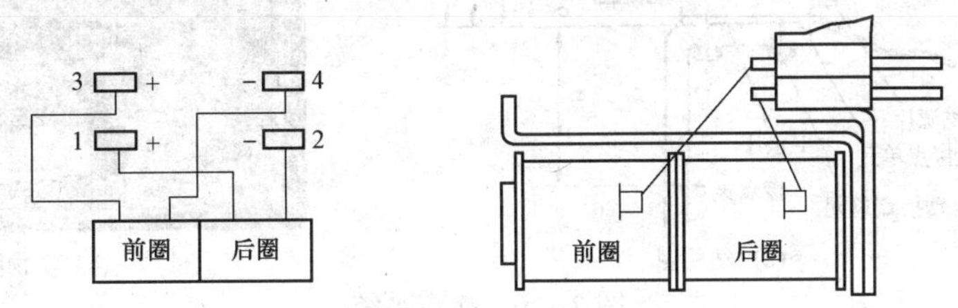

图2-19　线圈与电源片的连接

2）铁芯

铁芯由电工纯铁制成，为软磁材料，具有较高的磁通密度和较小的剩磁，以利于继电器的工作。铁芯外层镀锌做防护。

3）轭铁

扼铁呈L形，由电工纯铁板冲压成型，外表镀多层铬做防护。

4）衔铁

衔铁为角形，靠蝶形钢丝卡固定在轭铁的刀刃上，动作灵活。衔铁由电工纯铁冲压成型，衔铁上铆有重锤片，以保证衔铁靠重力返回。

5）重锤片

重锤片由薄钢板制成，其片数由接点组的多少决定，使衔铁的重量基本上满足后接点压力的需要。一般8组后接点用三片，6组后接点用两片，4组后接点用一片，2组后接点不用。

6）止片

止片由黄铜制成，安装在衔铁与铁芯闭合处。止片有6种厚度，因继电器规格不同而异。止片可取下，按规格更换。止片用以增大继电器在吸起状态的磁阻，减小剩磁影响，保证继电器可靠落下。

7）接点系统

接点系统如图2-20所示。接点系统处于电磁系统上方，通过接点架、螺钉紧固在轭铁上，两者成为一个整体。用螺钉将下止片、电源片单元、银接点单元、动接点单元以及压片按顺序组装在接点架上。在紧固螺钉前，应将拉杆、绝缘轴、动接点轴与动接点组装好。

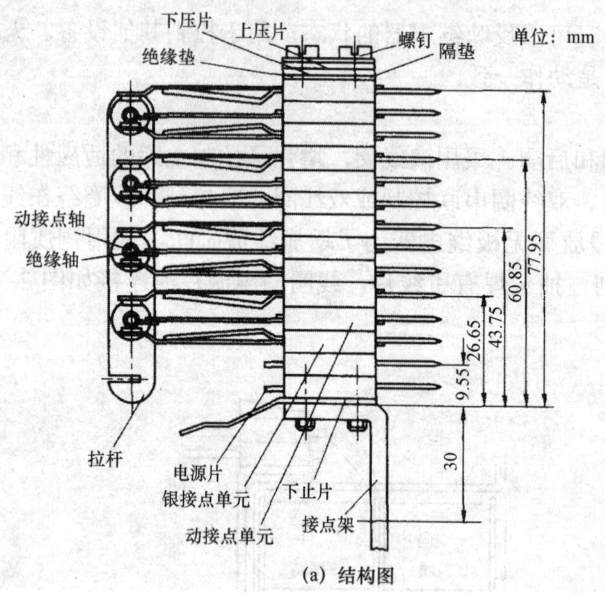

(a) 结构图

(b) 实物图

图 2-20 接点系统

无极继电器接点系统采用两排纵列式联动结构，因此，接点组数只能成偶数增减。拉杆传动中心线与接点中心线一致，以减少不必要的传动损失。

（1）*动接点单元*：由锡磷青铜带制成的动接点簧片与黄铜板制成的补助片压制在酚醛塑料胶木内。动接点簧片端部焊有动接点。

（2）*电源片单元*：由黄铜制成的电源片压在胶木内。

（3）*拉杆*：有铁制的和塑料制的，衔铁通过拉杆带动接点组。

（4）*绝缘轴*：用冻石瓷料制成，抗冲击强度足够。动接点轴由锡磷青铜线制成。

（5）*压片*：由弹簧钢板冲压成弓形，分上、下两片，其作用是保证接点组的稳固性。

（6）*下止片*：由锡磷青铜板制成，外层镀镍。它在衔铁落下时起限位作用。

（7）*接点架*：由钢板制成，用稳钉与扼铁固定，保证接点架不变位。接点架的安装尺寸是否标准，角度是否准确，对继电器的调整有很大影响。

2. 整流继电器

整流继电器用于交流电路中。图 2-21 为整流继电器实物图。它是通过内部的半波或全波整流电路将交流电变为直流电，由直流反应元件执行输出的保护继电器。

图 2-21 整流继电器实物图

常用的整流继电器有 JZXC-480、JZXC-0.14、JZXC-H156、JZXC-H18 及派生的 JZXC-H18F 等多种型号。

JZXC-480 型继电器的磁路具有加大的尺寸（加大止片厚度），可增大返还系数而不使工作值增加很多。它具有不规则的 4QH 与 2Q 接点组。在接点组上，安装有由二极管 2CP25 组成的桥式全波整流电路。

JZXC-0.14 型继电器的电磁系统与 JZXC-480 相同。两线圈并联，有 4QH 接点组，接点组上方安装有由 2CZ-1

型二极管组成的半波整流电路。

JZXC–H156 与 JZXC–H18 型继电器为具有缓放特性的整流继电器，其采用铜线圈架，接点系统为 4QH 接点组，在接点组上方，安装由二极管 2CPZ 组成的桥式全波整流电路。

JZXC–H18F 是 JZXC–H18 的派生型号，具有防雷性能，保护整流二极管免遭击穿。

3. 有极继电器

有极继电器根据线圈中电流极性不同而具有定位和反位两种稳定状态，这两种稳定状态在线圈中电流消失后仍能继续保持，故又称作极性保持继电器。它的特点是电磁系统中增加了永久磁钢。在线圈中通以规定极性的电流时，继电器吸起，断电后仍保持在吸起位置；通以反方向电流时，继电器落下，断电后保持在落下的位置。图 2–22（a）为 JYJXC–160/220 型有极继电器实物图，图 2–22（b）为 JYJXC–135/220 型有极继电器实物图。

(a) JYJXC–160/220 型有极继电器

(b) JYJXC–135/220 型有极继电器

图 2–22　有极继电器实物图

有极继电器的磁路结构与无极继电器基本相同，不同的只是用一块端部呈刃形的长条形永久磁钢代替无极继电器的部分轭铁。磁钢与轭铁间用螺钉联结。图 2–23 为有极继电器电磁系统结构图。有极继电器的线圈引线与电源片的连接与无极继电器相同，有极继电器的接点系统与无极继电器相同，改进型的有极继电器的接点系统会有较大改变。

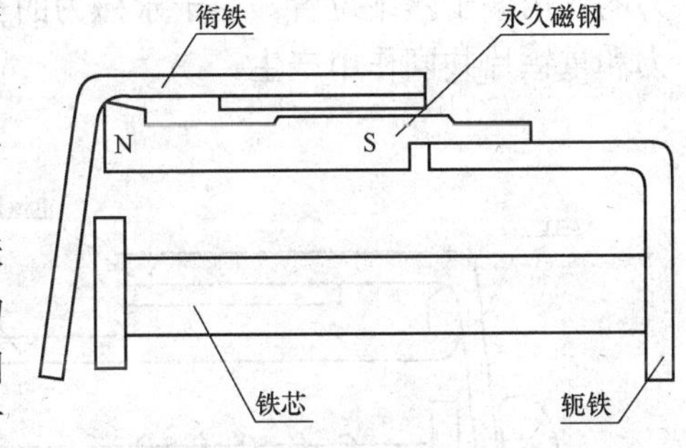

图 2–23　有极继电器电磁系统结构图

常用的有极继电器有 JYXC–660、JYXC–270 型和加强接点的 JYJXC–J3000 和 JYJXC–135/220 型等。

有极继电器衔铁位置的定位、反位规定为：衔铁与铁芯极靴之间的间隙最小时（吸起状态）的位置为定位，此时闭合的接点叫作定位接点（符号为 D，相当于前接点）；衔铁与铁芯极靴之间的间隙最大时（打落状态）的位置为反位，此时闭合的接点叫作反位接点（符号为 F，相当于后接点）。

对于两线圈串联使用的有极继电器，如 JYXC–660、JYXC–270、JYJXC–J3000，规定电源片 1 接电源正极、4 接电源负极时为定位吸起，反之为反位打落。对于分线圈使用的有极继电器 JYJXC–135/220，则规定前圈的电源片 3 接电源正极、4 接电源负极时为定位吸起，而后圈的电源片 2 接电源正极、1 接电源负极时为反位打落。

以有极加强接点继电器 JYJXC-135/220 为例，接点系统由两组普通接点和两组加强接点组成。加强接点组由加强中接点单元和带磁吹弧器的加强接点单元构成。

4. 偏极继电器

偏极继电器是为了满足信号电路中鉴别电流极性的需要而设计的。它与无极继电器有所不同，衔铁的吸起与线圈中电流的极性有关，只有通过规定方向的电流时，衔铁才能吸起，当电流方向与要求的方向相反时，衔铁不动作。它只有一种稳定状态，衔铁靠电磁力吸起，若断电衔铁立即落下。偏极继电器的两组线圈串联使用，接线方式与无极继电器相同。偏极继电器的接点系统与无极继电器完全相同，具有 8QH 接点组。图 2-24 是 JPXC-1000 型偏极继电器实物图。

图 2-24　JPXC-1000 型偏极继电器实物图

偏极继电器的电磁系统与无极继电器基本相同，如图 2-25 所示。但是铁芯的极靴是方形的，在方形极靴下方用两个螺钉固定永久磁钢，使衔铁处于极靴和永久磁钢之间，受永磁力的作用偏于落下位置。由于永磁力的存在，衔铁只安装一块重锤片，后接点的压力由永磁力和重锤片共同作用产生。

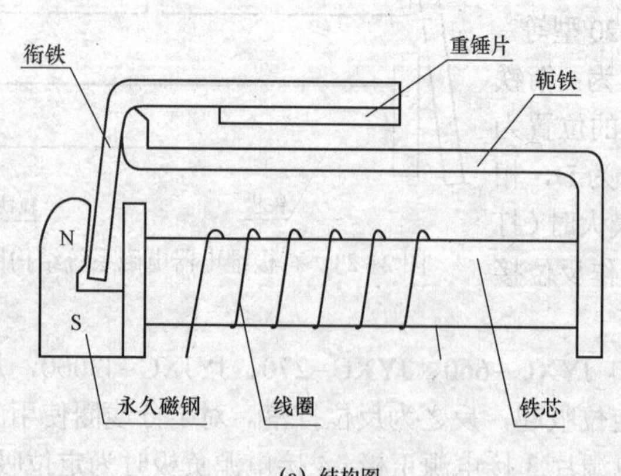

(a) 结构图

(b) 实物图

图 2-25　偏极继电器的电磁系统

铁芯由电工纯铁制成，方形极靴是先冲压成型后再与铁芯焊成一体的。由于铁芯采用方形极靴，所以衔铁也由半圆形改为方形，以增加受磁面积，降低气隙磁阻。永久磁钢由铝镍钴材料制成，其上部为N极，下部为S极。两线圈串联使用，接线方式同无极继电器。接点系统与无极继电器完全相同，具有8个接点组。

5. 交流二元继电器

交流二元继电器属于交流感应继电器，具有两个既相互独立又相互作用的交变电磁系统，故称二元继电器。交流二元继电器有吸起和落下两种状态。根据不同频率，交流二元继电器分为25 Hz和50 Hz两种。

JRJC–66/345型和JRJC–70/240型二元继电器在交流电气化区段的25 Hz相敏轨道电路中作为轨道继电器使用，由专设的25 Hz铁磁分频器供电，具有可靠的频率选择性和相位选择性，对于轨端绝缘破损和不平衡造成的50 Hz干扰能可靠地防护。

50 Hz交流二元继电器主要用于地下铁道、矿山等直流牵引区段的轨道电路中，作为轨道继电器使用。其结构和动作原理与25 Hz交流二元继电器基本相同，只是线圈参数有所不同，以适应不同频率的需要。

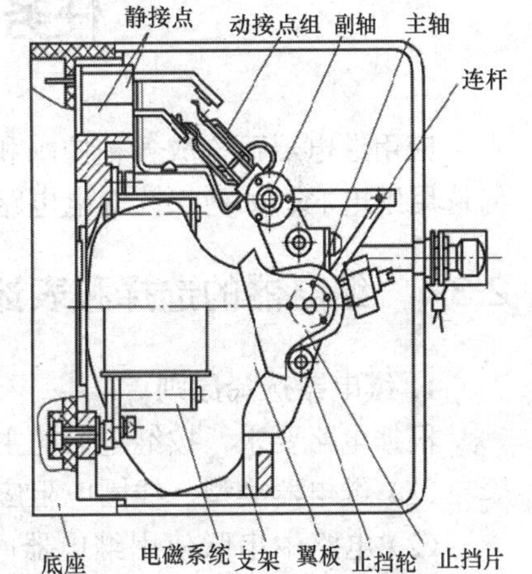

图2–26 交流二元继电器的结构图

1）结构组成

下面以25 Hz交流二元继电器为例进行介绍，交流二元继电器由电磁系统、翼板、接点等组成，其结构图如图2–26所示。

电磁系统包括局部电磁系统和轨道电磁系统。局部电磁系统由局部铁芯和局部线圈组成，轨道电磁系统由轨道铁芯和轨道线圈组成。铁芯均由硅钢片叠成。线圈用高强度漆包线绕在线圈骨架上构成。

翼板是将电磁系统的能量转换为机械能的关键部件。翼板由1.2 mm厚的铝板冲裁而成，安装在主轴上。翼板尾端安装有重锤螺母，对翼板起平衡作用，在翼板一侧的主轴上还安装一块2.0 mm厚由钢板制成的止挡片，与轴形成一整体，使翼板转至上、下极端位置时受到限制。

动接点固定在副轴上，主轴通过连杆带动副轴上的动杆单元使动接点动作。图2–27为JRJC1–70/240型继电器接点组号。

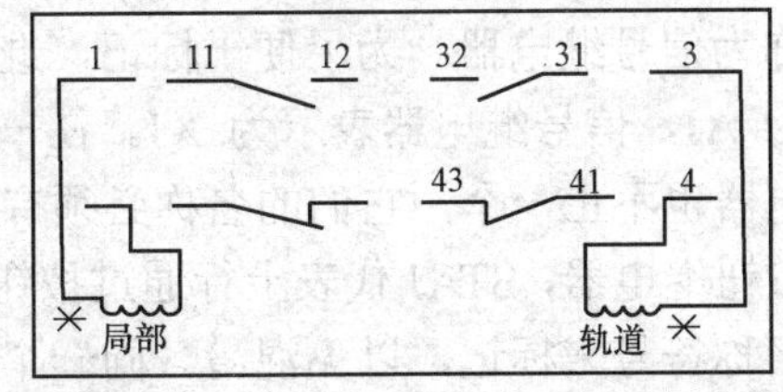

图2–27 JRJC1–70/240型继电器接点组号

2）工作原理

当交流二元继电器的局部线圈和轨道线圈中输入的电流频率相同，且局部线圈中电流相位超前轨道线圈中电流相位 90° 时，翼板中产生正方向的转矩，接通前接点，其他情况下，翼板不产生转矩，继电器将保持原来的位置而不动作。

3）特点

（1）频率选择特性。当交流二元继电器局部线圈中电流频率为 50 Hz 时，只有在轨道线圈接收到 50 Hz 电流时，继电器才可能动作。除此之外，翼板中平均转矩为零，继电器不动作。

（2）相位选择特性。即使轨道线圈与局部线圈中的电流频率相同，继电器也并不一定吸起，只有局部线圈电流相位超前轨道线圈电流相位 0°～180° 时，翼板中才产生正转矩，使继电器能够吸起。通过计算可知，当相位超前 90° 时正转矩最大。

任务 2.3 继电器的应用

应用继电器可构成各种控制和表示电路，统称继电电路。在具体的应用过程中，涉及如何选用继电器、如何识读继电电路、如何分析继电电路以及如何判断继电器故障等方面。

2.3.1 继电器的选择和表述

1. 继电器选择原则

根据电路要求，按继电器的主要参数和指标进行选择。原则如下：

（1）继电器类型、线圈电阻应满足各种电路的具体要求。

（2）电路中串联使用继电器时，串联的继电器的数量应满足各继电器正常工作电压的要求。

（3）继电器的接点最大允许电流不应小于电路的工作电流，必要时可采用接点并联的方法。

（4）当继电器的接点数量不能满足电路要求时，应设复示继电器。复示继电器应能及时反映主继电器的动作状态。

（5）电路中串联继电器接点时，要使串联继电器接点的接触电阻不影响电路的正常工作。

2. 继电器的名称符号

继电器一般是根据它的主要用途和功能来命名的，例如反映按钮动作的继电器称为按钮继电器，控制信号的继电器称为信号继电器。为了便于标记，继电器符号用汉语拼音字头来表示，例如按钮继电器表示为 AJ，信号继电器表示为 XJ。在一个控制系统中会用到许多继电器，同一作用和功能的继电器也不止一个，它们的名称必须有所区别。例如以 XLAJ 代表下行进站信号机的列车进路按钮继电器，STAJ 代表上行通过按钮继电器。同一个继电器的线圈和接点必须用该继电器的名称符号来标记，以免混淆。同一个继电器的各接点组还需用其编号注明，以防重复使用。

3. 继电器的状态

继电器有两个状态：吸起状态和落下状态。在电路图中只能表达这两种状态中的一种，

把电路图中继电器呈现的状态称为通常状态（简称常态），或称为定位状态。在轨道交通信号系统中遵循以下原则来规定定位状态：在电路图中，凡以吸起为定位状态的继电器，其线圈和接点处均以“↑”符号标记之；凡以落下为定位状态的继电器，其线圈和接点处均以“↓”符号标记之。

（1）继电器的定位状态应与设备的定位状态相一致，信号设备平面布置图中所反映的设备状态约定为设备的定位状态。例如，一般信号机以关闭为定位状态，道岔以开通定位为定位状态，轨道电路以空闲为定位状态。

（2）根据故障—安全原则，继电器的落下状态必须与设备的安全侧相一致。例如，信号继电器的落下应与信号关闭相一致，轨道继电器的落下应与轨道电路占用相一致。这样，才能实现电路发生断线故障时导向安全侧。

以上两条原则就可确定继电器的定位状态。例如，信号继电器 XJ 落下与信号关闭相对应，规定 XJ 落下为定位状态；道岔定位表示继电器 DBJ 吸起与道岔处于定位相对应，规定 DBJ 吸起为定位状态，而道岔反位表示继电器 FBJ 吸起应与道岔处于反位相对应，故规定 FBJ 落下为定位状态。轨道继电器 GJ 吸起与轨道电路空闲相对应，规定 GJ 吸起为定位状态。

4. 继电器的图形符号

在继电电路中，涉及继电器线圈和接点组，线圈图形符号如表 2-5 所示，接点组图形符号如表 2-6 所示。这些图形符号反映了继电器的特性，一个继电器的线圈图形符号和它的接点组图形符号可以分别画在电路图的不同位置，也可以画在不同的图纸上，但名称符号要标记清楚。在继电器线圈图形符号上要注明其定位状态的箭头和线圈端子号。

对于继电器的前接点和后接点，只标出其接点组号，不必详细标明中接点、前接点、后接点号。从图中可看出，例如第一组接点，其动中点片为 11，前接点为 11－12，后接点为 11－13。而对于有极继电器，因无法用箭头表示其状态，所以必须标明其接点号，如 111－112 表示定位接点，111－113 表示反位接点，百分位上的数字 1 是为了区别于其他继电器而增加的。

表 2-5 继电器线圈图形符号

序号	符 号	名称	说明
1		无极继电器	
			两线圈分接
2		无极缓放继电器	
3			单线圈缓放
4		无极加强继电器	
5		有极继电器	

续表

序号	符号	名称	说明
6		有极加强继电器	
	2 1 3 4		两线圈分接
7	4 1	偏极继电器	
8		整流继电器	
9	3′	时间继电器	
10		单闭磁继电器	
11	~	交流继电器	
12	≈	交流二元继电器	
13		动态继电器	
			两线圈分接
14		传输继电器	

表 2-6　继电器接点组图形符号

序号	符号		名称	说明
	标准图形	简化图形		
1	1	1	前接点闭合	
2	1	1	后接点断开	
3	1	1	前接点断开	
4	1	1	后接点闭合	
5	1	1	前、后接点组	前接点闭合 后接点断开
	1	1		前接点断开 后接点闭合
6	111 112	111 112	极性定位接点闭合	

续表

序号	符号		名称	说明
	标准图形	简化图形		
7	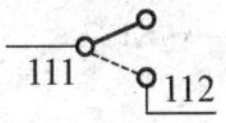 111 112	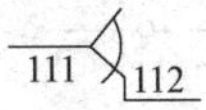 111 112	极性定位接点断开	
8	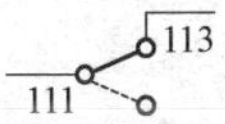 113 111	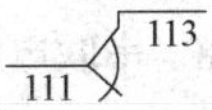 113 111	极性反位接点闭合	
9	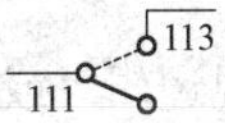 113 111	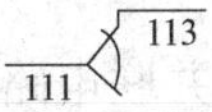 113 111	极性反位接点断开	
10	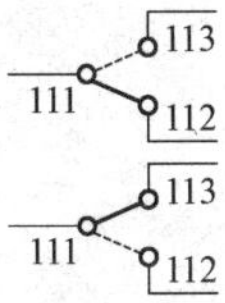 113 111 112 113 111 112	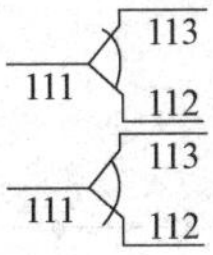 113 111 112 113 111 112	极性定、反位接点组	定位接点闭合 反位接点断开 定位接点断开 反位接点闭合

5. 继电器线圈的使用

对于有两个线圈参数相同的继电器，线圈有多种使用方法：可以两个线圈串联使用，连接 2–3 电源片，使用 1、4 电源片；可以两个线圈并联使用，电源片 1–3 连接，电源片 2–4 连接，也可以两个线圈分别使用或单线圈单独使用，使用 1–2 或 3–4 电源片。

线圈的使用要保证继电器的工作安匝和释放安匝，使继电器可靠工作。例如，JWXC–1000 型继电器，前后线圈均为 8 000 匝，线圈电阻为 500 Ω。

当两个线圈串联使用时，工作电压不大于 14.4 V，故工作电流不大于 14.4/1 000=0.014 4（A），工作安匝不大于 2×8 000×0.014 4=230.4。

当使用单线圈时，为了得到同样的安匝，加在两线圈上的工作电压应分别为 230.4/8 000×500=14.4（V）。

当两线圈并联时，为获得同样的安匝，所需工作电压为 115.2/8 000×2×250=7.2（V）。

可见，单线圈使用时，为了保证得到与两线圈串联使用时同样的工作安匝，通过线圈的电流必须比串联时大一倍，所消耗功率也大一倍。此时，电源容量要大，线圈易发热。

因此，继电器大多采用两线圈串联使用的方法。但当电路需要时，也可采用分线圈使用的方法。当两线圈并联使用时，所需电压比串联时低一半，一般用在较低电压的电路中。

2.3.2 继电器基本电路

证 本节内容对标 1+X 城市轨道交通信号检修职业技能等级证书知识要点，要求能够分析继电电路的工作原理。

1. 串联电路

串联电路指继电器接点串联连接的电路，功能是实现逻辑“与”的运算。图 2–28 为串联电路。AJ、BJ、CJ 这 3 个接点必须同时闭合，继电器 DJ 吸起。从逻辑上看，接点在电路中的串接顺序是任意的，动接点是否接向电源也是任意的。但从工程角度出发，应考虑接点的有效使用，如 AJ 的后接点可用在别的电路中。

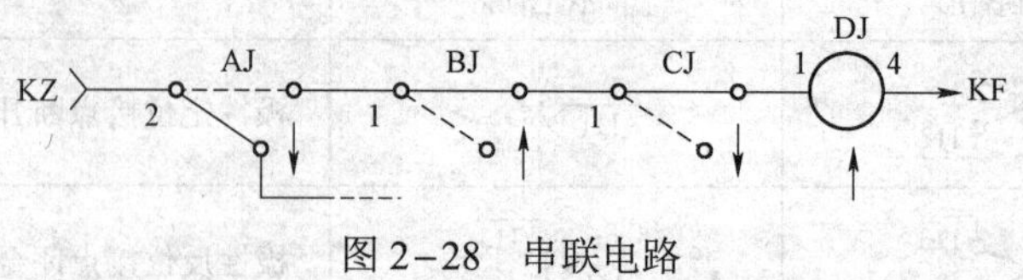

图 2-28 串联电路

2. 并联电路

由若干继电器接点并联连接的电路称为并联电路，功能是实现逻辑“或”运算。图 2-29 为 AJ、BJ、CJ 这 3 个接点并联的电路，任一个接点闭合都会使继电器 DJ 吸起。从工程角度看，要考虑接点组的有效利用。

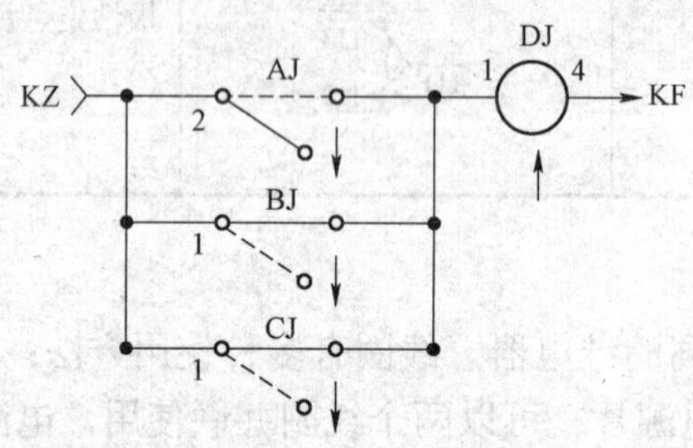

图 2-29 并联电路

3. 串并联电路

在电路中有些接点串联，有些接点并联，这类电路称为串并联电路。现场工程中，有很多的串并联电路，示例如图 2-30 所示。

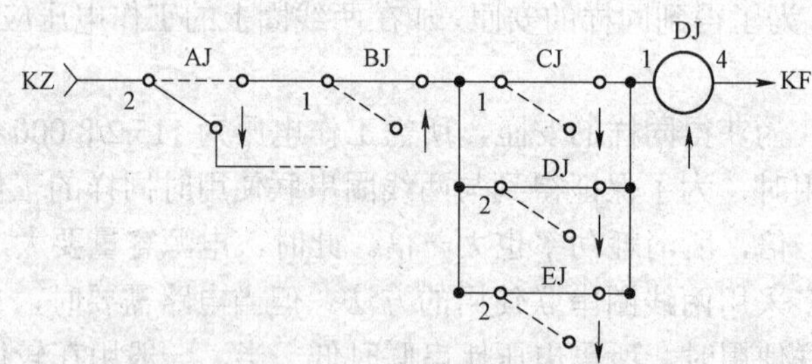

图 2-30 串并联电路

4. 自闭电路

在继电器构成的控制系统中，常需要将某一动作记录下来为以后的过程做准备。图 2-31 为按钮继电器自闭电路。当按下自复式按钮 A 后，继电器 AJ 经过励磁电路吸起。但松开按钮 A 后，继电器就不能保持吸起。为此，增加由自身前接点构成的电路，使按钮松开后，继电器不落下。这条由自身前接点构成的电路称为自闭电路。自闭电路使得继电器有了记忆功能。当完成任务后，就必须由表示该任务完成的继电器接点使其复原。

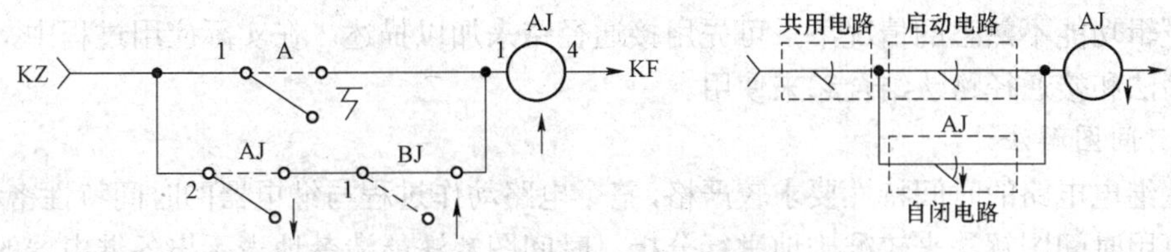

图 2-31　按钮继电器自闭电路

启动电路：AJ 吸起时判断（检查）的条件，吸起后不再检查的条件。

自闭电路：吸后才需要检查的条件。

共用电路：一直需要判断的条件。

5. 继电电路分析法

在设计和分析继电电路时，为方便认识和掌握电路的逻辑功能、继电器动作顺序、继电器动作时机和继电器励磁回路，需采用一些简便的分析方法，通常有动作程序法、接通径路法和时间图解法。

1）动作程序法

动作程序法用来表示继电器的动作过程，着重反映继电电路的时序因果关系，不严格地表达逻辑功能，用符号表示各继电器状态的变化。对于如图 2-32 所示的脉动偶电路，它的动作程序如图 2-33 所示。

|——逻辑“与”表示符。

+——逻辑“或”表示符。

→——促使继电器吸起或释放的符号。

↑——继电器吸起状态符。

↓——继电器释放状态符。

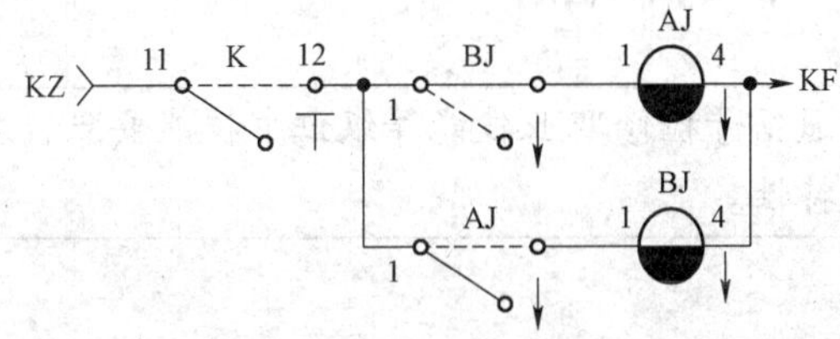

图 2-32　脉动偶电路

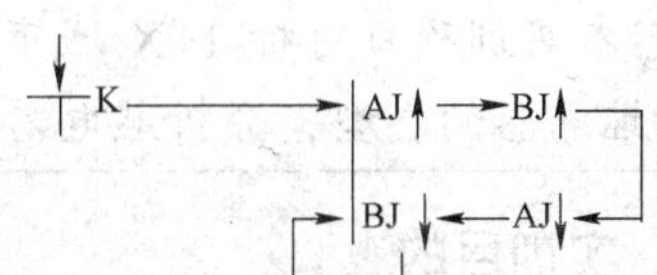

图 2-33　脉动偶电路的动作程序

2）接通径路法

描述继电器励磁电流的径路，即由电源正极经由接点、线圈以及其他器件而流向电源负极的回路，它是分析继电器电路的常用方法。对于如图 2-32 所示的脉动偶电路，它的接通路径是：

$$KZ—K_{11-12}—BJ_{11-13}—AJ_{1-4}—KF$$
$$KZ—K_{11-12}—AJ_{11-12}—BJ_{1-4}—KF$$

路径中各接点及其器件的下标是它们在电路中具体连接的接点号或端子号，接点之间用“—”联系，表示经由。一个继电器可能有多条励磁电路，需分别写出接通径路予以描述。接通径路法仅表达了继电电路的导通路径，而不能反映电路的逻辑功能。对于复杂的继电电路，在对其逻辑功能不熟悉的情况下，可先用接通径路来加以描述。在实际应用过程中，通常将动作程序法和接通径路法结合起来使用。

3）时间图解法

有些继电电路的时间特性要求较严格，整个电路动作过程与继电器的时间特性密切相关。这时，可用时间图解法来较准确地进行分析。时间图解法能清楚地表示出各继电器的工作情况、相互关系和时间特性，正确地反映整个电路的动作过程。

时间图解法把继电器线圈通电、后接点断开、前接点闭合、线圈断电、前接点断开、后接点闭合等都用时间图表示出来。继电器之间的互相关系，在时间图上用箭头表示。

对于图 2-32 中的脉动偶电路，它的动作过程时间图如图 2-34 所示。

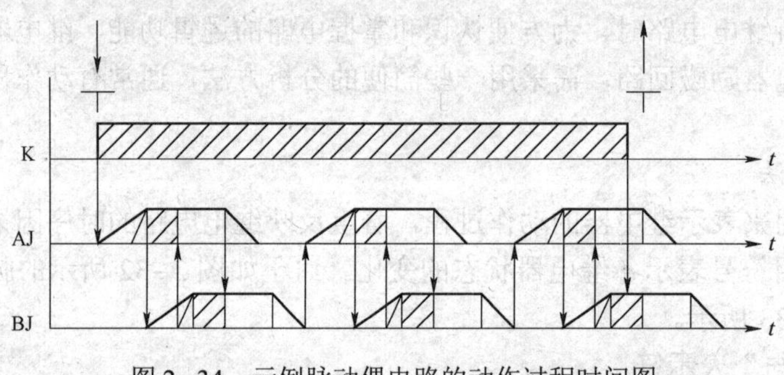

图 2-34　示例脉动偶电路的动作过程时间图

实践技能

实训 2.1　识别继电器

㊣本实训项目对标 1+X 城市轨道交通信号检修职业技能等级证书技能要点，要求能够判断继电器的类型，分析继电器的电气特性。

一、实训目的

（1）能够从结构和外观上区别不同型号的继电器。

（2）能够区别无极、整流、有极、偏极继电器的工作原理和特性。

（3）能掌握不同继电器接点系统编号、配线，会查阅相应的资料，判断继电器的相关参数是否符合标准等。

二、器材、工具准备

（1）4 种不同型号继电器：JWXC-1700 型、JZXC-480 型、JYJXC-135/220 型、JPXC-1000 型。

（2）万用表。

三、任务实施

学生2人一组，用4种不同型号继电器及万用表，完成以下实训任务。

1. 判断不同型号的继电器

根据不同型号继电器的结构特点和外观，区分出以上4种继电器为何类型，准确地说出JWXC－1700型、JZXC－480型、JYJXC－135/220型、JPXC－1000型继电器的代号含义、接点组数、电磁系统特点等，并填写表2－7。

对照插座接点编号，找出线圈和接点位置，注意它们的不同。

表2－7 继电器特性表

类型	代号含义	接点组数	电磁系统特点	线圈连接方式	电源片连接使用方式
JWXC–1700型					
JZXC–480型					
JYJXC–135/220型					
JPXC–1000型					

2. 观察继电器吸起和落下的状态

给JWXC－1700型继电器接通电源，观察继电器吸起和落下状态；改变电源极性，观察继电器吸起和落下状态。

给JZXC－480型继电器接通电源，观察继电器吸起和落下状态。

给JYJXC－135/220型继电器接通、断开电源，观察继电器定位和反位状态。

给JPXC－1000型继电器接通电源，观察继电器吸起和落下状态；改变电源极性，观察继电器吸起和落下状态。

通过以上观察，总结无极、整流、有极、偏极继电器的工作状态，说出不同点。

3. 线圈电压值测量

分别给JWXC－1700型、JZXC－480型、JYJXC－135/220型、JPXC－1000型继电器通入电源后，选择合适的万用表量程——直流电压挡，测量4种继电器的线圈电压值，并进行比较说明。

四、实训考核标准

本实训考核包含过程考核、实操考核和结果考核，考核标准及分值分配见实训考核评价表。其中实操过程中着重考核小组成员对4种类型继电器工作特性及状态判断的熟悉程度、万用表测量电压的准确性。

五、注意事项

（1）继电器在使用时应轻拿轻放。

（2）实训前一定要熟悉万用表的使用方法和注意事项。

实训 2.2 更换继电器

㊣本实训项目对标 1+X 列车运行控制系统现场信号设备运用与维护职业技能等级证书技能要点，要求在计算机联锁设备施工与维护、列控地面设备施工与维护中对故障继电器进行正确的更换。

一、实训目的

（1）能够辨别不同型号的继电器。

（2）熟悉继电器组合架。

（3）掌握继电器更换流程和方法。

二、器材、工具准备

（1）不同型号继电器。

（2）继电器组合架。

三、任务实施

学生 2 人一组，借助继电器组合架完成以下实训任务。实训流程如下：

（1）联系要点，进行登记。

（2）查看继电器组合架中继电器的位置、型号。继电器组合架的每一层即为一个组合。可对照继电器的位置、型号图纸，找到需要更换的继电器的位置。

（3）在备件继电器中找出同型号继电器，确认继电器的有效期。需要在有效期范围内对继电器进行更换。

（4）拔下旧继电器，检查底座和继电器插接件状态并完好，牢固插接待换继电器。

（5）功能试验（电扳道岔、点灯操作等），确认设备工作正常。例如，更换了图 2-35 中道岔组合中的 126-BHJ（JWXC-1700）的继电器，更换后就试验该组道岔还能不能扳动转换，并且进行相应的位置核对；又如，更换了信号组合中的 LJ 或 HJ（JWXC-1700）的继电器，就要试验该信号机相应的各灯位是否能够正常点亮。

层称	设备名称	继电器	1	2	3	4	5	6	7	8	9	10	11
R1-4	126	名称	FUSE	FUSE	BB	126-1DQJ	126-BHJ	126-2DQJ	126-1DQJF	126-1DBQ	126-TJ	126-DBJ	126-FBJ
		型号			BDC1-R7	JWJXC-H125/80	JWXC-1700	JYJXC-135/220	JWJXC-480		JSBXC-850	JPXC-1000	JPXC-1000

图 2-35 某道岔组合中继电器对照图

（6）办理销记手续。

四、实训考核标准

本实训考核包含过程考核、实操考核和结果考核，考核标准及分值分配见实训考核评价表。其中实操过程中着重考核小组成员对继电器组合架上各继电器所在位置的熟悉程度、继电器更换操作的熟练程度，以及功能实验的正确性。

五、注意事项

（1）更换继电器时轻拿轻放。

（2）可组织学生课前观看继电器更换视频，方便顺利实训。

（3）注意设备及人身安全。

实训 2.3　检修继电器

一、实训目的

（1）掌握 JWXC－1700 型、JZXC－480 型、JYJXC－135/220 型、JPXC－1000 型继电器的拆卸，组装程序。

（2）能够对 JWXC－1700 型、JZXC－480 型、JYJXC－135/220 型、JPXC－1000 型继电器进行检查、调整、测试和验收。

二、器材、工具准备

（1）继电器拆装工具、检修用品，如图 2－36 所示。

（2）信号继电器综合测试台等。

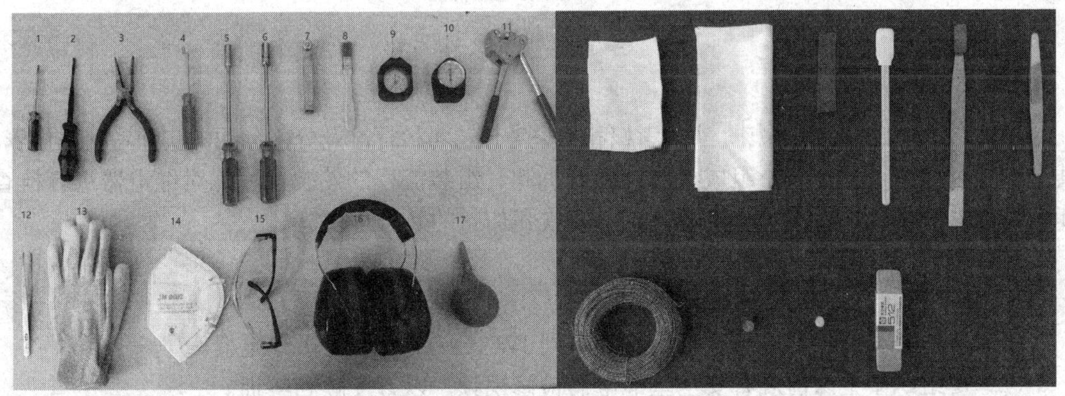

图 2－36　继电器拆装工具和检修用品

三、任务实施

学生 2 人一组，依托城轨实训中心继电器设备、工具及综合测试台，分别对 JWXC-1700 型、JZXC-480 型、JYJXC-135/220 型、JPXC-1000 型继电器进行检修，完成以下实训任务。

（1）按照规定的顺序对 JWXC-1700 型继电器进行拆卸和组装。

（2）JWXC-1700 型继电器检查（见图 2-37）。注意：先磁路，后接点。

（3）JWXC-1700 型继电器调整，注意：先磁路，后接点。

（4）JWXC-1700 型继电器测试，填写继电器测试表。

（5）JWXC-1700 型继电器验收和加封。

注意：继电器检修后须进行验收，验收结果填入继电器检修卡片并存档，签发验收合格证。将验收合格的继电器装上外罩，在外罩适当位置粘贴验收合格贴；紧固螺丝，保证继电器密封，加上封印。

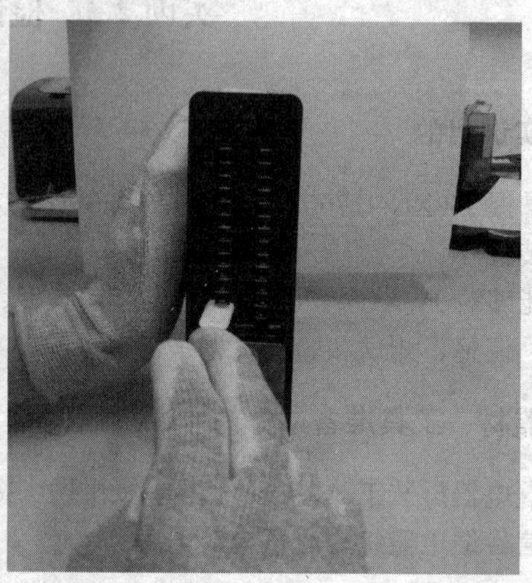

图 2-37　继电器检查

四、实训考核标准

本实训考核包含过程考核、实操考核和结果考核，考核标准及分值分配见实训考核评价表。其中实操过程中着重考核小组成员对继电器拆卸、组装流程的熟悉程度、对继电器进行检查和调整的熟练程度，以及对继电器测试、验收和加封的熟悉程度。

五、注意事项

（1）其他类型继电器检修实训步骤基本同 JWXC-1700 型无极继电器。

（2）可组织学生课前观看安全型继电器检修视频，以方便顺利实训。

（3）注意选取合适的工具，并能够正确使用。

（4）注意设备及人身安全。

信号工的工作守则

维修执表一丝不苟，
故障抢修争分夺秒。
协作配合诚心诚意，
信号控制精准可靠。

——城市轨道交通信号工工作守则

城市轨道交通信号工的价值体现在通过“精准控制、分秒必争、一丝不苟、团队协作”，以确保城市轨道交通安全、高效运营。

1. 精准控制。信号控制精准是城市轨道交通安全运营的前提，信号准确是“智慧地铁”“安全地铁”的基石。从业者应具有高度责任感，努力提高自身的业务素质和专业技能，为列车安全、平稳、高效运行保驾护航。

2. 分秒必争。信号设备故障直接影响列车正常运行，从业者必须以积极负责的态度和敢于担当的精神，快速反应、准确判断、果断处置，做到争分夺秒，缩短故障抢修时间，把故障影响降到最低。

3. 一丝不苟。任何的麻痹松懈都会使小问题产生大影响，从业者应以严谨求实、精益求精的态度，将执表内容落实到位，不忽视任何一个细节，不放过任何一个疑点，精细维修、精心调试，保证设备始终处于可靠的工作状态。

4. 团队协作。在业务处理中，从业者与相关单位的配合极为重要。城市轨道交通网络化运营的快速发展，对高效联动、团结协作提出了更高要求。必须牢固树立大局观念和全局一盘棋的思想，以诚为本、密切协作，形成一个有机整体。

想一想 辩一辩 作为未来的城轨人，结合成长经历，谈谈你对城市轨道交通信号工职业岗位的认知和感想。

拓展知识

知识点	二维码
JWXC-1700 型继电器的检查、调整、测试	

应知应会试题

应知应会试题	二维码
项目 2 应知应会试题	

项目 3　信号机维护

㊐ 轨道交通信号工岗位职业能力分析（项目 3）

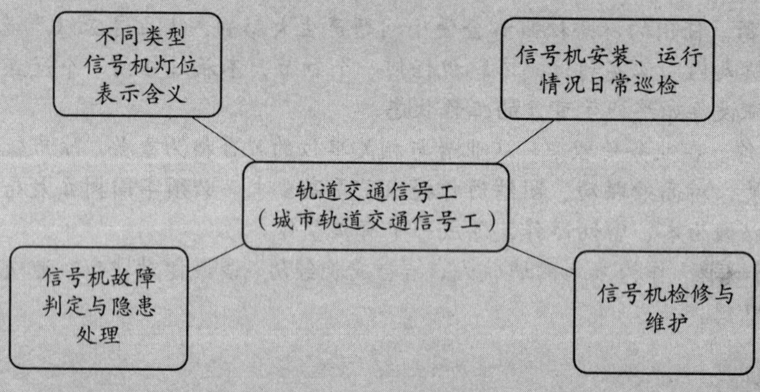

项目 3 按照国家职业标准“轨道交通信号工（城市轨道交通信号工）”岗位工作内容中对信号机设备相关知识和技能要求进行目标设定、理论与实训任务划分编写，涵盖了各型号信号机设备识别、巡检、故障处理及检修内容。

项目导入

某城市地铁，信号机处于灭灯状态。在CBTC级别下，司机驾驶列车只需根据区域控制器（ZC）给出的移动授权（MA），按照规定的速度行驶即可，信号机故障不影响列车正常运营；但在点式级别下，司机需看信号机的显示驾驶列车，此时信号机故障会造成以该信号机为始端的进路无法开放，列车必须在该信号机前停车，影响列车的运行效率。

正线信号工接到行调或故障报警中心通知信号机故障报警后，首先详细询问清楚故障现象，然后向当值工程师汇报，当值工程师根据当前列车的运行级别来判断该信号机故障是否影响运营（若当前列车为 CBTC 级别，则可以建议行调继续行驶列车），同时第一时间到达现场查看联锁报警，检查联锁设备，若确认为联锁设备故障，则并迅速处理故障；若判断为信号机故障，则需要现场安排人员值守，待夜间运营结束后详细排查处理。

停车场/车辆段人员接 DCC 通知信号机故障后，需要第一时间到达设备室查看联锁，然后迅速判断故障点，并处理故障，保证设备正常运行。

那么什么是信号机呢？它在城市轨道交通信号系统中发挥着什么重要的作用呢？城市轨道交通信号机故障又如何维护呢？下面我们就来学习一下城市轨道交通信号机。

教学目标

1. 知识目标

（1）理解城市轨道交通信号机的概念、原理及分类。

（2）理解城市轨道交通正线和车辆段信号的分类、设置。

（3）掌握信号机设备维护过程及方法。

（4）掌握信号机故障情况下的处理方法。

2. 技能目标

（1）能够说出不同类型的信号机的名称、作用及显示意义。

（2）能够安装、布置城市轨道交通线路站场的信号机。

（3）能够对信号机进行日常维护和故障处理。

3. 素质目标

（1）培养学生严谨的工作作风，具备信号检修安全意识。

（2）培养学生爱岗敬业的职业道德、理论联系实际的学习习惯。

（3）激发学生的学习兴趣，培养学生分析、处理问题的能力。

理论知识

任务 3.1　认识信号机

3.1.1　信号机的用途和信号分类

1. 信号机的用途

信号机是用于指挥列车运行的信号设备，直接向列车司机发送行车命令。为保证列车行驶安全，提高运输效率，线路上会设多种信号机来指挥列车运行或调车作业。城市轨道交通的地面信号是列车运行的“辅助信号”，平时这些信号机都由 ATC 系统自动控制。

一般情况下，在固定闭塞和准移动闭塞的线路上，列车的车载信号与地面信号机的显示配合使用，也就是列车的车载信号要有速度码的速度显示，地面信号机也要有相应的进行信号显示，列车方可运行；在移动闭塞的线路上，完全凭列车的车载信号速度显示要求运行，地面信号机只有 ATC 作用良好的显示。

城市轨道交通采用与铁路相同的色灯信号机，但设置原则、信号显示意义、显示距离等与铁路有所不同。图 3-1 为地铁现场的信号机实物图。

图 3-1　地铁现场的信号机实物图

2. 信号分类

信号是指示列车运行及调车作业的命令，有关行车人员必须严格执行。

1）听觉信号和视觉信号

听觉信号一般以发出的声音的次数、长短、强度等方式来表示信号意义，例如用号角、口笛、响墩及机车鸣笛等发出的信号，如图 3-2 所示。视觉信号是以信号的颜色、形状、显示数目和灯光的显示状态等方式来表示信号意义，如地面信号机、手信号、信号牌等，如图 3-3 所示。

图3-2 站台关门提示铃

图3-3 视觉信号（地面信号机和手信号）

2）移动信号和固定信号

当轨道交通线路需要施工、救援，要求列车禁止驶入某地点、某区域或须减速运行时应设置移动信号，例如，防护线路施工地点临时设置的红闪灯（如图3-4所示）或方形红牌等。

注意：移动信号根据需要临时设置或撤除。

固定信号是固定设置在运行线路规定位置的信号装置，用以指示列车运行和调车工作，如地面信号机、行车信号标志牌、信号表示器等。

图3-4 红闪灯

3）地面信号和车载信号

地面信号是设置在车站或区间固定地点的信号机或者表示器，为司机提供信息的信号。车载信号是将地面信号通过传输设备或其他方式传输送入列车的信号。车载信号设备安装在列车两端的驾驶室，显示界面如图3-5所示。

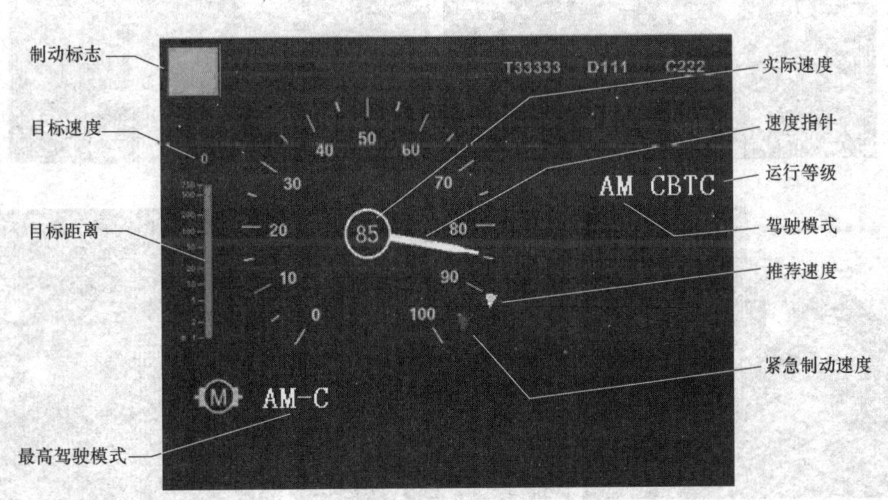

图3-5 车载信号显示界面

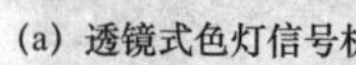

(a) 透镜式色灯信号机

(b) LED 色灯信号机

图 3-6　城市轨道交通信号机

3. 城市轨道交通信号的分类

（1）城市轨道交通信号按照信号机构类型可分为透镜式色灯信号机、组合式色灯信号机、LED 色灯信号机，如图 3-6 所示。

（2）城市轨道交通信号按照用途可以分为：进站、出站、阻挡、防护、复示、进段（场）、出段（场）、调车等信号机。

（3）城市轨道交通信号按照信号机显示数目可以分为：单显示、二显示、三显示、五显示等。

（4）城市轨道交通信号按照信号机用途可以分为：主体信号和从属信号机。主体信号机能独立地显示信号，指示列车或调车车列运行条件；从属信号机本身不能独立存在，只能从属于主体信号机，如复示信号机从属于其主体信号机。

3.1.2　信号机的颜色及显示意义

在铁路中，信号机的灯光配列规范有《铁路信号设计规范》《铁路信号站内联锁设计规范统一规定》，但在城市轨道交通中，《地铁设计规范》对信号显示未做统一的规定。经过理论分析和长期实践，达成以下共识：城市轨道交通信号颜色的选择，应能达到显示明确、辨认容易、便于记忆和具有足够的显示距离等基本要求；信号的基本色为红、黄、绿 3 种，再辅以蓝色、月白色，构成信号的基本显示。图 3-7 为信号机不同的显示颜色。

图 3-7　信号机不同的显示颜色

信号机各显示颜色的意义如下：

（1）红色——停车信号，禁止越过该信号机运行。

（2）黄色——限制允许信号，但要求列车注意或减速运行。

（3）绿色——允许信号，信号处于正常开放状态，列车按规定速度通过该信号机运行。

（4）月白色——用于指示调车作业时，表示允许越过该信号机调车。有的城市轨道交通公司，用于指示正线列车作业时，显示一个红灯和一个月白色信号，构成引导信号，表示准许列车越过显示红灯的信号机，并随时准备停车。由于我国城市轨道交通信号系统没有对信号显示及意义进行统一规定，有些轨道交通公司采用一个红色灯光+一个黄色灯光构成引导信号。

（5）蓝色——用于调车信号机，表示禁止越过该信号机调车。许多城市轨道交通公司的调车信号机采用红色与月白色对应，不采用蓝色。

3.1.3 信号显示的基本要求

1. 信号机的定位

信号机经常保持的显示状态为信号机的定位。信号机的定位，一般要考虑保证行车的安全和提高运输效率或信号显示的自动化。常见信号机的定位如下：

（1）进站、出站信号机定位为红灯。

（2）调车信号机的定位为蓝灯（红灯）。

（3）区间通过信号机的定位为绿灯。

（4）进站前方第一架信号机的定位为黄灯。

（5）进站前方第二架信号机的定位为绿黄。

（6）线路所通过信号机的定位为红灯。

（7）遮断、复示信号机的定位为灭灯。

（8）预告信号机的定位为黄灯。

2. 信号机的关闭时机

不同类型信号机的关闭时机不同，规定如下：

（1）进站、出站信号机及自动闭塞区段的通过信号机：列车第一轮对越过该信号机时，该信号机自动关闭。

（2）引导信号机：列车全部越过该信号机时，人工及时关闭。

（3）调车信号机：调车车列全部越过该信号机后自动关闭。

（4）视作停车信号：进站、出站、进路和通过信号机的灯光熄灭、显示不明或不正确时视作停车信号，如图3–8所示。

（5）无效信号：未使用和应拆未拆除的信号机。

图3–8 停车信号

3.1.4 信号机图形符号

不同的信号机在信号平面示意图中所用的表示符号也不同，具体如表3–1所示。

表 3-1　信号机的图形表示符号

名称	符号	名称	符号
红色灯光		空灯位	
黄色灯光		稳定绿灯	
绿色灯光		稳定红灯	
蓝色灯光		高柱信号	
月白色灯光		矮型信号	

3.1.5　信号机的设置

1. 设置原则

信号机通过其灯光颜色、数目和状态向列车驾驶员传递线路信息，从而指导列车运行。其设置原则如下：

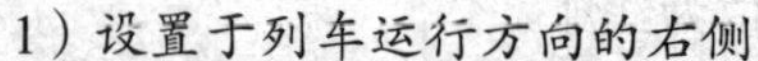

1）设置于列车运行方向的右侧

城市轨道交通与铁路的一个很大的区别在于其采用右侧行车制，所以不论列车运行线路是正线还是车辆段，地面信号机均应设置于列车运行方向的右侧（如图 3-9 所示），与驾驶员的驾驶位置同侧，便于瞭望和确认信号，通常，地面信号机设置于隧道墙壁上，特殊情况（如受到设备限界、其他建筑物或线路条件等影响时）可设于列车运行方向的左侧或其他位置。

图 3-9　线路右侧的信号机

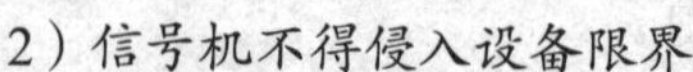

2）信号机不得侵入设备限界

信号机的安装位置应该遵循《地铁限界标准》（CJJ/T 96—2018）的要求，不得侵入设备限界。设备限界是用来限制设备安装的轮廓控制线。直线地段的设备限界通常是在直线地段车辆限界外扩大一定安全间隙后形成的。曲线地段设备限界需要在直线地段设备限界的基础上，按所在曲线的半径过超高或欠超高引起的横向和竖向偏移量，以及车辆、轨道参数等因素综合计算而确定。如果地面信号机的设置侵入了设备限界，就会直接或间接地影响列车正常、安全地运行，还有可能造成设备不同程度的损坏，甚至导致列车的颠覆。

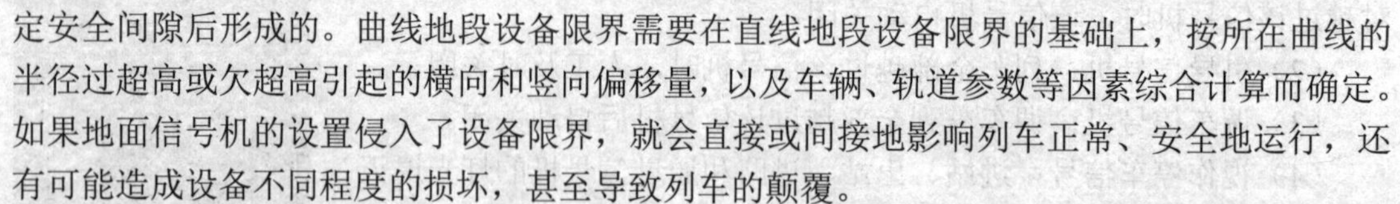

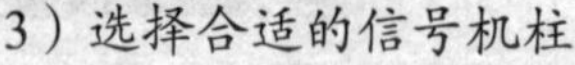

3）选择合适的信号机柱

根据信号机安装的地段和线路特征选择合适的信号机柱。高柱信号机具有显示距离远、观察位置明确等优点，因此车辆段的进、出段信号机和停车场的进、出场信号机等均选用高柱信号机。而其他信号机由于不要求较远的显示距离，而且受隧道安装空间狭小的限制，一般采用矮型信号机。图 3-10（a）为高柱信号机，图 3-10（b）为矮型信号机。

2. 设置方式

城市轨道交通车站有的设有道岔，有的只有两条正线，因此应根据车站设备及站场的

具体情况设置信号机。同时，不同城市的城市轨道交通信号机设置也有不同。

城市轨道交通的信号机设置一般分为正线信号机设置和车辆段/停车场信号机设置。

1）正线信号机的设置

（1）在ATC控制区域的线路，一般应设道岔防护信号机或道岔状态表示器；具有出站性质以外的其他信号机，应设引导信号。

(a) 高柱信号机

(b) 矮型信号机

图3-10　高柱和矮型信号机

（2）在ATC控制区域的车站设置出站信号机。

（3）在城市轨道交通信号控制系统中设有ATP子系统时，一般情况下可不设通过信号机，但是考虑到长、大区间的运营能力需求以及CBTC降级运营的需求，可根据线路实际情况设置通过信号机。

（4）车站设置发车指示器或发车计时装置。

（5）在显示距离不满足规定距离的情况下，可设置复示信号机。

（6）线路尽头应设置阻挡信号机。

（7）防淹门前应设置防淹门防护信号机。

（8）其他运营功能需求的信号机。

2）车辆段/停车场信号机的设置

（1）车辆段/停车场的入口处设置进段（场）信号机，出口处设置出段（场）信号机。

（2）线路尽头设置阻挡信号机。

（3）在同时能存放两列及以上列车的停车线中间，进段方向设置信号机，起到列车阻挡和调车作用。

（4）其他地点根据需要设置调车信号机。

图3-11为某地铁正线车站信号机布置图，图3-12为某地铁车辆段信号机布置图。

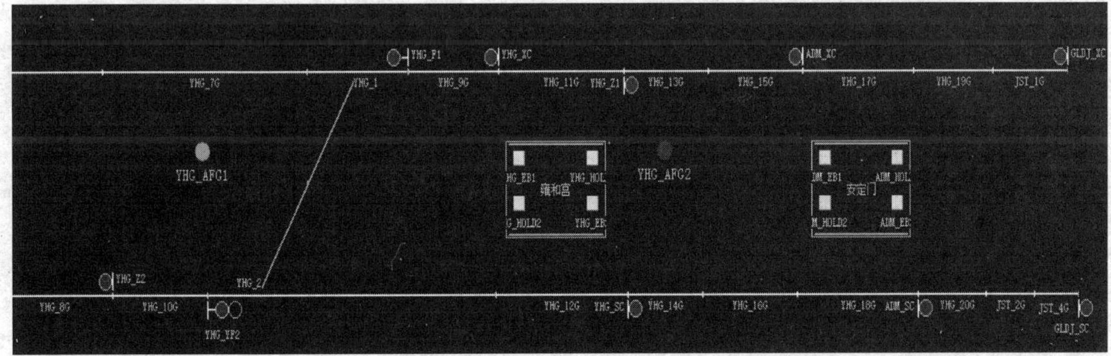

图3-11　某地铁正线车站信号机布置图

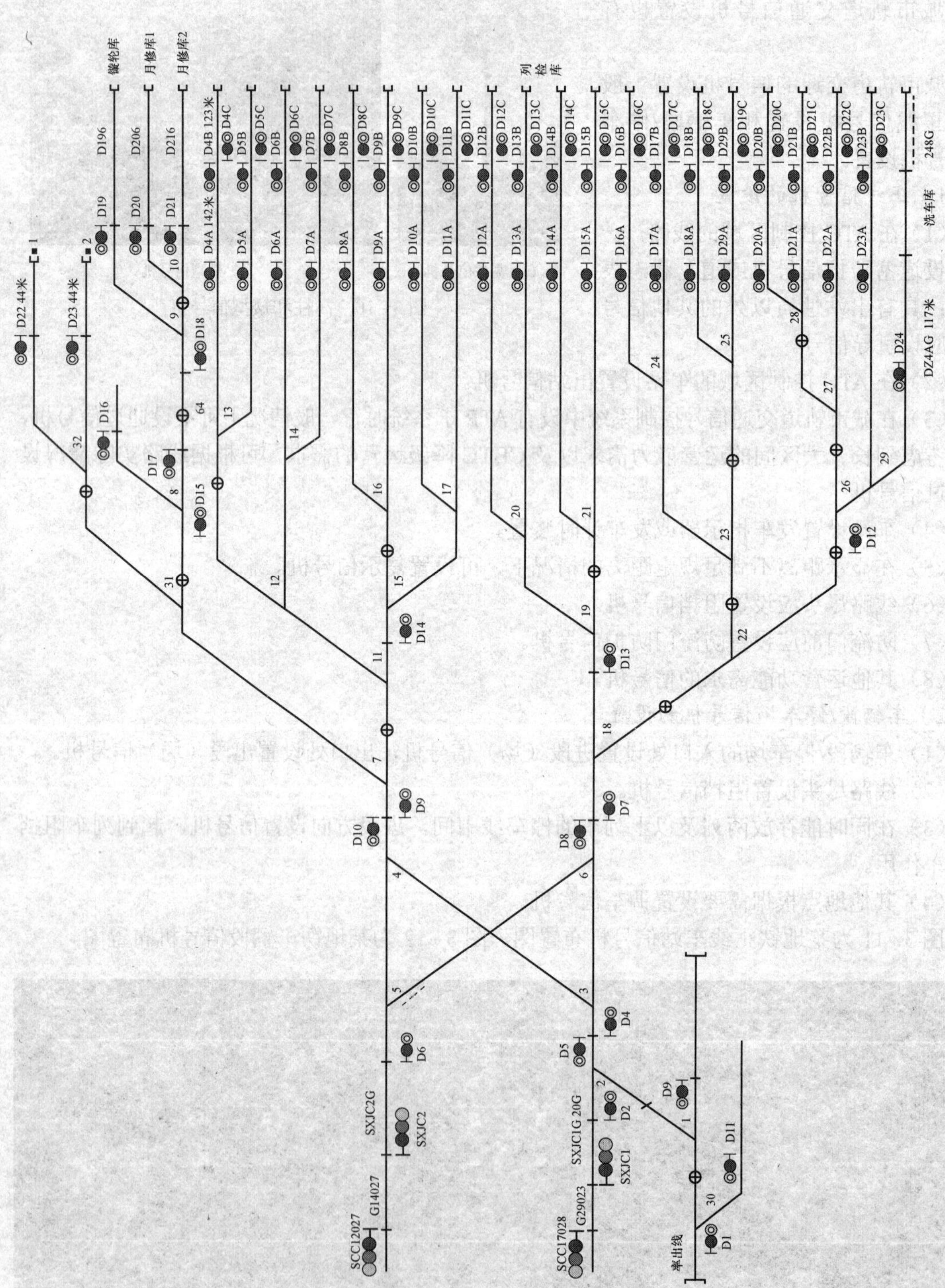

图 3-12　某地铁车辆段信号机布置图

任务 3.2 正线和车辆段信号

3.2.1 正线信号

信号机是对列车运行的一种规则限制，它不同于轨道，信号机所隶属的规则包含在信号系统当中。各城市轨道交通线路由于信号系统制式不同，信号机的设置没有统一的标准。目前大多数城市轨道交通采用 CBTC 系统。CBTC 系统包含了列车的多种运营模式和驾驶模式，不同模式下的信号机运作机制也是不同的，下面主要以运营模式为核心来讨论信号机的设置。

城市轨道交通的运营模式一般分为两种，即标准的 CBTC 模式和后备模式。CBTC 模式下的列车依靠的是车载设备、车地无线网络以及地面的区域控制器。列车一旦出现由于车地通信故障等各类原因导致列车无法继续在 CBTC 模式下行驶的情况时，就会进入后备模式。后备模式又分为点式控制模式和纯联锁模式。图 3–13 为 CBTC 模式和点式模式下信号机显示示意图。

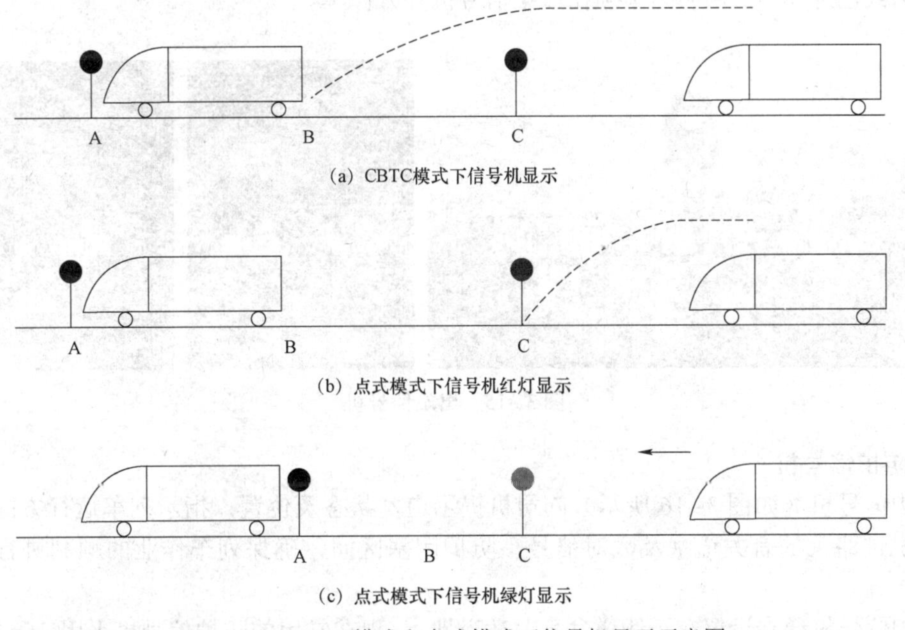

图 3–13 CBTC 模式和点式模式下信号机显示示意图

1. 进站信号机

进站信号机（如图 3–14 所示）设在车站的入口处，用来防护车站，指示列车能否由区间进入车站，当站内不具备接车条件时，不准列车进入站内；或者指示列车进站后的运行条件，是停车还是通过。在有些采用 CBTC 控制系统的城市轨道交通中，会取消进站信号机的设置。

图 3-14　进站信号机

2. 出站信号机

出站信号机设在车站正线出口处（如图 3-15 所示），用于指示列车在站内的停车位置，同时也作为列车占用区间或闭塞分区的行车凭证，各色灯信号的意义如下：

（1）绿色灯光——表明进路开通，准许列车按规定速度发车。

（2）红色灯光——表明列车须在该架信号机外方停车。

图 3-15　出站信号机

3. 防护信号机

防护信号机（如图 3-16 所示）向司机提示道岔状态及位置，指示列车运行方向，锁闭该信号机进路上的有关道岔及敌对信号，防护闭塞区间，确保列车作业的顺利进行及行车安全。

防护信号机通常设置在正线道岔岔前适当地点。现在常用的防护信号机采用三显示机构，自上而下为黄、绿、红，具体显示意义如下：

（1）绿色灯光——表明进路开通道岔直向位置，准许列车按规定速度越过该架信号机。

（2）黄色灯光——表明进路开通道岔侧向位置，准许列车按规定限制速度越过该架信号机。

（3）红色灯光——表明列车须在该架信号机外方停车。

（4）红色灯光+黄色灯光——表明开放引导信号，准许列车以不大于 25 km/h 的速度越过该架信号机并随时准备停车。

图 3-16　防护信号机

4. 出站兼防护信号机

出站兼防护信号机（如图 3-17 所示）设置在正线道岔岔前或岔后，在适当位置兼作出站信号机使用。

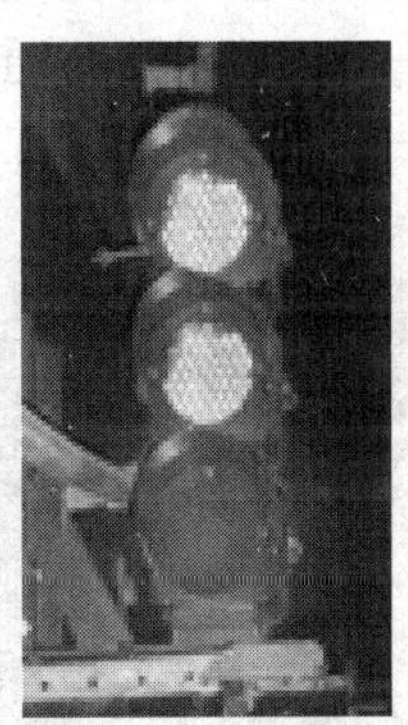

图 3-17　出站兼防护信号机

出站兼防护信号机防护道岔开通位为直向位置还是侧向位置，其灯光显示的具体意义如下：

（1）绿色灯光——表明进路开通道岔直向位置，准许列车按规定速度发车。

（2）黄色灯光——表明进路开通道岔侧向位置，准许列车按规定限制速度发车。

（3）红色灯光——停止信号，不允许列车越过该架信号机。

（4）黄灯+红灯——引导信号，限速 25 km/h 以下运行，并随时准备停车。此时列车的安全完全由人工保证。

5. 区间分界点信号机

区间分界点信号机（如图 3-18 所示）设在站间间距较大的站间区间内。按站间自动闭塞行车时，作为列车占用闭塞区间的行车凭证，灯光显示的具体意义如下。

（1）绿色灯光——表明进路开通道岔直向位置，准许列车按规定速度越过该架信号机。

（2）红色灯光——表明列车须在该架信号机外方停车。

图 3-18　区间分界点信号机

6. 阻挡信号机

阻挡信号机有顺向阻挡信号机、反向阻挡信号机、线路尽头阻挡信号机之分。

顺向阻挡信号机（如图 3-19 所示）在通常情况下，随着列车运行自动变换显示，起通过信号机的作用；办理调车作业时，人为关闭使之成为阻挡信号机。顺向阻挡信号机通常为绿、红两显示，灯光显示的具体定义如下。

（1）绿色灯光——表明进路开通，准许列车按规定速度越过该架信号机。

（2）红色灯光——表明列车须在该架信号机外方停车。

图 3-19　顺向阻挡信号机

反向阻挡信号机（如图 3-20 所示）用来指示调车车列通过道岔区段的停车位置，一般为红灯单显示机构。

线路尽头阻挡信号机为红灯单显示信号机，表明列车须在该架信号机外方停车。

图 3-20　反向阻挡信号机

7. 预告信号机

预告信号机（如图3-21所示）设在进站防护分界点等信号机前方，用来复示进站、防护、分界点信号机的显示，以使司机掌握其后方信号机的开放或关闭状态。预告信号机通常为三显示信号机。目前新建城市轨道交通线路通常会取消预告信号机的设置。

图3-21 预告信号机

8. 通过信号机

通过信号机防护闭塞分区，指示列车能否进入运行前方的闭塞分区。通过信号机设置在每个闭塞分区的入口处，通常为三显示机构，自上而下为黄、绿、红，具体显示意义如下：

（1）红灯——表示不允许列车越过该架信号机。

（2）绿灯——表示允许列车按规定速度通过该架信号机。

（3）黄灯——表示允许列车按规定速度（减速）通过该架信号机。

在采用ATC或CBTC系统的城市轨道交通系统中，自动闭塞通过信号机已失去了主体信号的作用，在区间一般不设通过信号机，而采用车载ATP信号来防护，但当ATP设备发生故障时，作为备用信号，按需要设置通过信号机，指导驾驶员控制列车运行。

9. 列车出发计时器

列车出发计时器向驾驶员表示能否关闭车门及发车时间，通常设置在正线出站方向站台一侧、列车停车位置前方适当地点，如图3-22～图3-25所示。列车出发计时器的显示意义如下：

（1）未到达规定的发车时刻显示为倒计时；

（2）到达规定的发车时刻显示为“000”；

（3）超过规定的发车时刻显示为正计时；

（4）提前发车显示为“000”；

（5）扣车显示为“H”；

（6）列车通过显示为“－ － －”；

（7）倒计时溢出显示为“ = ”，正计时溢出显示为“= =”。

图 3-22 列车出发计时器
（表示还有 39 s 到达运行图规定发车时间）

图 3-23 列车出发计时器
（表示到达运行图规定发车时间）

图 3-24 列车出发计时器（表示扣车）

图 3-25 列车出发计时器（表示列车通过）

3.2.2 车辆段（车场）信号

车辆段信号机应该结合车辆段的具体情况来设置，一般如下。

1. 进段（场）信号机

进段（场）信号机防护车辆段或车场，装设在车辆段或车场的入口处，一般采用三灯位、三显示机构，如图 3-26 所示。灯光显示的具体意义如下：

图 3-26 进段（场）信号机

（1）绿色灯光——表明进路开通，准许列车按规定速度越过该架信号机。

（2）红色灯光——表明列车须在该架信号机外方停车。

（3）红色灯光+黄色灯光——表明开放引导信号，准许列车以不大于25 km/h的速度越过该架信号机并随时准备停车。

2. 出段（场）信号机

① 绿色灯光——表明进路开通并锁闭，准许列车按规定速度出段（场）。

② 红色灯光——表明列车须在该信号机外方停车，严禁越过该架信号机，如图3-27所示。

图3-27 出段（场）信号机

3. 调车信号机

调车信号机用于指示站内各种调车作业，通常采用二灯位、二显示机构。有的城市轨道交通车辆段采用一个红色灯光+一个白色灯光构成调车信号机，如图3-28所示。有的城市轨道交通车辆段采用一个蓝色灯光+一个白色灯光构成调车信号机。灯光显示的具体意义如下：

（1）月白色灯光——表明调车进路在开通状态，准许列车按规定的速度越过该架信号机调车。

（2）红色灯光（或者蓝色灯光）——表明列车须在该架信号机外方停车，严禁越过该信号机调车。

图3-28 调车信号机

4. 阻挡信号机

表示前方已无线路，严禁列车越过该架信号机。

3.2.3 信号机的命名

对于城市轨道交通系统，信号机命名并没有严格规范。有的按照铁路标准命名；有的则把车站简称作为信号机名字前缀，后缀是信号机的类型；有的先把车站从一个方向按顺序编号，信号机编号就是在车站编号的后面加上 01、02、03 等表示该车站的第一架、第二架、第三架信号机。下面以某地铁线路的出站、调车、防护信号机命名方法为例进行说明。

（1）出站信号机。出站信号机命名是按列车运行方向进行的，如“XC”表示下行出站信号机，SC 表示上行出站信号机。

（2）调车信号机。调车信号机以 D 表示，在其右下脚缀以顺序号，从列车到达方向顺序编号，上行咽喉用双数，下行咽喉用单数，如 D_1、D_3、D_2、D_4 等。

（3）防护信号机。防护信号机用 X（信号）、F（防护）等命名，以数字序号作为下标，下行咽喉标为单号，上行咽喉标为双号，从站外向站内顺序编号。

任务 3.3 色灯信号机

城市轨道交通的信号机一般采用色灯信号机，色灯信号机通常以灯光的颜色、数目和亮灯状态来表示信号。按照显示方式和结构的不同，可分为以下三种：透镜式色灯信号机、组合式色灯信号机及 LED 色灯信号机。

（1）透镜式色灯信号机，结构简单，安全方便，控制电路所需电缆芯线少，因此应用较为广泛。

（2）组合式色灯信号机是为提高信号机在曲线上的显示距离而研制的新型信号机。信号机构采用组合式，一个灯位为一个独立单元，配一种颜色，使用时根据需要进行组合，故称为组合式信号机。

（3）LED 色灯信号机相对于传统色灯信号机具有节能、可视性好、免调整、免维护、寿命长等诸多技术经济优势，正在逐渐采用。

3.3.1 透镜式色灯信号机

1. 分类

1）按高矮分类

通常按高矮分为高柱和矮型。

（1）高柱透镜式色灯信号机安装在钢筋混凝土信号机柱上，由机柱、机构、托架、梯子组成。机柱用于安装信号机构和梯子，信号机构的每个灯位配备有透镜组和灯泡，给出信号显示。托架用于将信号机构固定在机柱上，每一信号机构需上下托架各一个。梯子用于信号维修人员攀登和作业。

（2）矮型透镜式色灯信号机安装在信号机水泥基础上，没有托架，不需要梯子。

2）按机构数量分类

按机构数量分为单机构和双机构。

（1）单机构只有一个机构，可构成单显示、二显示、三显示 3 种，其中二显机构和三显机构分别划分为两个和三个灯室，灯室之间用隔板分开，防止相互串光。

（2）双机构有两个机构，可构成四显示、五显示，还可以带引导信号和进路表示器。

图 3-29 为单机构二显示的高柱透镜式色灯信号机，图 3-30 为双机构五显示的矮型透镜式色灯信号机。图 3-31 为高柱透镜式色灯信号机托架，图 3-32 为矮型透镜式色灯信号机基础。

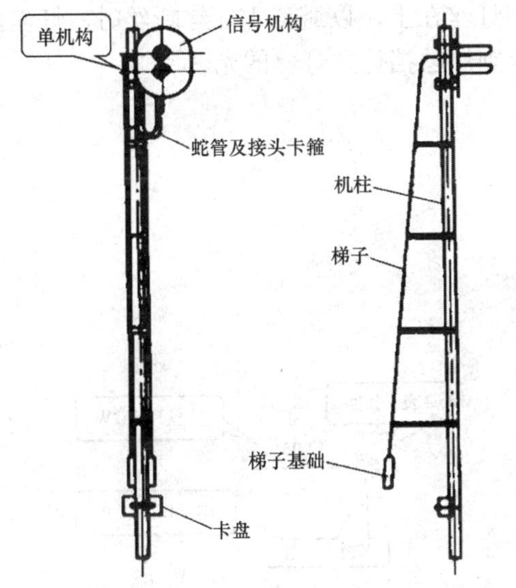

图 3-29 单机构二显示的高柱透镜式色灯信号机

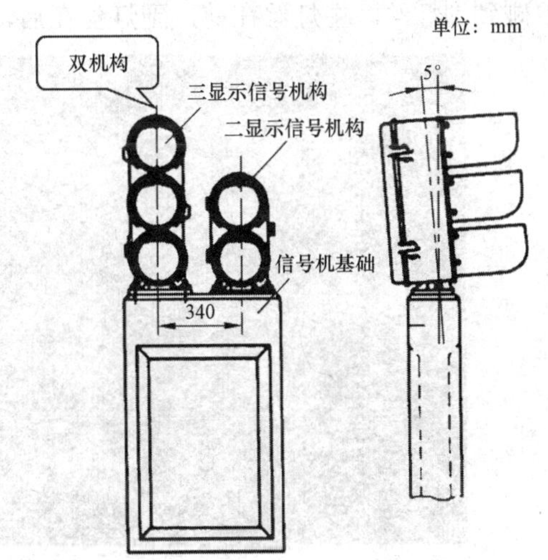

图 3-30 双机构五显示的矮型透镜式色灯信号机

图 3-31 高柱透镜式色灯信号机托架

图 3-32 矮型透镜式色灯信号机基础

2. 组成

透镜式色灯信号机的每个灯室由灯泡、灯座、透镜组、遮檐及背板等组成，灯座间用隔板分开，以防止相互串光，保证信号显示正确，如图 3-33 所示。

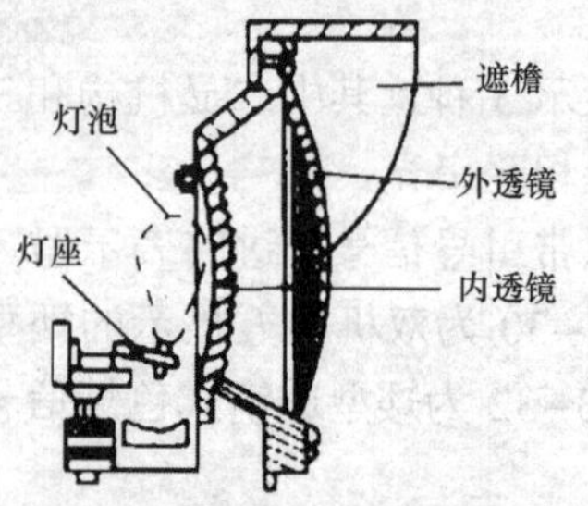

图 3-33　透镜式色灯信号机构的组成

（1）灯泡是色灯信号机的光源，采用直丝铁路信号灯泡，其灯丝为双螺旋直丝，灯泡置于透镜组的焦点处，使灯泡发出的光线集中平行射出，照射远，维修工作量小，如图 3-34 所示。

城市轨道交通透镜式色灯信号机多采用 TX 12-25/12-25A 型灯泡，为双丝灯泡，具体含义如图 3-35 所示。主灯丝和副灯丝呈直线状且平行。主灯丝在下，副灯丝在上，以避免主灯丝断丝时，灯丝落下碰到副灯丝。主灯丝在前，副灯丝在后，以防止副灯丝挡住主灯丝的光。

图 3-34　灯泡

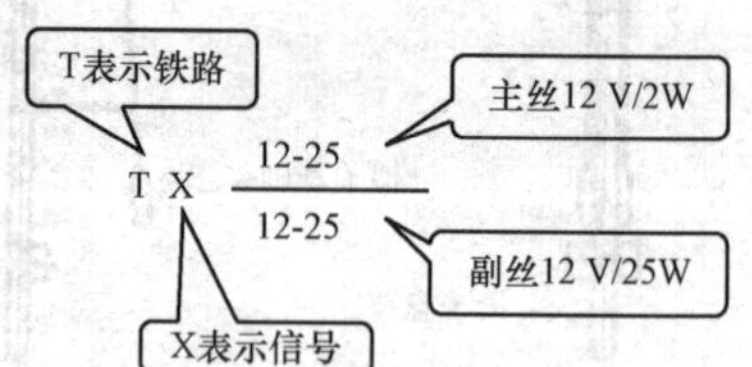

图 3-35　TX 12-25/12-25A 型灯泡的含义

（2）灯座用于安放灯泡，现多采用定焦盘式灯座，定焦盘式灯座三维（上下、左右、前后）可调，可调整光源位置，使主灯丝位于透镜组的焦点上，获得最佳显示效果。

（3）透镜组由两块带棱凸透镜组成，其中内侧为有色的，外侧为无色的。透镜组装在镜架框上。图 3-36 为透镜式色灯信号机透镜组。

（4）遮檐是为防止阳光等光线直射时产生错误的幻影显示而设置的，如图 3-37 所示。

图 3-36　透镜式色灯信号机透镜组

图 3-37　透镜式色灯信号机遮檐

（5）背板是黑色的，构成较暗的背景，可衬托信号灯光的亮度，改善瞭望条件。只有高柱信号机才有背板，一般信号机采用圆形背板，复示信号机、遮断信号机采用方形背板。如图 3–38 所示。

3. 型号

透镜式色灯信号机构的含义如图 3–39 所示。以 XSG–HL 型号为例，“X”表示信号机构，“S”表示色灯，“G”表示高柱，“HL”表示红绿。

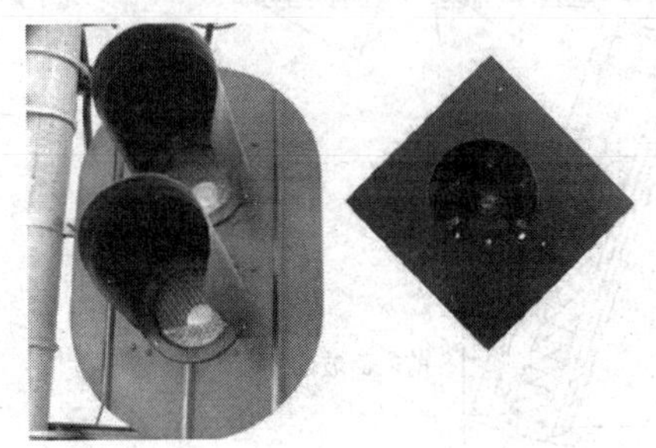

图 3–38 透镜式色灯信号机背板

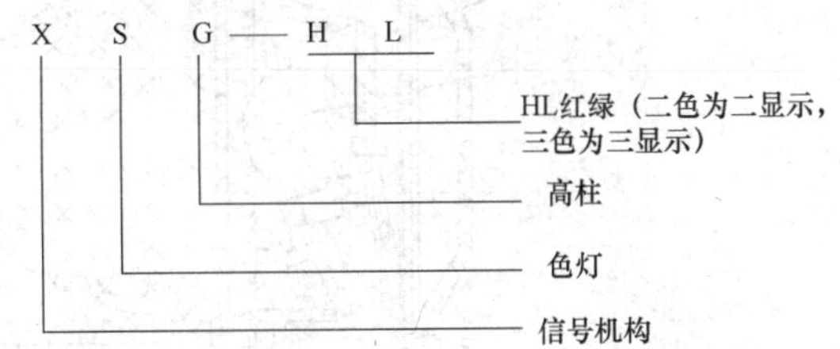

图 3–39 透镜式色灯信号机构的含义

在“G”的位置，可用以下字母表示信号机型号：A——矮型；B——表示；F——复示、发车；J——进路；P——棚下；R——容许；Y——引导；Z——遮断。

在表示颜色的位置，还可以用以下字母：U——黄色；B——白色；A——蓝色。

3.3.2 组合式色灯信号机

1. 组成

组合式色灯信号机只有一个灯室，由光系统、机构壳体（硅铝合金，表面涂有无光黑漆，防止光反射）、遮檐及瞄准镜插孔等组成。使用时，根据信号显示要求，可以分别组装成单显示、双显示及三显示机构，故称为组合式色灯信号机，其结构如图 3–40 所示。组合式色灯信号机适用于瞭望困难的线路，尤其适用于曲线半径 300～20 000 m 的各种曲线和直线轨道上，使得在距信号机 5～1 000 m 距离内得到连续信号显示。

1）光系统

组合式色灯信号机的光系统由反光镜、灯泡、色片、非球面镜、偏散镜及前表面玻璃组成。

（1）反光镜是椭球面镜，将光源发出的光反射后聚焦起来。

（2）灯泡采用 TX 12–30/12–30 型信号直丝灯泡。

（3）色片取决于信号显示的颜色。

（4）非球面镜用于聚光，提高光能利用率。

（5）偏散镜使部分光纤按所需方向偏散一定角度，能增强部分近距离能见度。

（6）前表面玻璃向后倾斜 15°，可防止信号机因反光造成的信号误认。

2）机构壳体

结构外壳一般用铝合金压铸而成，内外表面涂成无光黑漆，可防止光反射。

3）遮檐

遮檐一般采用玻璃纤维增强不饱和聚酯制造而成，重量轻，耐腐蚀性能好，强度高。几何形状设计上应能够遮挡阳光，满足偏散光显示的要求。

4）瞄准镜插孔

机构右下方有一个瞄准镜插孔，供调整信号机显示方向使用。

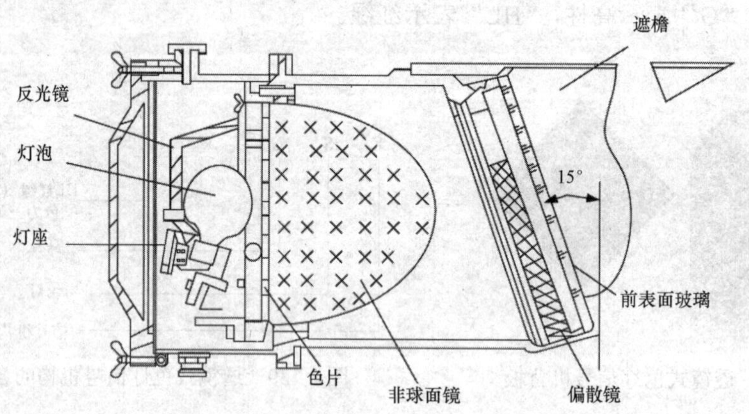

图 3-40　组合式色灯信号机光系统结构图

2. 分类

按非球面镜的直径分为 XSZ-135 型、XSZ-150 型和 XSZ-200 型，其中应用最早、最多的是 XSZ-135 型。具体型号含义："X" 表示信号机构，"S" 表示色灯，"Z" 表示组合式，135 型、150 型、200 型代表球面透镜的直径。

按偏散镜的不同分为 1 型、2 型、3 型、4 型四种类型。

3. 工作原理

光源（灯泡）发出的光通过红、黄、绿、蓝、月白五种颜色之一的色片后变成色光，此色光再经非球面镜汇聚成带有指定颜色的平行光，这束平行光再经过偏散镜进行折射偏散，使一部分光保持原方向射出，称为主光；另一部分光按一定的偏散角度射出，称为偏光。主光主要用于远距离显示，其光的强度较高，偏光主要用于弯路曲线显示。

随着列车的运行，逐渐接近信号机，对于光强的需求逐渐减弱，所以偏光的光强也随着偏散角度的增大相应地逐渐减弱，充分有效地利用了光源，这样就使得在曲线线路上各个位置看到的信号灯光强度均匀一致。

4. 信号光源

1）信号灯泡

信号灯泡是色灯信号机和信号表示器的光源。目前，信号灯泡均采用直丝信号灯泡，其灯丝为双螺旋直丝。主灯丝和副灯丝呈直线状且平行。

2）信号灯座

采用定焦盘式信号灯座，三维（上下、左右、前后）可调，可调整光源位置，使主灯丝位于透镜组的焦点上，获得最佳显示效果。

3）点灯和灯丝转换装置

（1）信号变压器用作色灯信号机的点灯电源，设于信号机处的变压器箱内，用以将 220 V

交流电降压为12 V等，如图3-41所示。目前使用的信号变压器有BX-40、BX-30、BXl-30、BXl-34以及BYD-60型远程点灯信号变压器，其中使用较多的是BX-34。

（2）XDZ型多功能信号点灯装置将信号灯泡的点灯和灯丝转换结合为一体，取代了变压器和灯丝转换继电器。它采用软启动方式，延长灯泡使用寿命。

（3）DDXL-34型点灯单元的点灯变压器采用防雷装置，灯丝继电器采用JZSJC型继电器。

图3-41 信号变压器

3.3.3 LED色灯信号机

1. LED色灯信号机的优点

LED色灯信号机（如图3-42所示）采用轻便、耐腐蚀的单灯铝合金机构，组合灵活，安装简单；显示距离超过1.5 km，清晰可辨，安全可靠；通过监测控制系统的电流，可监督信号显示系统的工作状态，预警异常情况，有助于准确判断故障点，便于及时处理故障。LED信号显示系统作为一种节能、免维护的新型光源，在城市轨道交通信号系统中得到广泛运用。用LED色灯信号机取代传统的双丝信号机，具有以下显著优点：

（1）可靠性高。光源是用上百只发光二极管和数十条支路并联工作的发光盘，在使用中即使个别发光二极管或支路发生故障也不会影响信号的正常显示，提高了信号显示的可靠性。

（2）寿命长。发光二极管的寿命是信号灯泡的100倍，改用发光盘后可免除经常更换灯泡的麻烦，且有利于实现免维修。

（3）节省能源。发光盘的耗电量还不到信号灯泡的二分之一。

（4）聚焦稳定。发光盘的聚焦状态在产品设计与生产中已经确定，现场不需要调整，给安装与使用带来方便，并能始终保持良好的聚焦状态。

（5）光度性好。发光盘除有轴向主光束外，还有多条副光束，有利于增强主光束散角之外以及近光显示效果。

（6）无冲击电流。点灯时没有类似信号灯泡冷丝状态的冲击电流，有利于延长供电装置的使用寿命，并减少对环境的电磁污染。

图3-42 LED色灯信号机

2. LED 色灯信号机的组成和工作原理

现使用的 LED 色灯信号机有 XSLE 型、XLL 型、XSZ（G、A）型、XLG（A、Y）型和 XSL 型等。下面以 XSL 型 LED 色灯信号机为例进行介绍。

XSL 型 LED 信号机由铝合金信号机构、LED 发光盘和点灯装置组成。

1）铝合金信号机构

高柱信号机的信号机构由背板总成、箱体总成、遮檐和悬挂装置四部分组成。

（1）背板总成。背板总成带有背板，并用来安装箱体总成。背板总成分为二灯位背板总成（设有两个灯位安装孔）和三灯位背板总成（设有三个灯位安装孔）。两种背板总成的高度不同。

（2）箱体总成。把每个灯位组装成一个整体，称为箱体总成。箱体总成也分为二灯位箱体总成（XSLG2 型）和三灯位箱体总成（XSLG3 型）两种。两种机构除背板总成不同外，其余均相同。用两个灯位箱体总成分别固定在二灯位背板总成上，即构成二灯位高柱信号机构。用三个箱体总成分别固定在三灯位背板总成上，即构成三灯位高柱信号机构。箱体总成的玻璃卡圈换上透镜组用双丝信号灯泡点灯，也能作为色灯信号机用。

（3）遮檐。遮檐用 M5 mm×10 mm 的螺钉装在机构箱体上的玻璃卡圈上。

（4）悬挂装置。悬挂装置将背板总成固定在信号机水泥机柱上。悬挂装置采用现有的上部托架、下部托架等设备并经特殊的喷涂表面处理，以增强其抗锈蚀能力。机柱上的机柱管接头用 ϕ5 mm 蛇管接出并引至背板总成下方的配线盒内，用两个 U 形螺栓固定。然后，由配线盒底板上的蛇管接头分两路或三路经 ϕ13 mm 蛇管引至高柱箱体总成侧面的蛇管接头上，电线穿在蛇管内。

矮型机构分为二灯位矮型机构（XSLA2 型）和三灯位矮型机构（XSLA3 型）两种，其安装方法与透镜式信号机构相同。

2）LED 发光盘

LED 色灯信号机的光源采用 PFL-1 型铁路 LED 发光盘（以下简称 LED 发光盘），它采用发光二极管制成的信号灯新光源，如图 3-43 所示。发光盘的型号由汉语拼音字母和罗马数字组成，如 PFLG—H—1。其中，“PF”表示发光盘；“L”表示 LED；“G”表示高柱型，A 矮柱型，B 表示表示器；“H”表示红色，U 表示黄色，L 表示绿色，A 表示蓝色，B 表示月白色；“1”表示 12VPDZ 型发光盘专用信号点灯装置直流稳压供电。

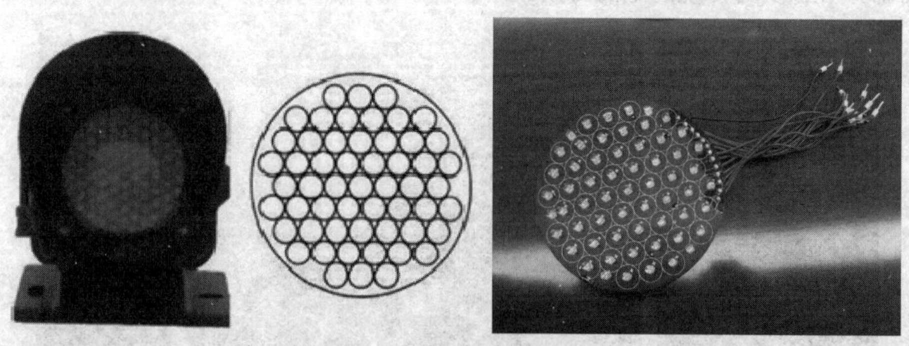

图 3-43　LED 发光盘

（1）发光盘的分类。

发光盘分为高柱发光盘、矮型发光盘和表示器发光盘。

（2）发光盘的结构。

发光盘为圆形盘状结构，安装众多发光二极管。发光盘后面有一个凸起的防雷盒。发光盘前罩上有鉴别销，以确认该灯位的颜色。为满足曲线轨道的信号显示，可根据现场实际需要在需要偏散的高柱发光盘的前面安装偏散镜叠装片，偏散镜叠装片有三种偏散角度，分别为：10°、15°、20°。

（3）发光盘的电气参数。

额定电压：DC 12 V；额定电流：DC 700 mA；抗感应电压能力为在 AC 235 V（50 Hz）输入电压时，串接 94 mF/300 V 电容，测量输出电压，应小于 0.5 V。

3）点灯装置

LED 发光盘专用点灯装置是配合 PFL−1 型铁路 LED 发光盘的新一代信号点灯装置，它只能与 PFL−1 型铁路 LED 发光盘配套使用。该装置输出的是稳定的 12 V 直流电压。该装置一般由隔离变压器、整流电路、稳压电路和告警电路构成。

输入电源经变压、整流后，由两路稳压电路进行稳压，两路稳压电路热备，以保证输出稳定的 12 V 直流电压。告警电路对发光盘和两路稳压电路进行监督，出现故障时发出告警。

实践技能

实训 3.1　信号机的认知与拆装

㊣本实训项目对标 1+X 城市轨道交通信号检修职业技能等级证书技能要点，要求能够识别信号机的型号、规格、结构；能够更换信号机的部件。

一、实训目的

（1）识别信号机的类型，掌握各种信号机的组成结构及工作原理。

（2）能够对信号机进行拆解和组装。

二、器材、工具准备

（1）透镜式高柱、矮型信号机。组合式高柱、矮型信号机；LED 高柱、矮型信号机。

（2）万用表、信号机拆装工具及其他作业工具。

三、任务实施

学生 3 人一组，完成以下实训任务：

1. 分组进行设备识别

（1）通过各种类型的信号机实物，结合轨道交通信号平面设置图，正确地理解进出站信号机、通过信号机、区间分界点信号机、调车信号机、阻挡信号机等类型。

（2）通过详细地观察各种信号机的外观，认识信号机的各个部件及名称，以及各个结构的特点和作用。

（3）通过详细地观察各种信号机的内部及不同的显示方式，正确区分出透镜式、组合式、

LED 的信号机。

2. 拆卸信号机构设备（以透镜式色灯信号机为例）

（1）登记联系，做好准备工作。

（2）首先断开信号机的供电电源，打开信号机构锁头，掀开信号机构后盖。

（3）用一字螺丝刀拧下固定灯座的两个螺丝，卸下灯座；拧下固定玻璃透镜的螺丝，拆下有色玻璃透镜，拆下遮檐，拧松前表面螺丝，卸下无色玻璃透镜。

（4）拉开灯座上的金属片，卸下灯泡；放入新灯泡，检查主副灯丝是否良好，测试新灯泡电压是否正常。

（5）复查各设备，关闭信号机构门，按规定进行加锁。

（6）销记汇报　作业完毕后，作业人员进行销记，确认工具、材料无遗漏。

四、实训考核标准

本实训考核包含过程考核、实操考核和结果考核，考核标准及分值分配见实训考核评价表。其中实操过程中着重考核小组成员对不同信号机型号和结构的熟悉程度、对信号机拆卸和组装的准确性与熟悉程度。

五、注意事项

（1）注意设备及人身安全。

（2）注意选取合适的工具，能够正确使用。

（3）实训过程中注意按照标准化作业流程进行登记、销记、训练，室内外各作业人员之间保持良好的协调沟通。

（4）实训结束后注意保持各设备状态良好。

实训 3.2　色灯信号机电气测试和调整

㊣本实训项目对标 1+X 列车运行控制系统现场信号设备运用与维护职业技能等级证书技能要点，要求完成信号机设备的点灯电压、点灯电流等电气特性测试工作，能够完成主、副灯丝转换试验工作，能够完成信号机点灯试验工作。

㊣本实训项目对标 1+X 城市轨道交通信号检修职业技能等级证书技能要点，要求能够进行信号机电气特性参数测试和调整。

一、实训目的

（1）能够对色灯信号机进行电气特性测试。

（2）能够对色灯信号机进行电气特性调整。

二、器材、工具准备

（1）色灯信号机。

（2）万用表，摇表，信号工常用检修工具。

三、任务实施

学生3人一组，完成以下实训任务：

（1）3人配合进行登记联系，做好准备工作。

（2）分组进行色灯信号机电气特性测试（如图3-44所示），其中主要测试内容包括信号变压器一次侧电压、信号变压器二次侧电压、主灯丝灯端电压、副灯丝灯端电压及机构绝缘电阻等。

（3）分组进行点灯单元输出电压调整。

（4）3人配合联系确认，作业销记。作业完成后，联系室内进行灯位显示确认，保证各灯位开放正常。工作结束后上锁，确认设备运行正常后撤离现场。

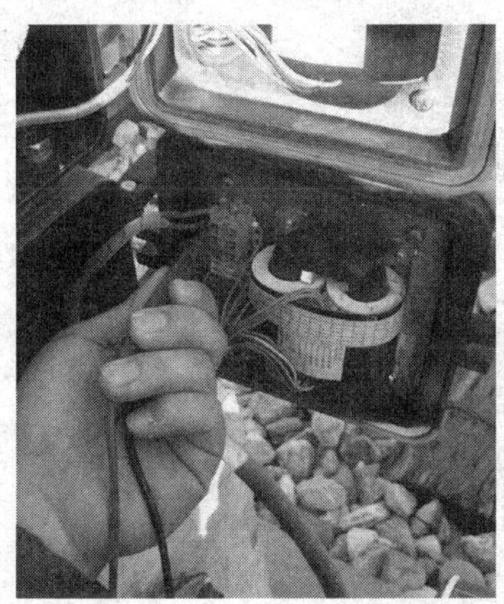

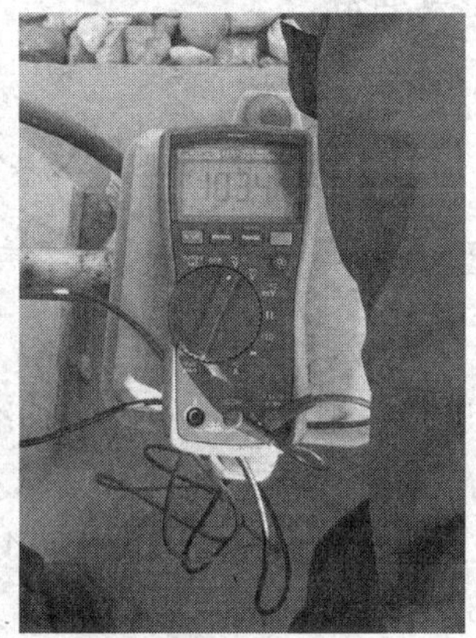

图3-44 信号机电气特性测试

四、实训考核标准

本实训考核包含过程考核、实操考核和结果考核，考核标准及分值分配见实训考核评价表。其中实操过程中着重考核小组成员对信号机电气特性测试内容和流程的熟悉程度，对信号机电压调整的准确性、工具及仪表使用的正确性。

五、注意事项

（1）注意设备及人身安全。

（2）注意万用表挡位选择，能够正确使用万用表和摇表。

（3）实训过程中注意按照标准化作业流程进行登记、销记、训练，室内外各作业人员之间保持良好的协调沟通。

（4）实训结束后注意保持各设备状态良好。

实训 3.3　色灯信号机的维护与检修

证 本实训项目对标 1+X 列车运行控制系统现场信号设备运用与维护职业技能等级证书技能，要求能完成信号机构、箱盒内外部、紧固螺栓等日常巡视工作；能完成信号机柱、梯子、地线、紧固螺栓、显示距离和外透镜检查、清洁等日常巡视工作。

一、实训目的

能够对色灯信号机进行电气特性和机械性能检查，发现设备的缺点和隐患，对其进行维护，保证在一定时间周期内，色灯信号机的所有性能符合城市轨道交通行车安全要求。

二、器材、工具准备

（1）色灯信号机。
（2）万用表，信号工常用检修工具及其他作业工具。

三、任务实施

学生 3 人一组，完成以下实训任务：
（1）3 人配合进行登记联系，做好实训准备工作。
（2）对信号机进行日常维护检查作业（如图 3－45 所示）。
（3）对信号机进行检修作业（如图 3－45 所示）。
（4）3 人配合进行销记。

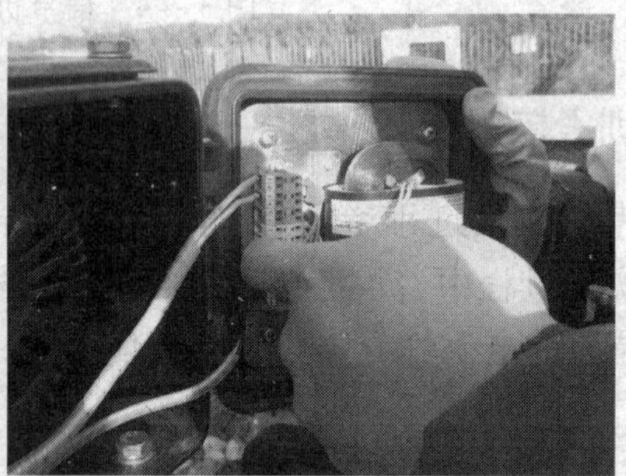

图 3－45　信号机检修

四、实训考核标准

本实训考核包含过程考核、实操考核和结果考核，考核标准及分值分配见实训考核评价表。

其中实操过程中着重考核小组成员能否按照作业规定完成信号机检修维护流程，以及对信号机日常检查和检修的工作内容熟悉程度。

五、注意事项

（1）注意设备及人身安全（如检修区域放置红闪灯）。

（2）注意万用表挡位选择，应能够正确使用万用表，工具选择合适并正确使用。

（3）实训过程中注意按照标准化作业流程进行登记、销记、训练，室内外各作业人员之间保持良好的协调沟通。

（4）实训结束后注意保持各设备状态良好。

实训 3.4　LED 信号机故障处理作业

赛 本实训项目对标全国交通运输行业“捷安杯”城市轨道交通信号工职业技能大赛考核要点，能够对三显示 LED 信号机进行故障分析处理。

证 本实训项目对标 1+X 城市轨道交通信号检修职业技能等级证书技能要点，要求能够处理信号机开路等常见故障并进行应急处理。

一、实训目的

通过实训能够对 LED 信号机进行故障处理，熟悉故障处理流程。

二、器材、工具准备

（1）LED 信号机。

（2）万用表，信号工常用检修工具及其他作业工具。

三、任务实施

学生 3 人一组，完成以下实训任务：

（1）3 人配合进行登记联系，做好实训准备工作。

（2）教师设定故障，学生分组对故障原因进行讨论。

（3）对常见的信号机故障进行分析，找出原因并清除故障。

（4）3 人配合进行作业销记。

四、实训考核标准

本实训考核包含过程考核、实操考核和结果考核，考核标准及分值分配见实训考核评价表。其中实操过程中着重考核小组成员对信号机故障现象及处理的熟悉程度，对信号机故障进行排除的准确性。

五、注意事项

（1）注意设备及人身安全（如检修区域放置红闪灯）。

（2）注意万用表挡位选择，能够正确使用万用表，工具选择合适并正确使用。

（3）实训过程中注意按照标准化作业流程进行登记、销记、训练，室内外各作业人员之间保持良好的协调沟通。

（4）实训结束后注意保持各设备状态良好。

思政微课堂

匠心追梦，技能报国

工匠精神是一种精益求精的精神。工匠精神是一种一丝不苟的精神。工匠精神是一种追求卓越的精神。

2020 年 11 月 24 日，习近平总书记在全国劳动模范和先进工作者表彰大会上，阐明了“执着专注、精益求精、一丝不苟、追求卓越”的工匠精神内涵。当前，我国已进入新发展阶段，要建设高素质劳动大军，建设科技强国，推动经济社会高质量发展，必须大力传承和弘扬工匠精神。工匠精神是一种执着专注的精神。

人物档案 1——杨才胜：北京地铁通号分公司检修一项目部技术研发室主任，中华技能大奖、全国技术能手、北京市有突出贡献的高技能人才、北京市劳动模范，首都劳动奖章获得者。

杨才胜素有“能工巧匠”“土专家”的“昵称”，作为 “快速探测故障仪”“隔空把脉信号故障人”，多年来他始终奋斗在检修工作的最前沿，从一名技校毕业的信号工，到国家级技能大师，数百次破解进口设备的疑难故障，不断突破国外先进技术壁垒，及时消除地铁事故隐患 400 多起，创造直接经济效益上千万元，身体力行地诠释了专注与创新的力量，为城市轨道交通事业的发展做出了突出贡献。

人物档案 2——徐建军：上海地铁维护保障有限公司通号分公司信号工，同时任运维支持部生产主管，被评为上海工匠、全国城市轨道交通行业技术能手、全国城市轨道交通行业维修能手，曾荣获第 32 届上海市优秀发明选拔赛优秀发明金奖、上海申通地铁集团核心岗位劳动竞赛信号轨旁岗位总冠军。以徐建军名字命名的道岔转辙设备（徐建军）工作室曾荣获上海市职工（技师）创新工作室。

想一想 辩一辩 结合大国工匠的成长历程和个人经历，谈谈自己的职业理想和对工匠精神的理解。

拓展知识

知识点	二维码
色灯信号机电气特性测试与调整	
色灯信号机维护检修作业内容	
某地铁线路 LED 信号机故障处理作业	

应知应会试题

应知应会试题	二维码
项目 3 应知应会试题	

项目 4　转辙机维护

㊐ 轨道交通信号工岗位职业能力分析（项目 4）

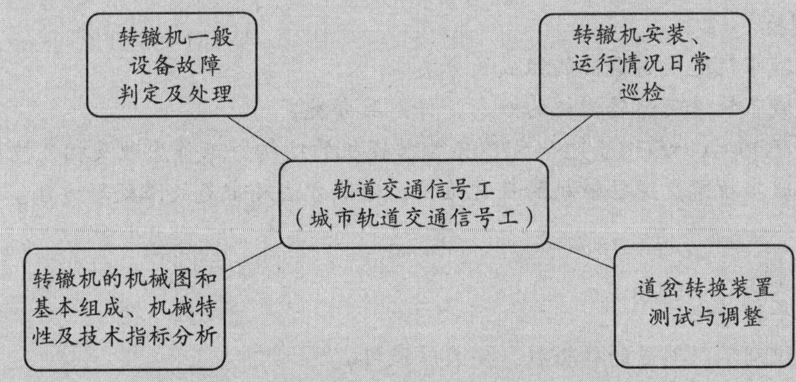

项目 4 按照国家职业标准“轨道交通信号工（城市轨道交通信号工）”岗位工作内容中对转辙机相关知识和技能要求进行目标设定、理论与实训任务划分编写，涵盖了转辙机结构原理分析、日常巡检、故障处理及维护内容。

项目导入

××××年××月××日 10 时 5 分，某城市地铁 2 号线车场调度室发现 13#道岔挤岔报警，经值班员同意，单独操纵道岔观察，发现电流表双向有启动电流，道岔启动电路正常，但是定反位无表示，属于表示故障。经检查发现，一列车违章进入，疑似挤岔故障。通过室内外双向操作道岔进行故障查找，更换已弯曲受损的 ZD6 型转辙机的动作杆、表示杆，13#道岔恢复正常。

对地铁运营来说，道岔挤岔是一种比较严重的设备故障，运营过程中一旦发生了道岔挤岔，第一时间应该禁止列车动车，同时需要地铁运营单位的各部门快速响应，妥善处理，维护人员需要及时赶赴事故现场处理故障，把运营损失降到最低。

那么地铁中是谁来担任搬动道岔的艰巨任务呢？又是谁把道岔的正确位置等信息传给控制中心的呢？下面我们就来探讨一下这些问题。

教学目标

1. 知识目标

（1）了解城市轨道交通道岔的组成及分类。

（2）理解城市轨道交通转辙机的概念、作用及分类。

（3）掌握 ZD6-A、ZD（J）9、S700K 型转辙机的结构、工作原理及相关技术参数。

（4）掌握城市轨道交通转辙机的日常维护、检修方法及常见故障处理方法。

2. 技能目标

（1）能够手摇道岔。

（2）能够识别不同型号的转辙机，安装转辙机。

（3）能够对转辙机进行日常维护和检修。

（4）能够处理转辙机的常见故障。

3. 素质目标

（1）形成严谨的工作作风，提高安全意识。

（2）培养理论联系实际的动手能力，激发浓厚的学习兴趣。

（3）培养良好的职业道德及爱岗敬业精神。

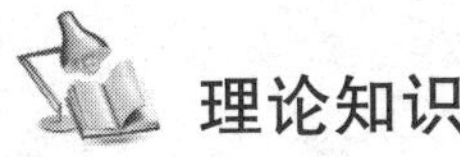

理论知识

任务 4.1 认 识 道 岔

> 证本节内容对标 1+X 城市轨道交通信号检修职业技能等级证书技能要点，要求能够识别道岔的基本组成部件。

4.1.1 道岔的组成

在地铁车站、区间或站场，为使列车由一条线路转往或越过另一条线路，都需要设置线路连接和交叉设备。道岔是把列车从一股道转入另一股道的线路连接设备，也是重要的信号基础设备。道岔结构复杂、零件多，养护较难，是线路上的薄弱环节。同时，道岔对于保证行车安全，提高运输效率，改善行车人员的劳动强度，起着非常重要的作用。图 4-1 为道岔实物图。

图 4-1 道岔实物图

普通的单开道岔有左开和右开之分，是最常见、最简单的线路连接设备，普通单开道岔由转辙部分、连接部分和辙叉部分组成，如图 4-2 所示。道岔有两根可以移动的尖轨，尖轨的外侧是两根固定的基本轨。

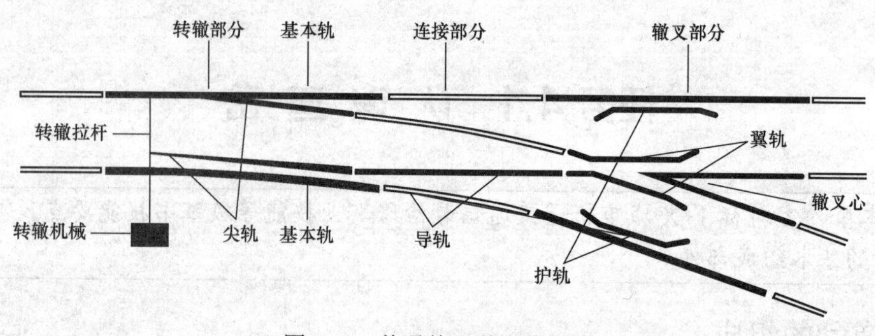

图 4-2　普通单开道岔结构图

1. 转辙部分

转辙部分主要由尖轨、基本轨、连接零件（包括连接杆、垫板、滑床板、轨撑、顶铁、尖轨跟端结构等）及转辙机械组成。

基本轨用 12.5 m 或 25 m 标准断面的普通钢轨制成，主线基本轨为直线，侧线基本轨为折线或者曲线；尖轨是转辙器的主要部分，机车车辆进出道岔由它引导。转辙机械是最常用的道岔转换设备，通过转辙机械的作用，两根尖轨来回往复运动，引导列车车辆进入主线或者侧线行驶。

2. 连接部分

连接部分主要由导轨、基本轨组成，主要负责将转辙部分和辙叉部分连接在一起。包括两根直轨和两根曲线导轨，两根直轨与区间直线线路的构造基本相同，两根曲线导轨在形式上可为圆曲线、缓和曲线或变曲率曲线。列车在侧向过道岔时，速度会受到严格限制。

3. 辙叉部分

辙叉部分主要由辙叉心、翼轨、护轨等组成，主要作用是保证车轮安全通过两条钢轨的相互交叉处。在两翼轨最窄处到辙叉心实际尖端之间，存在一段轨线中断的间隙，此间隙为辙叉的有害空间。当机车车辆通过时，轮缘有走错辙叉槽引起脱轨的可能，因此必须设置护轨，以强制引导车轮的运行方向，保证车轮安全通过道岔。

4.1.2　道岔的操纵

有两种方式可以操纵道岔，分别为电动方式和手动方式。

（1）电动方式。由各类转辙机转换和锁闭道岔，又分为进路操纵和单独操纵两种方式，易于集中操纵，实现自动化。

（2）手动方式。作业人员通过道岔手摇把在现场直接操纵道岔的转换与锁闭，这种方式效率低，劳动强度大。在转辙机故障、停电及有关轨道电路故障时用此方法转换与锁闭道岔。

用手摇把手摇转辙机的一般方法是：先用钥匙打开遮断器盖，露出手摇把插孔，插入手摇把开始摇动，摇到使道岔转换到所需位置为止，即听到“咔嚓”的落槽声后停止，然后抽出手摇把，此时转辙机电路并没有完全恢复，如何完全恢复呢？必须由专业电务维修人员打开转辙机机盖，合上安全接点，转辙机电路才恢复正常。对于多台转辙机牵引的道岔或多动道岔，必须一一摇动各台转辙机，使道岔转到所需位置。最后，向车站控制室汇报道岔开通位置正确。

某地铁公司关于手摇道岔的规定如下：

一看——看道岔开通位置是否正确，是否需要改变位置。

二开——打开遮断器盖，插入手摇把。

三摇——摇道岔，使之转向所需位置，在听到“咔嚓”的落槽声后停止。

四确认——手指尖轨：“尖轨密贴开通×位”，并和另一人共同确认。

五加锁——另一人在确认道岔位置开通正确后，用钩锁器锁定道岔尖轨。

六汇报——向车站控制室汇报道岔开通位置正确。

关于手摇把的管理规定如表 4–1 所示。

表 4–1 手摇把的管理规定

序号	名称	操 作
1	手摇把编号与保管	① 手摇把应统一编号。编号以区域为单位，由 01～09 两位数字组成。由车辆部安全技术室登记造册，一式两份，车辆部安全技术室存档一份，手摇把存放室一份。 ② 手摇把的保管。设加锁手摇把保管箱，由车辆部统一配置，设置在规定地点。信号楼手摇把保管箱的钥匙由车辆段/停车场值班员保管。 ③ 手摇把配备数量。由车辆部根据道岔组数确定应配数量
2	手摇把取出与收回	① 当维修人员检修道岔或处理转辙机故障需使用手摇把时，由信号人员在《行车设备检查登记簿》上登记，写明用途、手摇把编号，经车辆段/停车场值班员签认后，方可开锁取出手摇把。使用完毕后，应由车辆段/停车场值班员清点数量、核对编号后签收加锁。 ② 当因设备停电或故障需手摇道岔排列进路时，手续同上。 ③ 当紧急处理故障时，可先应急使用，后补签手续
3	手摇道岔排列进路的规定	① 信号维修人员负责手摇转换道岔，并确认道岔密贴。 ② 车辆段/停车场助理值班员负责确认道岔位置开通正确，负责钩锁器的加固、加锁

课堂思考与讨论

城市轨道交通有哪些类型的道岔？道岔号数？道岔的定反位如何确定？

道岔的类型

道岔号数

道岔的定反位

任务 4.2 认识转辙机

道岔转辙设备是城市轨道交通的信号基础设备之一，需要专门技术和设施来保障列车及调车车列的运行安全。道岔转辙设备包括转辙机及外部的转辙装置、转换锁闭器等。其中转辙机是道岔转辙系统的核心和主体。

4.2.1 转辙机的作用及要求

转辙机是道岔控制系统的执行机构，用于道岔的转换与锁闭。转辙机是道岔动作的动力部分，它通过杆件做直线运动，从而使道岔尖轨通过位移来改变道岔的位置，并给出道岔状态的表示。转辙机控制道岔尖轨动作，它的基本任务是转换道岔、锁闭道岔和反映道岔的位置与状态。除转辙机本身外，转辙机械还包括锁闭装置、各类杆件及安装装置，它们共同完成道岔尖轨的转换和锁闭。转辙机如图 4-3 所示。

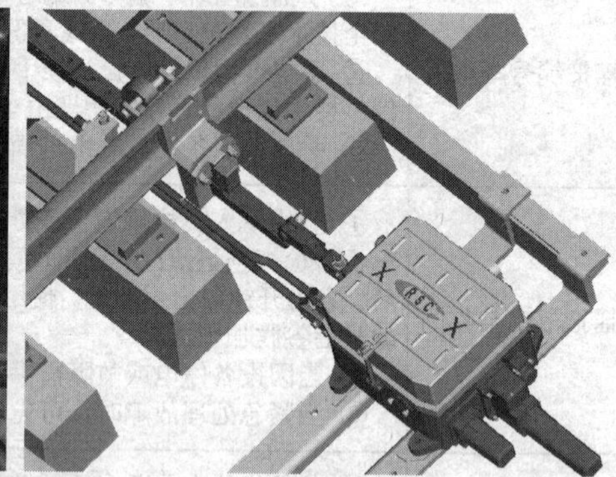

图 4-3　转辙机

1. 转辙机的作用

（1）转换道岔的位置，根据需要转换至定位或反位。

（2）道岔转至所需位置并且密贴后，实现锁闭，防止外力转换道岔。

（3）正确地反映道岔的实际位置，道岔的尖轨密贴于基本轨后，给出相应的表示。

（4）当道岔被挤或因故处于“四开”（尖轨与基本轨不密贴）位置时，及时给出报警及表示。

2. 道岔在转换中对转辙机的基本要求

（1）作为转换器，应具有足够大的拉力，以带动尖轨做直线往返运动；当尖轨受阻不能转换到底时，应随时通过操作使尖轨回复原位。

（2）作为锁闭器，当尖轨和基本轨不密贴时，不应进行锁闭；一旦锁闭，不能由于车辆通过道岔时的振动而错误解锁。

（3）作为监督器，应能正确反映道岔的状态。

（4）道岔被挤后，在未修复前不应再使道岔转换。图 4-4 为挤岔示意图。

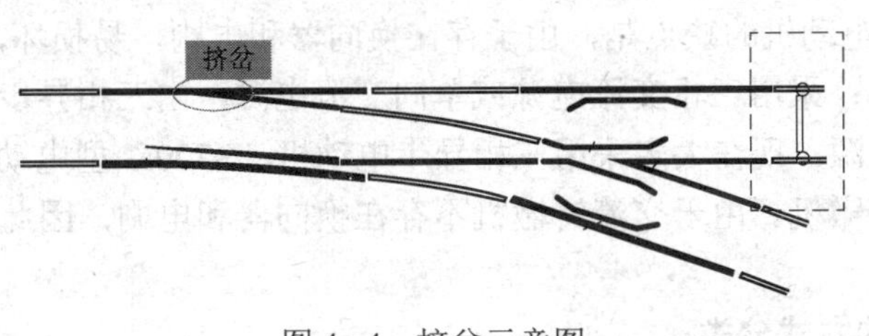

图4–4　挤岔示意图

4.2.2　转辙机的设置

道岔由一台转辙机牵引的称为单机牵引，由两台转辙机牵引的称为双机牵引，由两台以上转辙机牵引的称为多机牵引。城市轨道交通的正线上一般采用9号道岔，车辆段（停车场）一般采用7号道岔，通常一组道岔由一台转辙机牵引。如果正线上采用的是12号AT道岔，这是一种弹性可弯道岔，需要双机牵引，即一组道岔需两台转辙机牵引，可动心轨、道岔心轨需单独设置一台转辙机。有的提速道岔需要设置更多转辙机，图4–5（a）为双机牵引道岔，图4–5（b）为多机牵引道岔。

(a) 双机牵引道岔　　(b) 多机牵引道岔

图4–5　双机牵引道岔和多机牵引道岔

4.2.3　转辙机的分类

1. 按动作能源和传动方式分类

（1）电动转辙机：由电动机提供动力，采用机械传动方式。多数转辙机都是电动转辙机。ZD6系列转辙机、S700K型转辙机、ZD9系列转辙机都属于电动转辙机。

（2）电动液压转辙机：简称电液转辙机，由电动机提供动力，采用液压传动的方式。如ZY（J）系列转辙机。

2. 按供电电源种类分类

（1）直流转辙机：采用直流电动机，工作电源是直流电。ZD6系列电动转辙机就是直流转辙机，其工作电源为220 V直流电。ZY系列电液转辙机也是直流转辙机，其工作电源也是220 V直流电。直流电动机的缺点是，由于存在换向器和电刷，易损坏，故障率较高。

（2）交流转辙机：采用三相交流电源或单向交流电源，由三相异步电动机或单相异步电动转辙机作为动力来源，现在大多采用三相异步电动机。S700K型电动转辙机和ZYJ7型电液转辙机均为交流转辙机。由于交流转辙机不存在换向器和电刷，因此故障率低，而且单芯线缆控制距离远。

3. 按锁闭道岔的方式分类

（1）内锁闭转辙机：依靠转辙机内部的锁闭装置锁闭道岔尖轨，属于间接锁闭的方式。ZD6系列大多数转辙机均采用内锁闭方式。由于列车对转辙机的冲击大，所以内锁闭方式的锁闭可靠程度较差。

（2）外锁闭转辙机：虽然其内部也有锁闭装置，但主要依靠转辙机外的外锁闭装置锁闭道岔，将密贴尖轨直接锁于基本轨，将分离尖轨锁于固定位置，属于直接锁闭的方式。S700K型和ZYJ7型转辙机采用外锁闭方式。外锁闭方式锁闭可靠，列车对转辙机几乎无冲击。

另外，按是否可挤分类，可分为可挤型和不可挤型。电动转辙机和电液转辙机都有可挤型和不可挤型。可挤型转辙机内设挤岔保护装置，当道岔被挤时，动作杆解锁，保护了整机。不可挤型转辙机内不设挤岔保护装置，当道岔被挤时，会挤坏动作杆与整机连接结构，需要整机更换。

4.2.4 道岔的锁闭

道岔的锁闭是把尖轨或可动心轨等可动部分固定在某个开通位置，当列车通过时不会因外力作用而改变，按锁闭方式可分为内锁闭和外锁闭。

1. 道岔的内锁闭

内锁闭是当道岔由转辙机带动转换至某个特定位置后，在转辙机内部由锁闭齿轮和齿条块进行锁闭，由转辙机动作杆经外部杆件对道岔实现位置固定。例如，ZD6系列转辙机就采用内锁闭方式，由其内部的锁闭齿轮的圆弧面和齿条块的削尖齿互卡实现锁闭。

内锁闭方式的特点是：结构简单，便于维护，且转换比较平稳，属定力锁闭。道岔的两根尖轨由若干根连接杆组成框架结构，使尖轨部分的整体刚性较高，而且框式结构造成的反弹力和抗劲较大。由于两尖轨由杆件连接，当杆件受到外力冲击时，如果发生弯曲变形，会使密贴尖轨与基本轨分离，严重威胁行车安全。当列车通过道岔产生冲击时，其冲击力经过杆件将直接作用于转辙机内部，使转辙机部件易于受损，挤切销折断、移位接触器跳开等，危及行车安全，满足不了安全及提速的要求，必须采用外锁闭。

2. 道岔的外锁闭

当道岔由转辙机带动转换至某个特定位置后，通过本身所依附的锁闭装置，直接把尖轨与基本轨或心轨与翼轨密贴夹紧并固定，称为道岔的外锁闭。即道岔的锁闭主要不是依靠转辙机内部的锁闭装置，而是依靠转辙机外部的锁闭装置实现的。

由于外锁闭道岔的两根尖轨之间没有连接杆，在道岔转换过程中，两根尖轨是分别动作的，所以又称分动外锁闭道岔。

当外锁闭时，由于两尖轨之间没有连接杆连接，所以在转换时，一根尖轨先动，另一根尖轨后动，降低了转换时的启动力矩；外锁闭尖轨与基本轨密贴处实行锁闭，力量大，安全系数高；外锁闭装置一旦进入锁闭状态，当车辆经过道岔时，轮对对尖轨和心轨产生的侧向冲击力基本上不传到转辙机上，即具有隔力作用，有利于延长转辙机及各类转换部件的使用寿命。所以，外锁闭道岔转换设备消除了内锁闭方式的缺陷，适应了列车提速的要求。

外锁闭道岔转换设备的特点如下：

（1）改变了传统的框架式结构，使尖轨的整体刚性大幅度下降。

（2）尖轨分动后，转换启动力小，而且一根尖轨的变形不影响另一根尖轨，由此造成的反弹、抗劲等转换阻力均减小很多。

（3）在外锁闭装置作用下，两根分动尖轨无论是在启动解锁过程中，还是在密贴锁闭过程中，所需的转换力均较小，避开了两根尖轨最大反弹力的叠加。

（4）同时承担两根尖轨弹性力的过程是在密贴尖轨解锁以后到斥离尖轨锁闭以前这一较短的时间内，而此时正是电动机功率输出的最佳时刻，使电气特性和机械特性得到良好的匹配。

（5）由于两尖轨间无连接杆，所以密贴尖轨很难在外力作用下与基本轨分离，可靠地保证了行车安全。

（6）由于密贴尖轨与基本轨之间由外锁闭装置固定，克服了内锁闭道岔靠杆件推力或拉力使尖轨与基本轨密贴易造成 4 mm 失效的较大缺陷。

外锁闭道岔尖轨转换采用分动方式，设多个牵引点（9 号和 12 号提速道岔两个牵引点，18 号提速道岔三个牵引点，30 号和 38 号道岔六个牵引点），做到尖轨全程密贴，以防止尖轨反弹。还做到多点检查尖轨密贴情况。可动心轨也采用多点牵引（12 号、18 号两点牵引，30 号、38 号三点牵引）。

任务 4.3 ZD6 系列电动转辙机

ZD6 系列电动转辙机是我国轨道交通中使用最为广泛的电动转辙机，包括 A、B、C、D、E、F、G、H、J、K 等派生型号。ZD6 系列电动转辙机采用内锁闭方式。ZD6-A 型是 ZD6 系列转辙机的基本型，ZD6 系列内其他型号的转辙机都是以 ZD6-A 型为基础改进、完善而发展起来的。本任务以 ZD6-A 型转辙机为例进行介绍，图 4-6 为 ZD6-A 型电动转辙机实物图。

ZD6 系列电动转辙机

ZD6 系列电动转辙机的命名规则如图 4-7 所示。

图 4-6　ZD6-A 型转辙机实物图

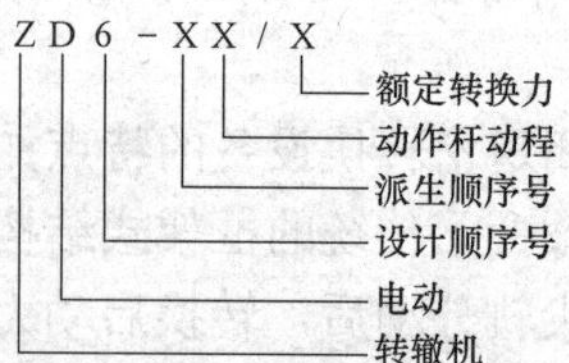

图 4-7　ZD6 系列电动转辙机命名规则

ZD6 系列电动转辙机应用环境如下：大气压力不低于 70 kPa（海拔高度不超过 3 000 m）；周围空气温度为-40～70 ℃；空气相对湿度不大于 90%（25 ℃）；周围无引起爆炸危险的有害气体。运行电压为 DC 160 V，电机额定转矩为 0.88 N·m。

ZD6 系列电动转辙机的安装方式主要是角钢安装（如图 4-8 所示），如无明确要求，转辙机均以在道岔左侧安装的方式进行组装。如果在现场要进行安装方向变更，可按下列程序操作：

（1）将罩筒、调整盖、调整筒拆下。

（2）将防水板拆下。

（3）将动作杆、表示杆抽出，再从另一侧插入。

（4）将上述拆下的其他件重新安装在另一侧。

安装转辙机时应注意，在满足标准要求的基础上，要保证动作杆与表示杆的水平状态为：靠近基本轨一端略低于远离基本轨一端，以避免雨水沿杆件回流到箱体内。

图 4-8　ZD6 系列转辙机的安装

4.3.1　ZD6-A 型转辙机的基本构成和作用

ZD6-A 型转辙机主要由电动机、减速器、摩擦联接器、传动装置、转换锁闭装置、动作杆、表示杆、自动开闭器、挤切装置、安全接点、壳体、堵孔板组等组成。图 4-9 为 ZD6-A 型转辙机结构图。

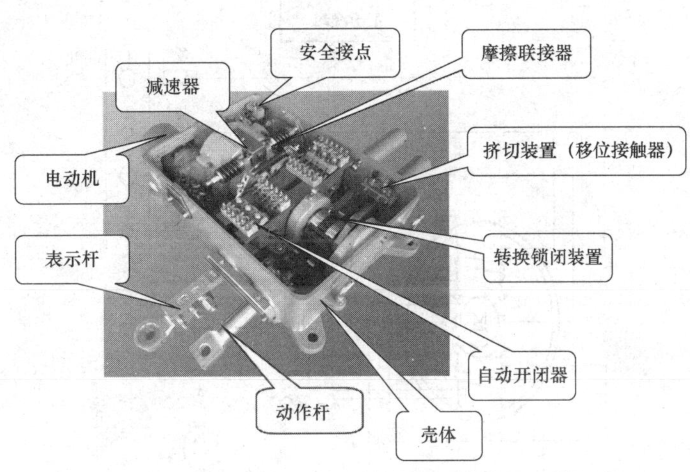

图 4–9 ZD6–A 型转辙机结构图

1. 电动机

ZD6–A 型转辙机采用的是直流串励电动机，图 4–10 为电动机实物图。它对电动机有以下要求：

（1）为获得需要的转矩和转速，要求电动机具有足够的功率，其额定转矩为 0.88 N・m，转速大于 2 350 r/min。在维护时，要注意碳刷处的清洁，在额定电压、额定负载下换向器不产生有害火花，电机各部分应注意干燥及绝缘。

（2）电动机的额定电压为 160 V，额定电流为 2.0 A，摩擦电流为 2.3～2.9 A，额定转速为 2 400 r/min；额定转矩为 0.882 6 N・m，单定子工作电阻为（2.85±0.14）×2 Ω，刷间总电阻为（4.9±0.245）Ω。

（3）电动机需要有足够大的起动转矩，克服尖轨和滑床板之间的静摩擦。当道岔定反位转换时，电动机能够逆转。

电动机的正转和反转可通过改变励磁绕组（定子绕组）或电枢（转子绕组）中的电流方向来实现。为配合四线制道岔控制电路，采用正转和反转分开的定子绕组方式（如图 4–11 所示）。两个定子绕组通过公共端子分别与转子绕组串联。

图 4–10 直流串励电动机实物图

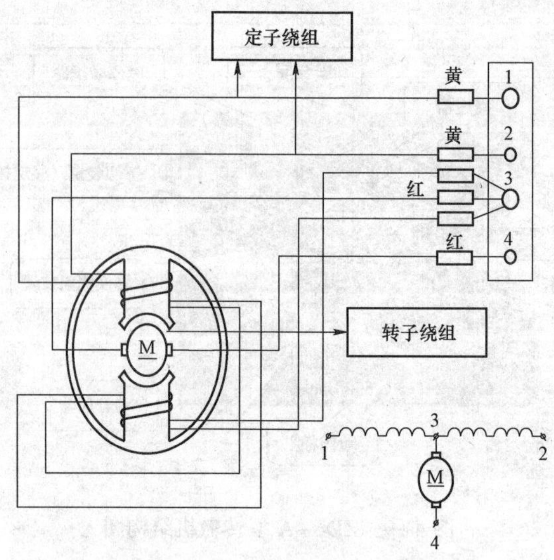

图 4-11　电动机内部接线图

2. 减速器

减速器用来降低转速，以获得足够的转矩来转换道岔。图 4-12 为减速器实物图。要求将电动机的旋转速度由一般 2 000 r/min 以上降到符合要求的转速。ZD6-A 型转辙机的减速器由两级组成，第一级为定轴传动外啮合齿轮，即小齿轮带动大齿轮，减速比为 103:27；第二级为渐开线内啮合行星传动式减速器，减速比为 41:1，于是总减速比为（103/27）×（41/1）=156.4。

图 4-12　减速器实物图

行星传动式减速器结构图如图 4-13 所示。内齿轮由靠摩擦联接器的摩擦作用固定在减速器壳内。内齿轮里装有外齿轮，外齿轮通过滚动轴承装在偏心轴套上。偏心轴套用键固定在输入轴上。外齿轮上有八个圆孔，每个圆孔内插入一根套有滚条的滚棒。八根滚棒固定在输出轴的输出圆盘上。当外齿轮做摆式旋转时，输出轴就随之旋转。

当输入轴随第一级减速齿轮顺时针旋转时，偏心轴套也顺时针旋转，使外齿轮在内齿轮里沿内齿圈做逐齿啮合的偏心运动。输入轴旋转一周，外齿轮也做一周偏心运动。外齿轮 41 个齿，内齿轮 42 个齿槽，两者相差 1 齿。因此，当外齿轮做一周偏心运动时，外齿轮的齿在内齿轮里错位 1 齿。在正常情况下，内齿轮静止不动，迫使外齿轮在一周的偏心运动中反方向旋转一齿的角度，带动输出轴逆时针方向旋转一周，这样就达到了减速的目的。

外齿轮既在输入轴的作用下做偏心运动，又与内齿轮作用做旋转运动，类似于行星的运动，即既有自转又有公转，所以外齿轮称为行星齿轮，该种减速器称为行星传动式减速器。

为了达到机械转动的平衡，内齿轮里有两个外齿轮，它们共同套在一个输出轴圆盘的八根滚棒上，两个外齿轮之间偏向成 180°。

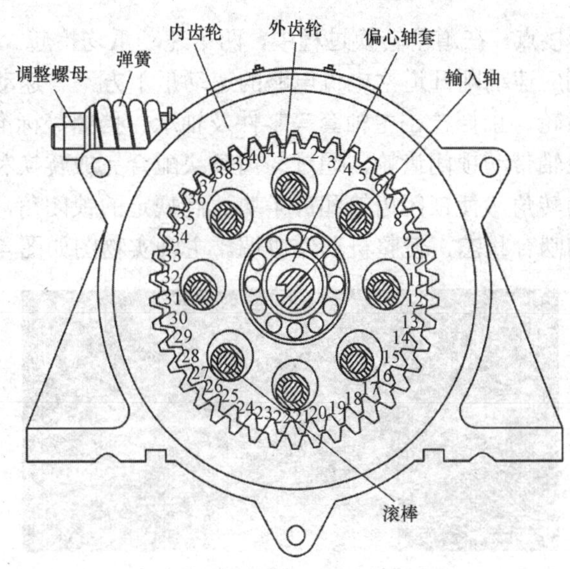

图 4-13 行星传动式减速器结构图

3. 摩擦联接器

摩擦联接器用弹簧和摩擦制动板组成输出轴与主轴之间的摩擦连接，以防止当道岔在转换过程中尖轨受阻时损坏机件，能够保护电动机。图 4-14 为摩擦联接器实物图。正常情况下，依靠摩擦力，内齿轮反作用于外齿轮，使外齿轮做摆式旋转，带动输出轴转动，使道岔转换。当发生尖轨受阻不能密贴和道岔转换完毕电动机做惯性运动的情况时，输出轴不能转动，外齿轮受滚棒阻止而不能自转，但在输入轴的带动下做摆式运动，这样外齿轮对内齿轮产生一个作用力，使内齿轮在摩擦制动板中旋转（摩擦空转），消耗能量，保护电动机和机械传动装置。

图 4-14 摩擦联接器实物图

摩擦联接器的摩擦力要调整适当。调整过紧会失去摩擦联接作用，损坏电动机和机件；调整过松，则不能正常带动道岔转换。其松紧可以通过调整螺母来实现，调整的标准是，额定摩擦电流应为额定动作电流的 1.3～1.5 倍。

4. 传动装置

传动装置主要包括启动片、速动片、主轴、输出轴。

启动片是介于减速器和主轴之间的传动媒介。它连接输出轴与主轴，其正、反两面互相垂直，形成“十”字形的沟槽，在旋转时自动补偿两轴不同心的误差。它还与速动片相配合，在解锁、锁闭过程中控制自动开闭器的动作。

启动片除了起连接主轴的作用外，还对自动开闭器起控制作用。启动片的“十”字连接法，使其与输出轴、主轴同步动作，因此能反映锁闭齿轮各个动作阶段（解锁、转换、锁闭）所对应的转角，所以用它来控制自动开闭器的动作最能满足要求。

启动片上有一个梯形凹槽，道岔锁闭后总会有一个速动爪占据其中。当道岔解锁时，启动片一方面带动主轴转动，另一方面利用其凹槽的坡面推动速动爪上的小滚轮，使速动爪抬起，以断开启动片表示接点。在道岔转换过程中，两个速动爪均抬起。在道岔接近锁闭阶段，启动片的凹槽正好转到应速动断开道岔电机电路的速动爪下方，与速动片配合完成。

主轴上装有锁闭齿轮、止挡栓、主轴套等零件及轴承、挡圈等标准件，通过启动片与减速器输出轴相连接，主轴带动锁闭齿轮，通过与齿条块配合完成转换和锁闭道岔。主轴上的止挡栓用来限制主轴的转角，使锁闭齿轮和齿条块达到规定的锁闭角，并保证每次解锁以后都能使两者保持最佳的啮合状态，使整机动作协调。主轴实物图如图 4–15 所示。

图 4–15　主轴实物图

5. 转换锁闭装置

转换锁闭装置由锁闭齿轮和齿条块组成，锁闭齿轮和齿条块相互配合动作，将转动变为平动，通过动作杆带动道岔尖轨动作，并完成道岔锁闭。锁闭齿轮共有 7 个齿，其中 1 齿和 7 齿是位于中间的起动小齿，在它们之间是锁闭圆弧。齿条块上有 6 个齿、7 个齿槽，中间 4 个是完整的齿，两边的 2 个是中间有缺槽的削尖齿。缺槽是为了锁闭齿轮上的启动小齿能顺利通过而设的。转辙机的内锁闭机构如图 4–16 所示。

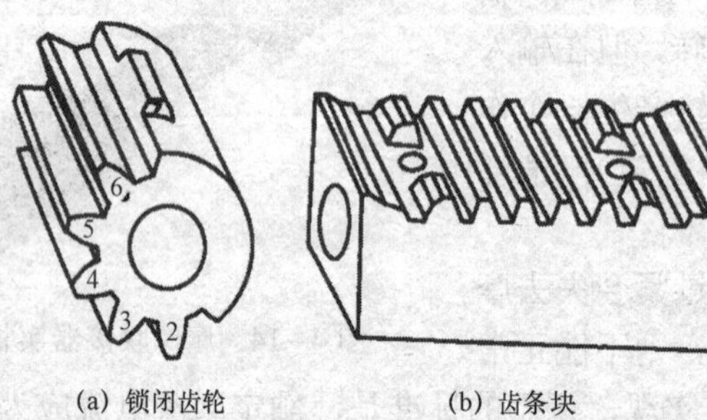

(a) 锁闭齿轮　(b) 齿条块

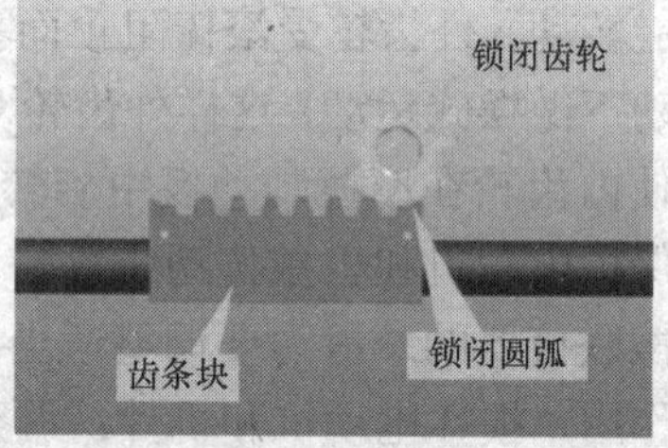

(c) 锁闭示意图

图 4–16　转辙机的内锁闭机构

1）道岔的锁闭

当道岔在定位或反位，尖轨与基本轨密贴时，锁闭齿轮的圆弧正好与齿条块的削尖齿弧面重合。这时如果尖轨受到外力冲击，或列车经过道岔使齿条块受到水平作用力，这些力只能沿锁闭圆弧的半径方向传给锁闭齿轮，锁闭齿轮和齿条块不会转动，齿条块及固定在其圆孔中的动作杆也不能移动，从而实现对道岔的锁闭，也称为机内锁闭。

2）转辙机的转换

转辙机每转换一次，锁闭齿轮与齿条块要完成解锁、转换、锁闭三个过程。假设图 4–17（a）为定位锁闭状态，若要将道岔转至反位，具体动作程序如下：

① 解锁：电动机逆时针旋转，输入轴顺时针旋转，使输出轴逆时针旋转，通过启动片带动主轴及锁闭齿轮逆时针转动。此时，锁闭齿轮的锁闭圆弧面首先在齿条块的削尖齿上滑退，

锁闭齿轮上的启动小齿 1 从削尖齿Ⅰ旁经过。当主轴旋转 32.9° 时，锁闭圆弧面全部从削尖齿上滑开，启动小齿 1 与齿条块齿槽 1 的右侧接触，解锁完毕。

② 转换：随着主轴运动，启动小齿拨动齿条块，锁闭齿轮带动齿条块移动，即将转动变为平动。当锁闭齿轮转至 306.1° 时，齿条块及动作杆向右移动了 165 mm，使原斥离尖轨转换到反位，与另一基本轨密贴，定位转到反位。

③ 锁闭：道岔转换完毕必须进行锁闭，否则齿条块及动作杆在外力作用下可倒退，造成“四开”的危险。道岔转换完毕后，锁闭齿轮继续转动到 339°，锁闭齿轮的启动小齿 7 在削尖齿Ⅵ旁经过，锁闭齿轮上的圆弧面与齿条块削尖齿弧面重合，实现了锁闭，如图 4-17（b）所示。此时，止挡栓碰到底壳上的止挡栓，锁闭齿轮停止转动。

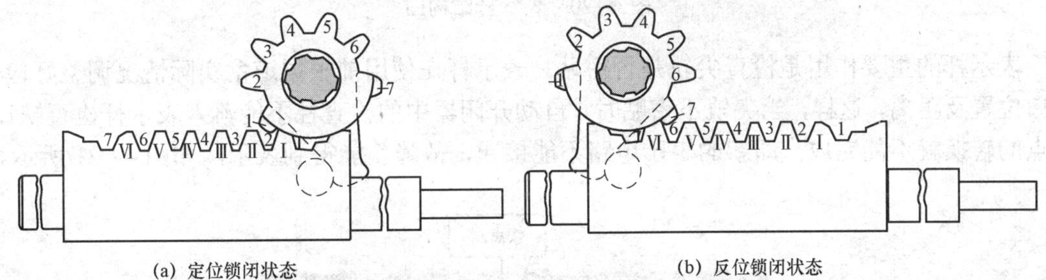

图 4-17　转辙机的内锁闭

6. 动作杆

动作杆是转辙机转换道岔的最后执行部件，因为它的一端与道岔的密贴调整杆相连接，带动尖轨运动。动作杆通过挤切销和齿条块连成一体，正常工作时，它们一起运动。动作杆实物图如图 4-18 所示。

动作杆上加工有锥孔，齿条块上的顶杆在弹簧压力下置于锥孔内，当动作杆和齿条块有相对位移时，顶杆会在齿条块中向上移动相同距离。

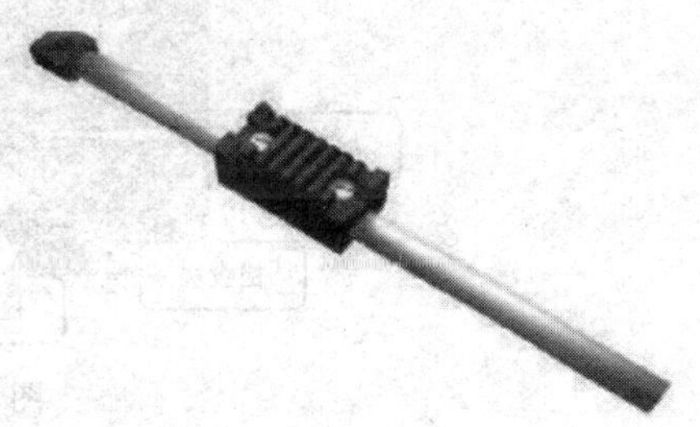

图 4-18　动作杆实物图

7. 表示杆

表示杆（如图 4-19 所示）与道岔的表示杆相连，随道岔动作。表示杆由前、后表示杆及两个检查块组成，其结构图如图 4-20 所示。前表示杆的前伸端设有连接头，用来和道岔的表示杆相连。后表示杆前端与固定螺栓相连的是一长孔，所以有 86～167 mm 的调整范围，以满足不同的道岔开程需要。当道岔密贴调整杆动作时，其可动距离应在 5 mm 以上。

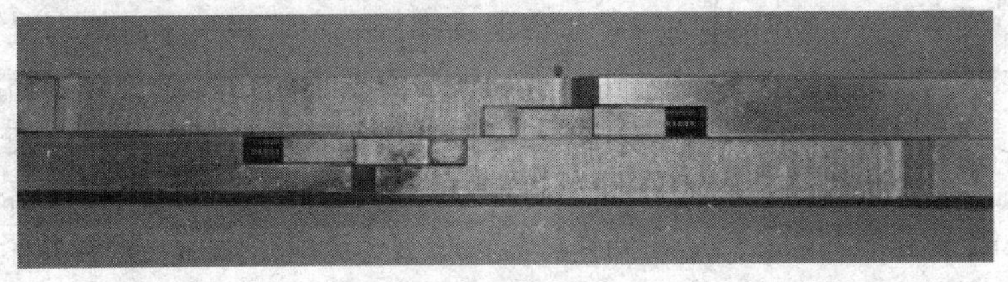

图 4-19　表示杆实物图

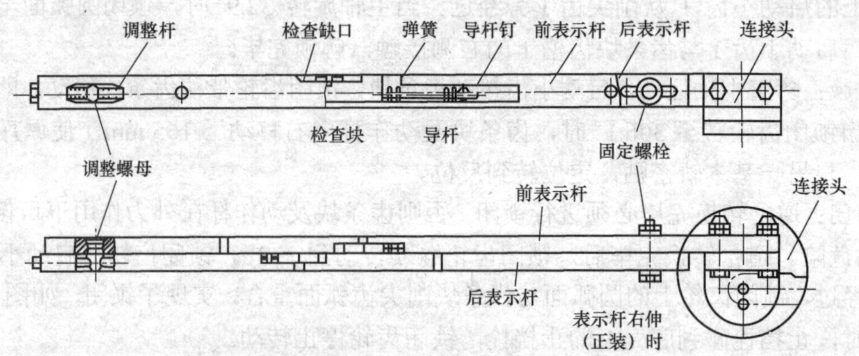

图 4-20　表示杆结构图

表示杆的主要作用是检查尖轨是否密贴。表示杆在使用前根据道岔实际情况调整好检查缺口位置及距离，这样，当尖轨不密贴时，自动开闭器中的检查柱不能落入表示杆检查缺口，接点的转换就不能完成，即新的表示电路不能接通，故障就能得到表示，如图 4-21 所示。

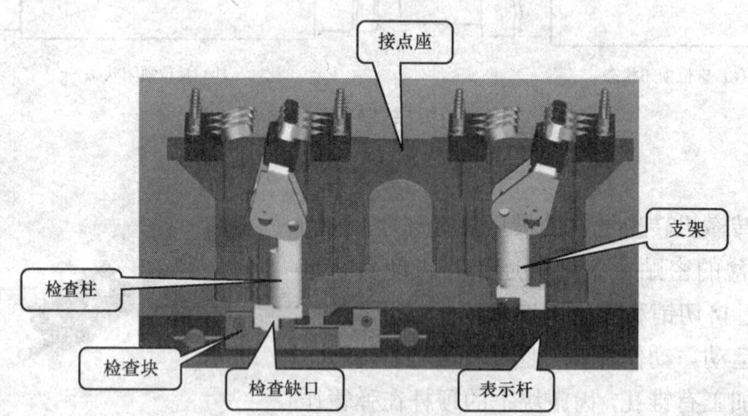

图 4-21　到位表示示意图

为检查道岔是否密贴，在前、后表示杆的腹部空腔内分别设一个检查块。每个检查块上有一个缺口，道岔转换到位并密贴后，自动开闭器所带的检查柱落入此缺口，使自动开闭器动作。设两个检查块是为了满足道岔定位和反位检查的需要。若左侧检查柱落在后表示杆缺口中，则右侧检查柱将落在前表示杆缺口中，如图 4-22 所示。当检查柱落入表示杆缺口时，两侧应各有 1.5 mm 的空隙。

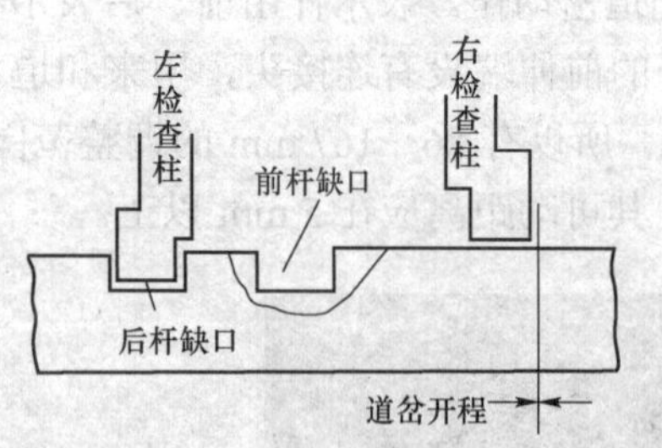

图 4-22　表示杆缺口与检查柱位置示意图

在现场维修中，调整表示杆缺口是一项重要的工作。现场调整应在道岔密贴调整好以后进行。先在动作杆伸出位置调整表示杆接杆螺母，使前表示杆上的标记与窗口标记重合，这时检查柱应落入表示杆缺口并保持每侧有 1.5 mm 的间隙。然后在动作杆拉入位置，道岔密贴后，松开并紧螺栓，调整后表示杆的螺母，使检查柱落入后表示杆的缺口且保持每侧有 1.5 mm 的间隙。再经几次定、反位动作试验，若设备工作正常，则上紧并紧螺栓，调整工作即告完毕。

检查块轴向有一导杆，上面穿有弹簧和导杆钉，平时靠弹簧弹力顶住检查块，以完成对检查柱的检查。当挤岔时，检查块缺口被检查柱占有，挤岔瞬间检查块动不了，挤岔的冲击力使表示杆向检查块运动，弹簧受压，保护检查块和检查柱并未直接受到挤岔冲击力，不会损坏。另一方面，当表示杆被挤时，缺口斜面迫使检查柱抬起，脱离检查块缺口，使各部件不致受损。此时，由于检查柱抬起，自动开闭器的动接点立即退出静接点组，断开道岔表示电路。

8. 自动开闭器

自动开闭器在电动转辙机中用来反映道岔位置并接通和断开电动机控制电路及表示电路。它在解锁过程中用来切断表示电路，接通准备反向转换的电动机动作电路；在锁闭过程的末了，切断电动机的动作电路，检查道岔密贴情况，接通新的表示电路以反映道岔的正确位置。

自动开闭器由接点部分、动接点块传动部分和控制部分组成。自动开闭器由 4 排静接点、2 排动接点、2 个速动爪、2 个检查柱及速动片等组成。静接点、动接点、速动爪、检查柱对称地分别装于主轴的两侧，是一个整体。图 4–23 为自动开闭器结构图。

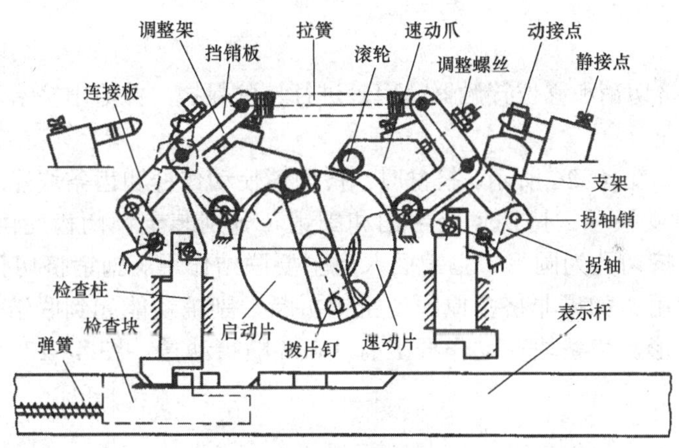

图 4–23 自动开闭器结构图

接点部分由动接点、静接点、接点座组成。有 2 排动接点（*A*、*B*）、4 排静接点（1、2、3、4），站在电动机处观察，编号自右向左分别为 1、2、3、4、5、6 排，每排有 3 组接点（如 11 和 12 为一组、13 和 14 为一组、14 和 16 为一组），自上向下顺序编号，如 11、12，13、14、15、16。图 4–24 为接点示意图，图 4–25 为实物图。

自动开闭器的动作受启动片和速动片的控制。输出轴转动时带动启动片转动。速动片由启动片上的拨片钉带动转动。若转辙机定位时 1、3 排接点闭合，则转向反位时，左动接点先动作，断开第 3 排接点，切断道岔定位表示电路；接通第 4 排接点，为反转做好准备；转换至反位后，右动接点动作，断开第 1 排接点，切断电动机动作电路；接通第 2 排接点，沟通道岔反位表示电路。

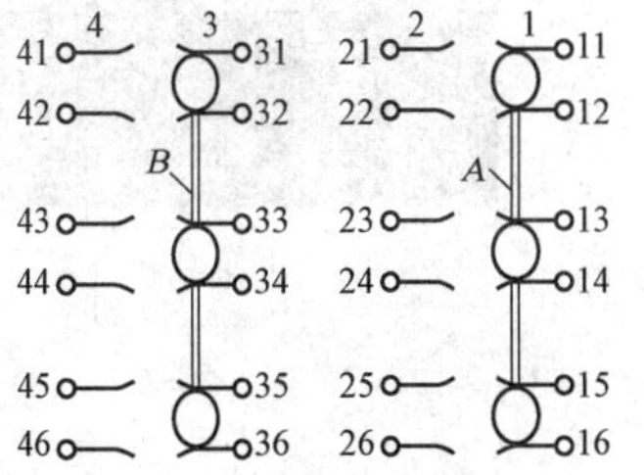

图 4–24 自动开闭器接点示意图

若转辙机定位时 2、4 排接点闭合，则转向反位时，右动接点先动作，断开第 2 排接点，接通第 1 排接点；当转换到反位时，左动接点动作，断开第 4 排接点，接通第 3 排接点。

当从反位转向定位时，接点动作情况与上述相反。

图 4-25　自动开闭器实物图

9. 挤切装置

挤切装置包括挤切销和移位接触器，用来进行挤岔保护，并给出挤岔表示。

1）挤切销

挤切销实物图如图 4-26 所示。挤岔时，挤切销使动作杆和齿条块能迅速脱离联系，使转辙机内部机件不受损坏。挤切销分主销和副销，分别装于锁闭齿轮削尖齿中间开口处的挤切孔内。主销挤切孔为圆形，主销插入起主要联结作用。副销挤切孔为椭圆形，副销插入起备用联结作用。如果非挤岔原因使主销折断，副销还能起到联结作用。这是因为，副销挤切孔为椭圆形，齿条块在动作杆上有 3 mm 随窜动量。图 4-27 为挤切销的状态示意图。

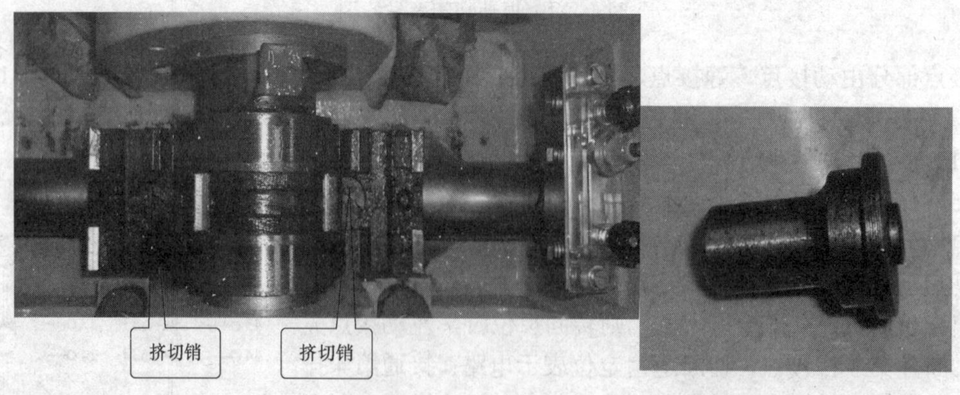

图 4-26　挤切销实物图

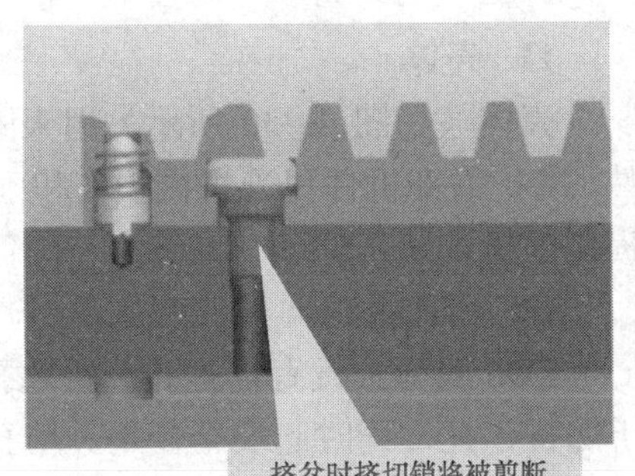

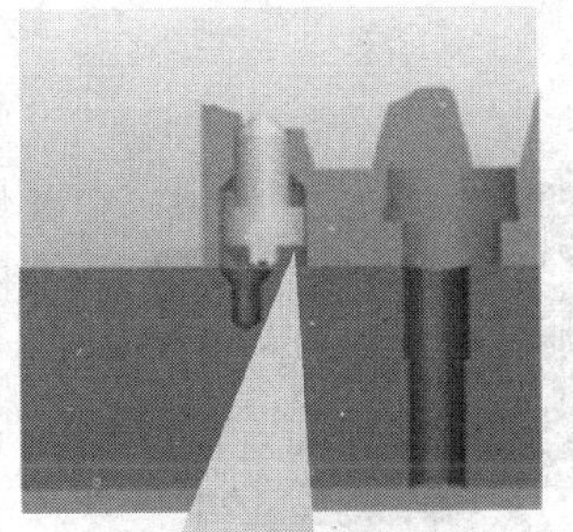

图 4–27　挤切销状态示意图

2）移位接触器

移位接触器（如图 4–28 所示）是一个安全装置，它的接点串联在表示电路中，作用是当发生挤岔时切断表示电路。

移位接触器由触头、弹簧、顶销、接点等组成，平时顶杆受弹簧弹力，顶杆下端圆头进入动作杆上成 90° 的圆坑内。挤岔时齿条块不动，挤切销被挤断，动作杆在齿条块内产生位移，顶杆下端被挤出圆坑，使顶杆上升，将移位接触器的顶销顶起，断开它的接点，从而断开道岔表示电路。移位接触器上部留有小孔，以便挤岔后予以恢复。

在装配时，顶杆与触头间隙为 1.5 mm，挤岔时，若挤岔力大至切断挤切销，则动作杆相对齿条块发生位移，这样道岔与转辙机脱离机械连接，使转辙机主要机件和道岔尖轨不至于被挤坏。

同时，当动作杆与齿条块的位移大于 2.5 mm 时，齿条块内的顶杆上升同样距离，使移位接触器接点断开，切断表示电路，并且不经人工恢复不会接通电路。移位接触器上的按钮用于排除故障后人工恢复表示电路的。

10. 安全接点

安全接点（如图 4–29 所示）又称遮断接点、遮断开关，用来保证维修安全。正常使用时，只有安全接点接通，才能接通道岔动作电路。在检修时，断开安全接点，以防止检修过程中转辙机转动影响维修人员作业。

图 4–28　移位接触器实物图

图 4–29　安全接点（遮断开关）实物图

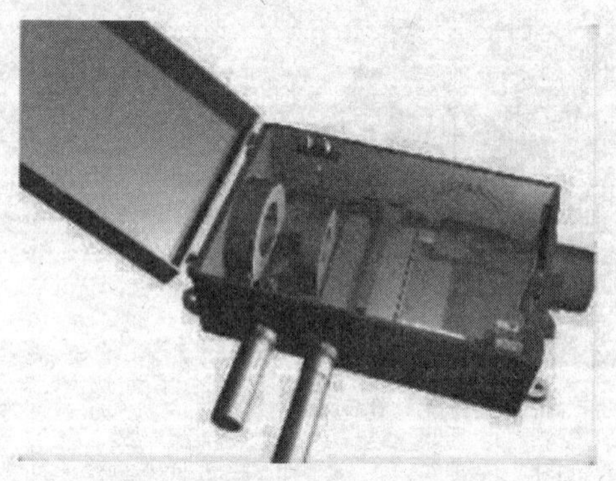
图 4-30　壳体实物图

11. 壳体

壳体（如图 4-30 所示）用来固定转辙机各部件，防护内部机件免受机械损伤和雨水、尘土侵入，提供整机安装条件。

12. 堵孔板组

ZD6 底壳上设有摇把孔及钥匙孔，堵孔板组用于防护该孔，同时起安全作用。堵孔板组通过开关轴装于底壳上，扳动时开关轴要转动，开关轴上安装的动接点也转过一定角度，断开接点。接点断开后，拨扣落下并被卡住，只有提起拨扣后堵孔板才可转回。堵孔板上有橡胶密封塞，用于密封钥匙孔和手摇把孔。

4.3.2　ZD6-A 型转辙机的工作原理

图 4-31 中各机件所处的位置是动作杆由右向左移动后的停止状态。为使动作杆向右移动，定位/反位锁闭（初始状态）—解锁—转换—反位/定位锁闭（终止状态），其中手摇圈数 38.6 圈。具体工作原理如下：

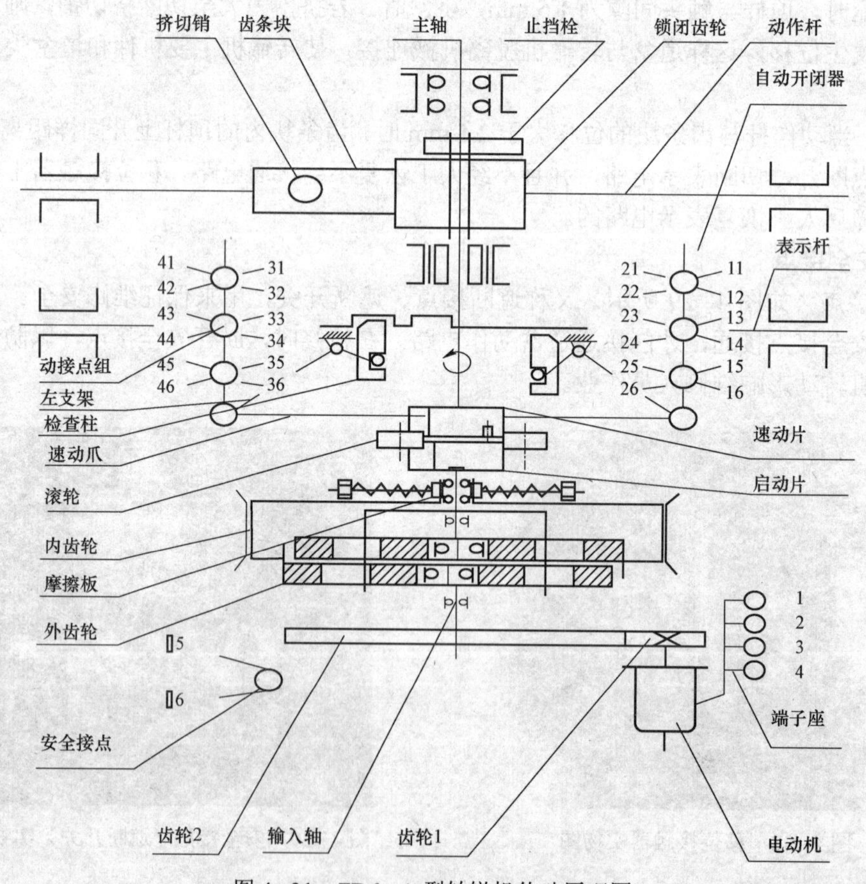

图 4-31　ZD6-A 型转辙机传动原理图

（1）来自道岔控制电路的电源，经由自动开闭器的第一排接点接至电动机，从电动机后端看，使电动机按逆时针方向旋转。

（2）电动机通过齿轮 1 带动减速器，使输出轴按逆时针方向旋转。

（3）输出轴和主轴之间用启动片连接在一起，因此输出轴带动主轴一起旋转。

（4）主轴的旋转运动通过锁闭齿轮传给齿条块，变为动作杆的直线运动，实现对道岔的转换和锁闭。

（5）自动开闭器支架的摆动，带动自动开闭器的接点转换机构和检查柱，实现对表示电路的控制和道岔的密贴检查。

（6）对于可挤型 ZD6 型转辙机，当发生挤岔事故时，道岔尖轨向另一侧运动，通过安装装置推动表示杆、动作杆向与现在所处状态相反的方向运动。表示杆推动检查柱向上运动，切断表示电路。与此同时，动作杆切断挤切销，使顶杆向上运动，顶开移位接触器，也切断表示电路，并实现挤岔报警。

任务 4.4 ZD（J）9 系列电动转辙机

ZD（J）9 系列电动转辙机是一种能适应交、直流电源的新型转辙机。其中 ZD（J）9-A 型为可挤型，ZD（J）9-B 型为不可挤型，如图 4-32 所示。ZD（J）9 系列转辙机是适用于各种铁路道岔的一种少维护、无维修电动转辙机，转换力大，适应各种不同动程的需要，既可用于多点牵引尖轨分动外锁闭装置的道岔，也可用于尖轨联动的普通道岔。它专门设计有安全开关，维护时安全开关打开，不经人工恢复转辙机不能动作。

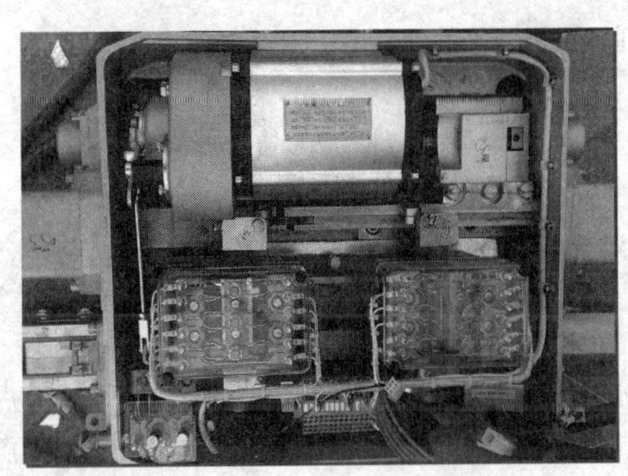

(a) A 型

(b) B 型

图 4-32 ZD（J）9 系列转辙机实物图

4.4.1 ZD（J）9 系列电动转辙机基础

1. 基本特点

（1）采用滚珠丝杠作为驱动传动装置，不仅延长其使用寿命，而且摩擦力小，减速效率高。

（2）交流转辙机系列供电采用交流三相 380 V 电动机，故障率低，线路上的电能损失减少，电缆单芯控制距离长。

（3）采用铍青铜静接点组和铜钨合金动接点环，接点系统安全可靠。

（4）伸出杆件用镀铬防锈，伸出处用聚乙烯堵孔圈和油毛毡防尘圈支撑、防尘，可减少维护工作量；转动和滑动面用 SF-2 复合材料衬套和衬垫。

（5）手动操作方法：当故障或停电时，需要手动方式转动转辙机，具体为先转动手动开关轴，断开安全接点，插入手摇把后手动转动转辙机。

（6）既可适用于联动内锁闭道岔，又可适用于分动外锁闭道岔；既适用于单点牵引，又适用于多点牵引；安装时，既能角钢安装，又能托板安装。

2. 工作环境要求

ZD（J）9 系列转辙机能在下列条件下可靠地工作：

（1）大气压力不低于 70 kPa（海拔高度不超过 3 000 m），周围空气温度为-40～+70 ℃，空气相对湿度不大于 90%（25 ℃）。

（2）振动 21*g*，周围无引起爆炸危险、足以腐蚀金属及破坏绝缘的有害气体或导电尘埃。

3. ZD（J）9 系列转辙机型号的含义

图 4-33 为 ZD（J）9 系列转辙机型号的含义。如 ZD（J）9-A220/2.5K、ZD（J）9-B150/4.5K 型。

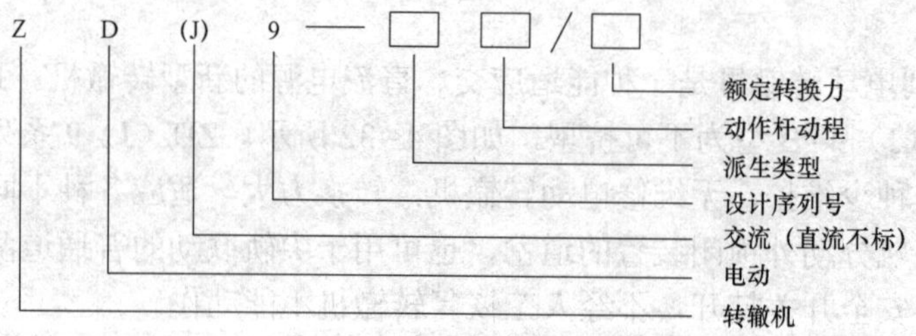

图 4-33　ZD（J）9 系列转辙机型号的含义

4. ZD（J）9 型转辙机分类

1）按动作电源分类

① 直流系列：ZD9，电源电压为直流 220 V。

② 交流系列：ZDJ9，电压为三相交流 380 V，工作电压均大于 2 A。

2）按用途分类

① ZD（J）9-A、ZD（J）9-B 为分动外锁闭道岔所用，分别用于第一、第二牵引点。

② ZD（J）9-C、ZD（J）9-D 为联动内锁闭道岔所用，分别用于第一、第二牵引点。

③ ZD（J）9-E 用于非提速区段的第二牵引点。

④ ZD（J）9-F 用于单机牵引的道岔。

5. ZD（J）9 系列转辙机的技术要求和特性

ZD（J）9 系列转辙机的主要技术要求如下：

（1）动接点在静接点片内的接触深度不小于 4 mm；用手扳动动接点，其摆动量小于或等于 3.5 mm；动接点与静接点座间隙大于或等于 3 mm；在锁闭前当动接点在静接点内有所窜动时，应保证接点接触深度大于或等于 2 mm。

（2）尖轨各牵引点处开程误差要求在±3 mm 范围内。

（3）滚珠丝杠与轴套旷动量不大于 0.5 mm。

（4）不带挤脱器的道岔表示杆缺口调整标准为（2±0.5）mm，带挤脱器的道岔表示杆缺口调整标准为（4±0.5）mm。

（5）密贴检查器调整的标准为 4 mm 接触、5 mm 断开。

（6）心轨辙叉第一牵引点处开口误差要求在±1 mm 范围内。

表 4–2 为 ZD（J）9 系列转辙机的技术特性。

表 4–2 ZD（J）9 系列转辙机的技术特性

型号	ZD（J）9－170/4K	ZD（J）9－A220/2.5K ZD（J）9－C220/2.5K	ZD（J）9－B150/4.5K ZD（J）9－D150/4.5K
电源电压 AC 三相/V	380	380	380
额定转换力/kN	4	2.5	2.5
动作杆动程/mm	170	220	150
锁闭杆动程/mm	152	160	75
工作电流/A	≤2.0	≤2.0	≤2.0
动作时间/s	≤5.8	≤5.8	≤5.8
单线电阻/Ω	≤54	≤54	≤54
挤脱力/kN	28±2		28
摩擦力/kN	6（1±10%）	3.8（1±10%）	6.8（1±10%）
质量/kg	180	182	177
适用范围	尖轨动程 152 mm 以下的道岔，双杆内锁	双机牵引第一牵引点，不可挤，双杆内锁	双机牵引第二牵引点，可挤，单杆内锁

注：其中 A、B 型用于分动道岔，C、D 型用于联动道岔。

4.4.2 主要部件和作用

ZD（J）9 系列转辙机主要由电动机、减速器、摩擦联接器、滚珠丝杠、自动开闭器、动作杆、表示杆、外壳等组成，采用模块化设计，便于维护和维修。图 4–34 为 ZD（J）9–B 型（带挤脱装置）转辙机结构图，图 4–35 为其分解图。

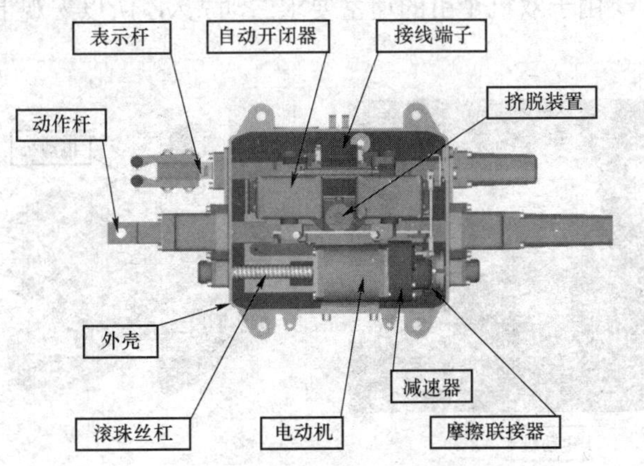

图 4–34 ZD（J）9–B 型转辙机结构图

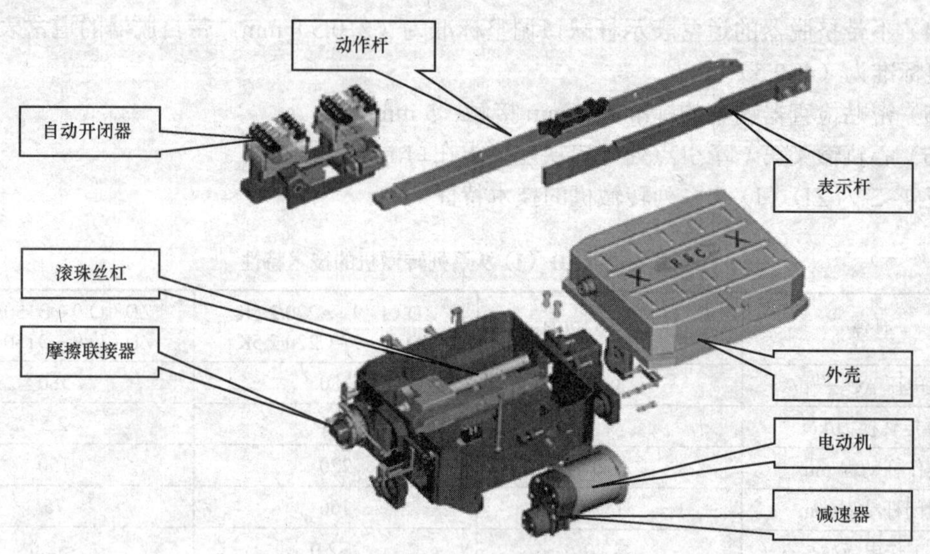

图 4-35　ZD（J）9-B 型转辙机分解图

1. 电动机

电动机为 ZDJ802－4 型专用电动机，其技术参数如表 4-3 所示。

表 4-3　电动机技术特性

电源（AC 三相）电压/V	单线电阻/Ω	堵转转矩最小转矩/（N・m）	最大转矩/（N・m）	额定转矩/（N・m）	转速/（r/min）	工作电流/A
380	54	≥2.6	≥3.0	2.0	≥1 330	≤1.5

2. 减速器

减速器一般为两级减速，可以通过改变减速比来改变转辙机的转换时间。ZD（J）9-A 型转辙机第一级减速比为 38/26=1.46，第二级减速比为 46/18=2.56，总减速比为 3.74。ZD（J）9-B 型转辙机第一级减速比为 44/20=2.2，第二级减速比为 2.56，总减速比为 5.63。转换时间 t_A=4.56 s，t_B=5.08 s。由于双机牵引的道岔要求二动先动，所以宏观上可达到同步。图 4-36 为电动机和减速器。

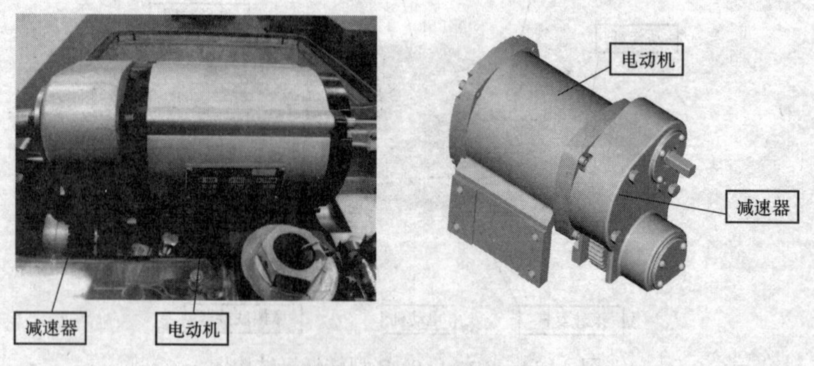

图 4-36　电动机和减速器

3. 滚珠丝杠

滚珠丝杠（如图 4-37 所示）一般为磨削丝杠，直径 32 mm，导程 10 mm，由于导程大，滚珠也大，可靠性高。滚珠丝杠主要是将电动机的旋转运动变为直线运动，并且起到减速作用，减速比取决于丝杠螺距。

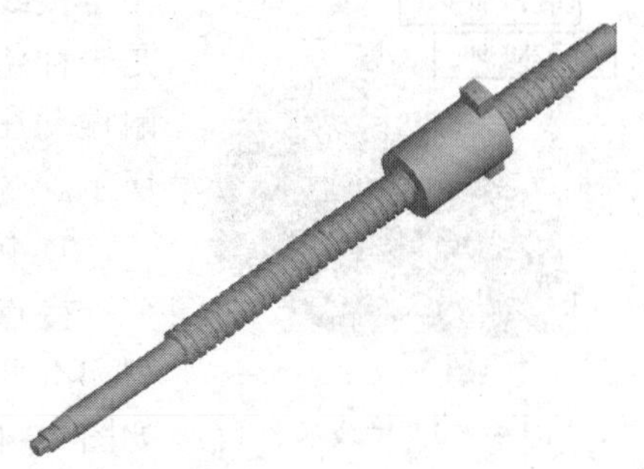

图 4-37　滚珠丝杠

4. 摩擦联接器

摩擦联接器（如图 4-38 所示）采用干式摩擦，主动片是 4 片外摩擦片，用钢带加工；被动片是 3 片铜基粉末冶金摩擦材料（HXFM10391）制成的内摩擦片，用 12 个弹簧加压。

图 4-38　摩擦联接器

5. 自动开闭器

自动开闭器分可挤型与不可挤型两种，其左右调整板位于自动开闭器一侧，锁闭柱和检查柱在接点组外侧，便于观察表示缺口。安全接点采用沙尔特宝开关，外面套有 SK200 型橡胶套，如图 4-39 所示。

图 4-39　自动开闭器

6. 接线端子

接线端子采用德国产的笼式弹簧的 2 线（型号 280-901）和 3 线（型号 280-641）端子，

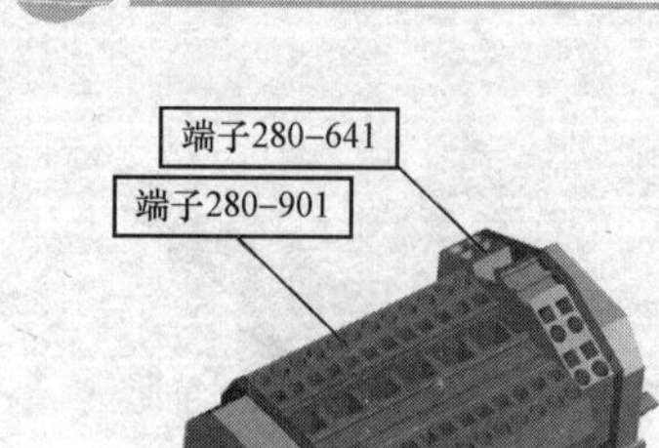

图 4-40　接线端子

由于接线部分没有螺纹连接，因此使用中不需要检查或重新拧紧，是一种免维护的接线端子。它能抗振动和冲击，同时又不损及导线，耐振动在 X、Y、Z 方向可达 2 000 Hz，100g，接线端子如图 4-40 所示。

7. 锁闭铁

接点座和锁闭铁根据转辙机安装的牵引点位置不同分为可挤型和不可挤型。静接点片和动接点环耐磨损，使用寿命长。锁闭铁如图 4-41 所示。

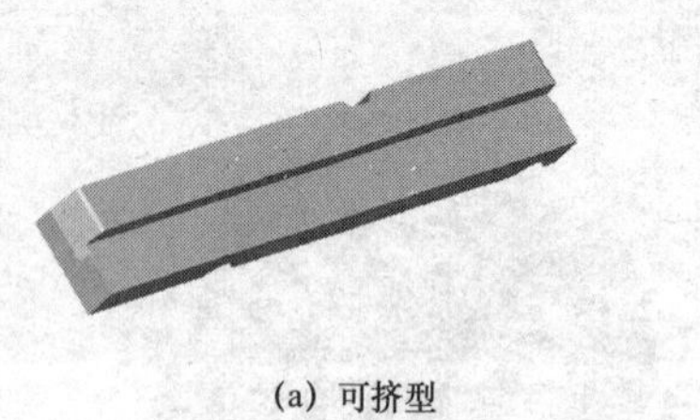

(a) 可挤型

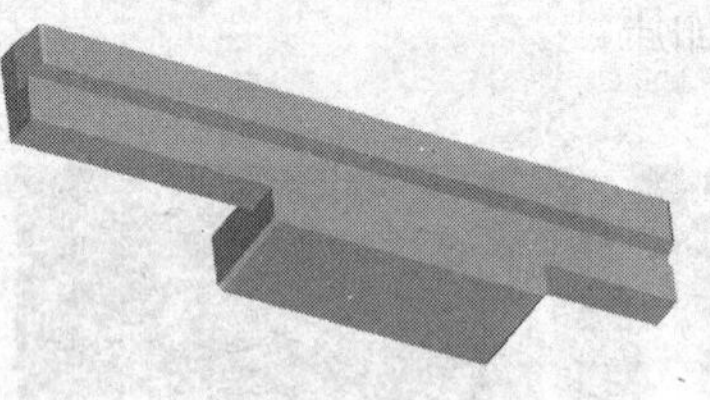

(b) 不可挤型

图 4-41　锁闭铁

8. 锁闭（表示）杆

ZD（J）9 系列转辙机的锁闭（表示）杆分为左、右锁闭（表示）杆，分别与道岔的两根尖轨相连。锁闭（表示）杆如图 4-42 所示。

9. 挤脱器

挤脱器如图 4-43 所示。当发生挤岔时，挤脱器中的锁闭铁在动作杆上的锁块作用下，脱开挤脱柱，锁闭铁上的凹槽推动水平顶杆，水平顶杆推动竖顶杆，竖顶杆推动动接点支架，从而切断表示电路。表示电路被切断后，非经人工恢复锁闭铁，不可能再接通。

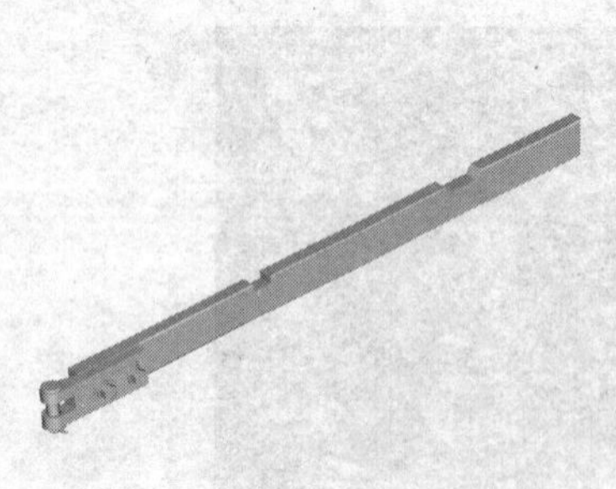

图 4-42　锁闭（表示）杆

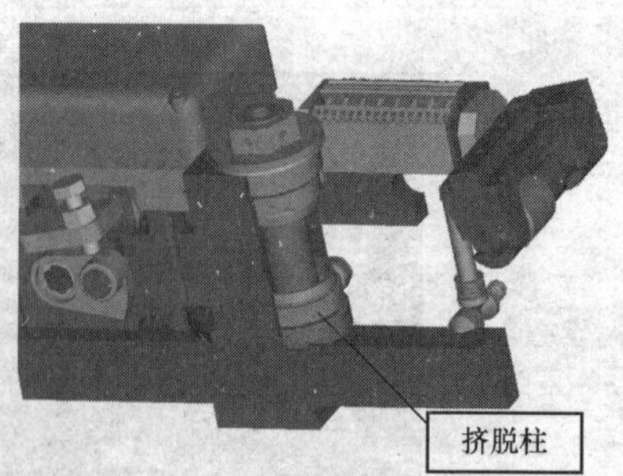

图 4-43　挤脱器

4.4.3　工作原理

1. 动作原理

电动机接通电源后，电动机上的小齿轮通过齿轮箱中的传动齿轮进行两级减速，把动力

传递到摩擦联接器的齿轮上。通过摩擦联接器中的内外摩擦片的摩擦作用，齿轮的旋转运动传递到滚珠丝杠上。滚珠丝杠把传动齿轮的旋转运动转换成与丝杠连接的推板套的水平运动。推板套水平运动，推动安装在动作杆上的锁块，在锁闭铁的辅助下使动作杆水平运动，完成道岔的锁闭功能，如图 4-44 所示。

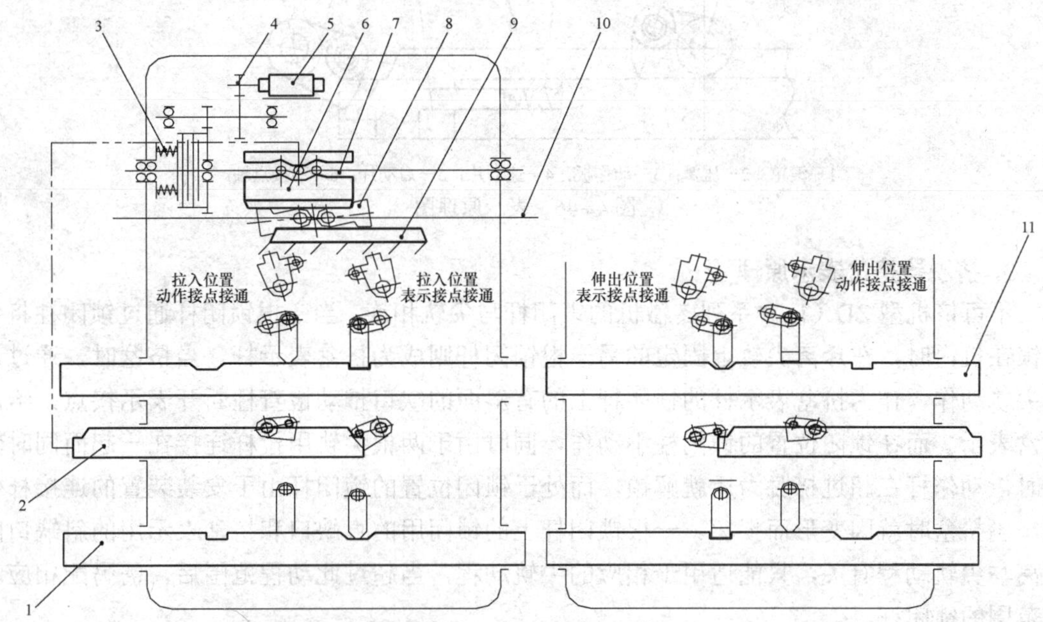

1—锁闭杆；2—动作板；3—摩擦联接器；4—减速器；5—电动机；6—推板套；7—滚珠丝杠；8—锁块；9—闭锁铁；10—动作杆；11—锁闭杆。

图 4-44 动作原理图

ZD（J）9 型转辙机有安全可靠的内锁功能，在两个终点位置时锁块在推板套和锁闭铁的共同作用下实现了转辙机对道岔的锁闭，如图 4-45 所示。

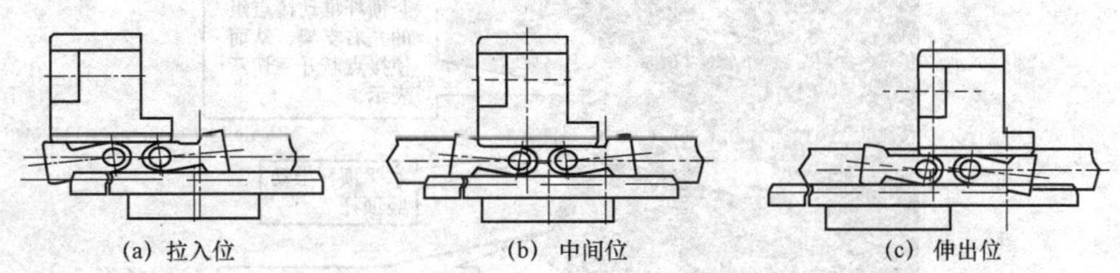

图 4-45 推板套、动作杆、锁块、锁闭铁运动关系示意图

2. 表示原理

ZD（J）9 系列转辙机的表示功能是由动作板、接点座、表示杆共同完成的。如图 4-56 所示，推板套动作的同时，安装在推板套上的动作板随推板套一起运动；动作板开始运动后，动作板滑动面一端的斜面推动与启动片连接的滚轮，切断表示，同时接通下一转换方向的动作接点；当动作到位时，滚轮从动作板滑动面落下，动作接点断开，同时表示接点接通，给出道岔表示。在这一过程中，滚轮通过左右支架的作用，使锁闭柱（检查柱）抬起或落入锁

闭（表示杆）槽内，达到检测道岔状态的作用，如图 4–46 所示。

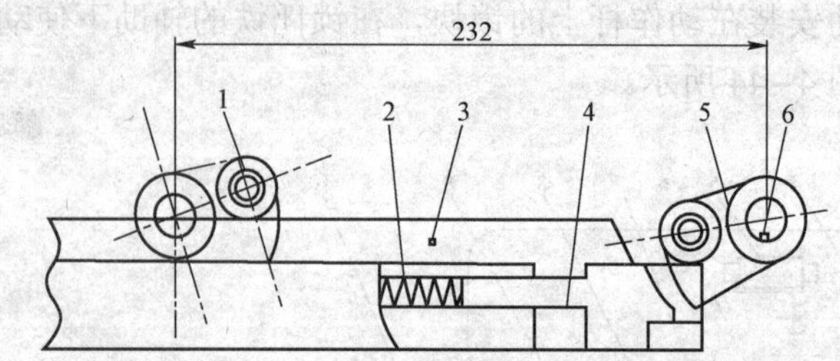

1—滚轮；2—压簧；3—动作板；4—速动片；5—启动片；6—动接点轴。

图 4–46　表示原理图

3. 挤脱器挤岔表示原理

不可挤机型 ZD（J）9 系列转辙机的锁闭杆与尖轨相连，当一根锁闭杆通过锁闭柱将尖轨锁在机内时，在斥离尖轨上固定的另一根锁闭杆则成为挤岔表示杆。当挤岔时，通过斥离尖轨动作，作为挤岔表示杆的锁闭杆上的有斜面的缺口推动检查柱断开表示接点，给出挤岔表示。而在锁闭位置的锁闭柱不动作，同时由于两根尖轨用拉杆连接在一起而同时转换时，动作杆在超过挤脱力后就解锁，而处于锁闭位置的锁闭杆由于安装装置的连接杆作用，当挤岔时就因变形而损坏。一根锁闭杆上的锁闭用的直缺口和挤岔表示用的斜缺口的距离与尖轨动程有关，只能适用于相应的尖轨动程，当超过此动程范围后，需另配相应动程范围的锁闭杆。

对于可挤机型来讲，表示杆装有检查块，挤岔原理与不可挤机型相同。当挤岔时，挤脱器中的锁闭铁在动作杆上的锁块作用下脱开挤脱柱，在锁闭铁上的凹槽推动水平顶杆，水平顶杆推动竖顶杆，竖顶杆推动动接点组的左右支架，从而切断表示。表示电路被切断后，非经人工恢复锁闭铁，不可能再接通表示，如图 4–47 所示。

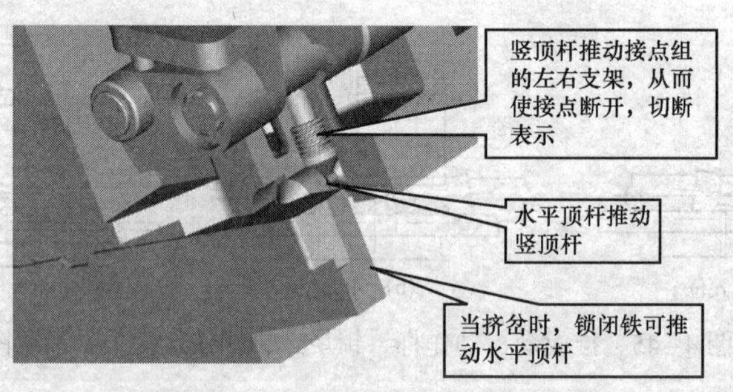

图 4–47　挤脱器挤岔表示原理

ZD（J）9–A 和 ZD（J）9–C 型转辙机为两点牵引道岔第一牵引点用的不可挤型转辙机，故没有挤脱器，道岔的挤岔表示由 ZD（J）9–B、ZD（J）9–D 型转辙机给出。

ZD（J）9–B、ZD（J）9–D 型转辙机为两点牵引道岔第二牵引点用的转辙机，表示杆有检查尖轨密贴和挤岔断表示的功能。ZD（J）9–170/4K 型转辙机主要用于单机牵引道岔，为

可挤型。

一般来讲，ZD（J）9 系列转辙机的 A、C 型为锁闭杆，而 B、D 型为表示杆，170 型也为表示杆，图 4-48（a）为 A、C 型转辙机的外形图，图 4-48（b）为 B、D 型转辙机的外形图。

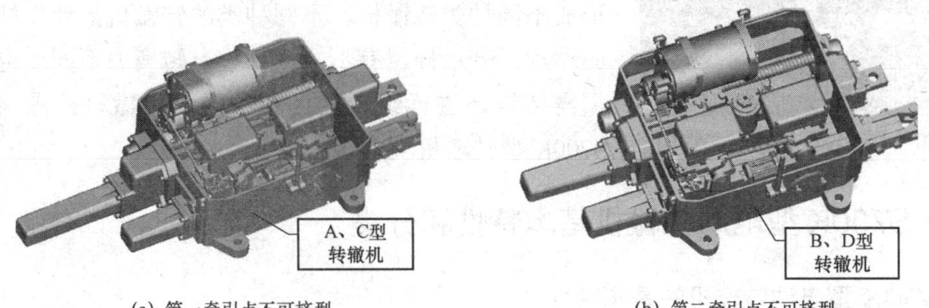

(a) 第一牵引点不可挤型　　(b) 第二牵引点不可挤型

图 4-48　两点牵引道岔所用转辙机

4. 手动转换原理

ZD（J）9 系列电动转辙机具有手动转换功能。当进行手动转换时，需要通过安全开关切断电源。由于安全开关通过连接杆与电动机轴端的连板相连，因此在手动转换时，必须打开安全开关，手摇把才能插入，如图 4-49 所示。

图 4-49　手摇转辙机

任务 4.5　S700K 型电动转辙机

S700K 型电动转辙机是由于我国铁路提速需要，从德国西门子公司引进设备和技术，经消化吸收和改进后，迅速在主要干线推广运用的转辙机。数年的实践表明，该型转辙机结构先进，工艺精良，不但解决了长期困扰信号维修人员的电机断线、故障电流变化、接点接触不良、移位接触器跳起和挤切销折断等惯性故障，而且可以做到“少维护，无维修”，符合中国铁路运营的特点和发展方向，也适用于城市轨道交通。S700K 型电动转辙机的产品代号来自德文“Simens–700–Kugelgewinde”，其含义为“西门子–具有 700 kgf（6 860 N）保持力–带有滚珠丝杠”的电动转辙机。

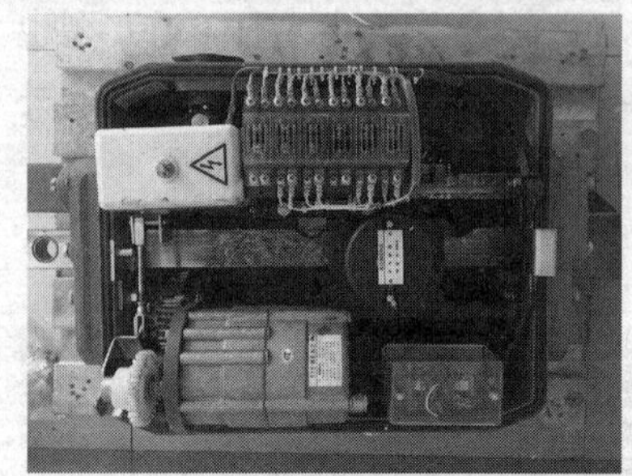
图 4–50　S700K 型转辙机实物图

S700K 型电动转辙机的机身是通用的，经配件组装，可形成不同种类转辙机。不同种类的转辙机，动作杆有不同的动程，表示杆也有不同的动程，转换力不同，也可以根据需要重新进行组合成为新种类的转辙机。图 4–50 为 S700K 型转辙机实物图。

4.5.1　S700K 型电动转辙机基本特性和分类

1. S700K 型电动转辙机的基本特性

（1）电动机采用三相交流 380 V 电源（设有专门的电源屏），采用速动开关组，安全可靠。

（2）采用簧式挤脱装置的保持联接器，为干式摩擦联接器，摩擦联接器不需要调整。

（3）采用直径为 32 mm 的滚珠丝杠，把滚珠丝杠作为驱动传动装置，可延长转辙机使用寿命。

（4）转换力为 6 000 N（当外阻力超过该转换力时电动机就会出现空转现象，不能带动尖轨进行转换）。

（5）保持力为 90 kN（作用到转辙机内部的振动、车轮侧向冲击力等外力不能超过此力）。

（6）转辙机动程有 150 mm、220 mm、240 mm 三种（依据其放置的地理位置不同，其转换的动程也不一样，如尖轨处与心轨处）。

（7）动作时间不大于 7.2 s（与以前 ZD6 系列转辙机基本一致）。

（8）动作电流不大于 2 A。

（9）单线电阻不大于 54 Ω。

（10）检测杆行程有 69 mm、76 mm、87 mm、98 mm、110 mm、117 mm、160 mm、180 mm 等多种（也就是尖轨与基本轨或心轨与翼轨之间的距离）。

2. S700K 型电动转辙机的分类

1）按安装方式分类

S700K 型电动转辙机按安装方式分为左装和右装。电动转辙机宜设在线路外侧（如图 4–51 所示），面向叉心观察转辙机。如转辙机在叉心的左部，则为左装，如在右侧，则为右装。左装型号用字母 A+奇数表示，如 A13、A15。右装型号用字母 A+偶数表示，如 A14、A16 等。左、右装转辙机技术特性如表 4–4 所示。

表 4–4　左、右装转辙机技术特性

代号 左/右装	型号	动作时间/ s	动程/ mm	检测杆行 程/mm	额定转换力/ N	适用的提速道岔
A13/A14	220/160	≤6.6	220	160	3 000	9 号尖轨第一牵引点 12 号尖轨第一牵引点
A15/A16	150/75	≤6.6	150	75	4 500	9 号尖轨第二牵引点 12 号尖轨第二牵引点

2）按安装的牵引点分类

S700K 型转辙机按安装的牵引点分为尖轨处转辙机和可动心轨处转辙机，不同位置选用不同型号的转辙机。注意，不同种类的 S700K 型电动转辙机不能通用。

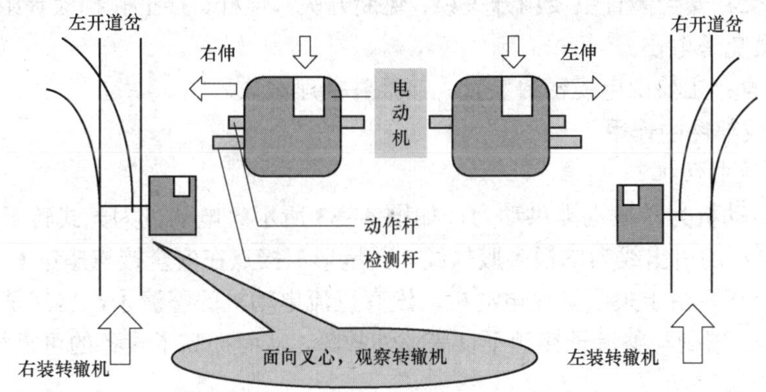

图 4-51 S700K 型转辙机左装和右装

4.5.2 S700K 型电动转辙机的结构和作用

1. 主要结构

S700K 型电动转辙机主要由外壳、动力传动机构、检测和锁闭机构、安全装置、配线接口 5 大部分组成，其结构图如图 4-52 所示。

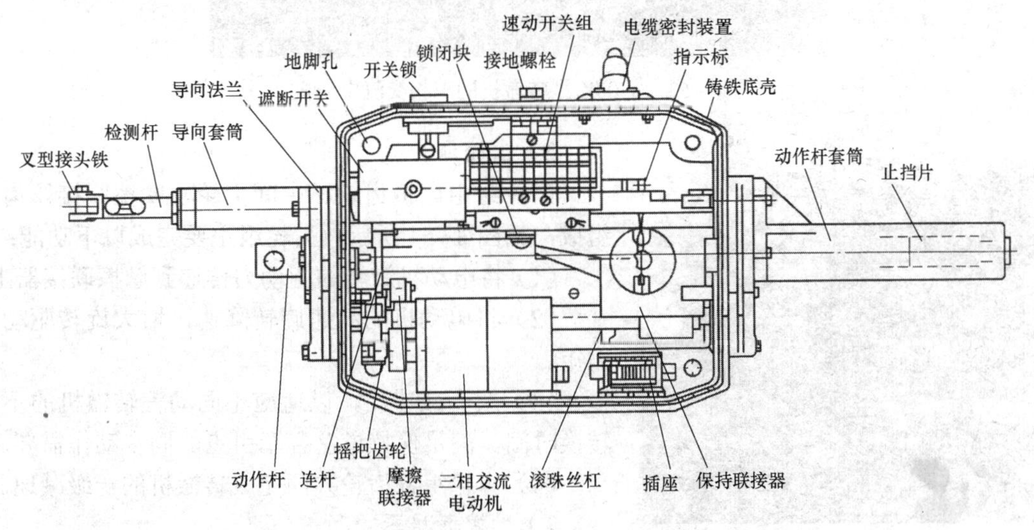

图 4-52 S700K 型转辙机结构图

① *外壳*：主要由铸铁底壳、机盖、动作杆套筒、导向套筒、导向法兰等组成，外壳部分起保护内部机构的作用。

② *动力传动机构*：动力传动机构主要由三相交流电动机、摇把齿轮、摩擦联接器、滚珠丝杠、保持联接器、动作杆等六部分组成，其主要作用是把电机产生的动力传给道岔，使道

岔动作。

③ 检测和锁闭机构：检测和锁闭机构主要由检测杆、叉型接头铁、速动开关组、锁闭块、锁舌、指示标等组成，用于检测传动各个部件动作是否到位。

④ 安全装置：安全装置主要由开关锁、遮断开关、连杆、摇把孔挡板等组成，用于保护维修、维护人员免遭电伤。

⑤ 配线接口：主要由电缆密封装置、接插件插座组成。

2. 主要组成部件的作用

1）三相交流电动机

三相交流电动机为转辙机提供动力，如图 4-53 所示。电动机为笼式转子，定子 3 个绕组星形接法。每组的引出线为单根多股软线。其星形汇接点在安全接点座第 61、71、81 端子上，由跨接片跨接。由于采用交流电动机，没有直流电动机的整流子，自然消除了电机电枢断线、枢间混线、碳刷与整流子接触不良等惯性故障，从而提高了设备的可靠性和使用寿命，减少了维修量。

图 4-53　S700K 型转辙机的三相交流电动机

图 4-54　S700K 型转辙机的齿轮组

2）齿轮组

齿轮组由电机齿轮、中间齿轮及摩擦联接器齿轮组成，如图 4-54 所示。齿轮组主要完成以下功能：

（1）将电动机旋转的驱动力传递到摩擦联接器上。

（2）将电动机的高速旋转降速，增大旋转驱动力力矩。

（3）改变减速比，以适应不同动程转辙机的不同转换时间，满足保持道岔各牵引点的同步动作需要。

（4）齿轮组各齿轮共同完成转辙机的一级减速。

3）摩擦联接器

摩擦联接器（如图 4-55 所示）主要完成以下功能：

（1）将变速齿轮组变速后的旋转力传递给滚珠丝杠，使电动机的动力正常输出。

（2）实现齿轮组与滚珠丝杆间的软连接；

（3）当滚珠丝杠的转换阻力大于摩擦联接器的结合力时，主、备摩擦片之间相对打滑空转，使三相电动机得到保护。

摩擦联接器的摩擦力必须能调节，使道岔在正常工作情况下，电动机能够带动转辙机工作，在道岔转换终了或尖轨被阻时，使电动机能克服摩擦联接器的压力而空转，以保证电动机不致被烧毁。所以，摩擦联接器调整好的摩擦力必须稳定，才能保证转辙机的可靠工作。

对于交流转辙机来说，其动作电流不能直观地反映转辙机的拉力，现场维修人员不能像对直流转辙机那样，通过测试动作电流来对摩擦力进行检测，必须由专业人员用专业器材对摩擦力进行检测调整。转辙机在出厂时已对摩擦力进行标准化测试调整，所以现场维修人员不得随意调整摩擦力。

图 4-55　S700K 型电动转辙机的摩擦联接器

4）滚珠丝杠

滚珠丝杠相当于一个直径 32 mm 的螺栓和螺母，如图 4-56 所示。滚珠丝杠是螺栓，当滚珠丝杠旋转一周时，螺母变化一个螺距的距离，因此把电机的旋转运动变为直线运动，同时起到二级减速作用，减速比取决于丝杠的螺距。

图 4-56　S700K 型电动转辙机的滚珠丝杠

5）保持联接器

保持联接器是转辙机的挤脱装置，利用弹簧的压力，将滚珠丝杠与动作杆连接在一起，如图 4-57 所示。当道岔的挤岔力超过弹簧压力时，动作杆滑脱，起到整机不被损坏的保护作用，相当于 ZD6 型电动转辙机的挤岔装置。

保持联接器分为可挤型和不可挤型。

可挤型是指保持联接器利用其内部弹簧的压力将滚珠丝杠和动作杆连接在一起，弹簧的挤岔阻力可分别设定为 9 kN、16 kN、24 kN、30 kN 等，当道岔的挤岔阻力超过弹簧的设定压力时，动作杆滑脱，实现挤岔时的整机保护。

不可挤型是工厂将保持联接器内部的弹簧取消，放一个止挡环，用于阻止与动作杆相连的保持栓的移动，成为硬连接结构。挤岔锁定力为 90 kN。当道岔挤岔阻力超过 90 kN 时，会挤坏硬连接结构的保持联接器，需整机送回工厂修理。

图 4-57　S700K 型电动转辙机的滚珠丝杠

注意：保持联接器顶盖加铅封，不经批准不得随意打开。

6）速动开关组

为了监督道岔的工作状态并及时给出道岔的定、反位表示，设置速动开关组（相当于 ZD6 系列转辙机的自动开闭器），如图 4-58 所示。它随着尖轨或可动心轨的解锁、转换、锁闭过程中锁闭块的动作自动开闭，以自动开闭电动机动作电路和道岔表示电路。

图 4-58　S700K 型电动转辙机的速动开关组

速动开关包括定位动作接点（DD）、反位动作接点（FD）、定位表示接点（DB）、反位表示接点（FB）。在尖轨或可动心轨解锁以后，断开原表示电路，DB、FB 都断开，表示道岔处于不密贴状态。然后闭合反转用的电机电路，为随时回转做好准备。在尖轨或可动心轨转换过程中，必须保证速动开关不动，排除 DB、FB 有闭合的可能性。在尖轨或可动心轨锁闭后应及时断开电动机动作电路，接通表示电路。若尖轨或可动心轨不密贴，严禁表示接点闭合。若道岔在四开位置，应可靠断开表示电路。

第 1、4 排为动作接点，第 2、3 排为表示接点。锁闭时，哪一侧的锁舌弹出，则该侧所对应的上层接点接通，下层接点断开。解锁及转换时，两个锁舌均缩进，这时下层两排接点（第 1、4 排）接通，上层两排接点（第 2、3 排）断开。

道岔在定位时，速动开关的第 1 排、第 3 排接点闭合的叫“1、3 闭合”，速动开关的第 2 排、第 4 排接点闭合的叫“2、4 闭合”，这和 ZD6 型电动转辙机的提法相同。

S700K 型电动转辙机无论“1、3 闭合”还是“2、4 闭合”，其内部配线完全一样，只需

通过室外连线 X2 与 X3、X4 与 X5 的交叉和二极管的换向来实现。

7）检测杆

检测杆随尖轨或心轨转换而移动，用来监督道岔在终端位置时的状态，如图 4-59 所示。检测杆有上、下两层，上层检测杆用于监督拉入密贴的尖轨或心轨拉入时的工作状态，下层检测杆用于监督伸出密贴的尖轨或心轨伸出时的工作状态。

上、下层检测杆之间没有连接或调整装置，外接两根表示杆，分别调整。当道岔转换时，由尖轨或心轨带动检测杆运动。当密贴尖轨或心轨密贴，斥离尖轨或心轨到达规定位置，上、下层检测杆的大、小缺口对准转辙机的锁闭块时，锁舌才能弹出。就是说，当密贴尖轨或心轨，斥离尖轨或心轨到达规定位置时，才能给出有关表示。

图 4-59　S700K 型电动转辙机的检测杆

8）锁闭块和锁舌

道岔在终端位置，当检测杆指示缺口与指示标对中时，锁闭块及锁舌应能正常弹出。锁闭块的正常弹出使速动开关的有关启动接点闭合及表示接点断开。

锁舌的正常弹出用于阻挡转辙机的保持联接器的移动，实现转辙机的内部锁闭。锁古的伸出量一般大于或等于 10 mm，但最小伸出量不得小于 9 mm。

转辙机开始动作后，锁舌在锁闭块的带动作用下应能正常缩入。锁闭块的缩入，应可靠地断开表示接点。锁舌的缩入，应完成转辙机的内部解锁。图 4-60 为 S700K 型电动转辙机的锁闭块和锁舌。

图 4-60　S700K 型电动转辙机的锁闭块和锁舌

9）开关锁与安全接点座

开关锁是操纵遮断开关闭合和断开的机构，如图 4-61 所示。在检修人员打开电动转辙机的机盖进行检修作业或车务人员插入摇把手动转换道岔时，用开关锁可靠地断开电动机的动作电路，防止电动机误动，保证人身安全。当钥匙立着插入并逆时针转动 90°时，遮断开关被可靠地断开。恢复时须提起开关锁上的锁闭销，同时将插入的钥匙顺时针转动 90°，遮断开关才会被可靠地接通。

图 4-61　S700K 型电动转辙机的开关锁

当遮断开关接通时，摇把挡板能有效地阻挡摇把插入摇把齿轮，防止在遮断开关接通状态下用钥匙打开电动转辙机机盖。当断开遮断开关时，摇把能顺利插入摇把齿轮或用钥匙打开电动转辙机机盖，此时电动机的动作电源将被可靠地切断，不经人工操纵和确认，不能恢复接通。图 4-62 为 S700K 型电动转辙机的摇把挡板。

图 4-62　S700K 型电动转辙机的摇把挡板

S700K 型电动转辙机的安全接点座如图 4-63 所示。安全接点是遮断开关，它在开关锁的直接操纵下闭合和断开。当需要进行内部检修或人工断开转辙机动作电路时，用钥匙打开开关锁，断开安全接点，切断动作电路，起到保护作用。当手摇道岔时，打开摇把挡板，也断开安全接点，防止在手摇道岔时室内扳动道岔使其误动。

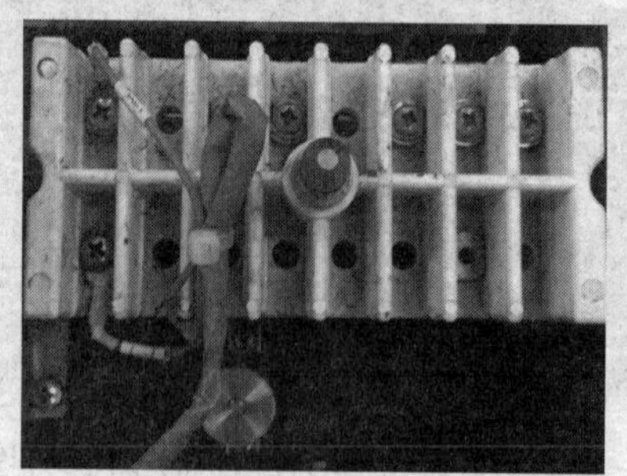

图 4-63　S700K 型电动转辙机的安全接点座

4.5.3　S700K 型电动转辙机的工作原理

1. 传动过程

电动机将动力通过减速齿轮组传递给摩擦联接器，摩擦联接器带动滚珠丝杠转动，滚珠丝杠的转动带动丝杠上的螺母水平移动，螺母通过保持联接器经动作杆带动道岔转换，道岔的尖轨或可动心轨经外表示杆带动检测杆移动。

2. 动作过程

S700K 型电动转辙机的动作大致可分为 3 个过程：第一为解锁过程，即先断开表示电路，再机械解锁；第二为转换过程；第三为锁闭道岔及接通表示接点过程，即先机械锁闭，再接通表示电路。

以 220 mm 动程转辙机定位拉入为例，动作过程如下。

1）解锁过程

当操纵道岔，需使转辙机动作杆由拉入位置变为伸出位置时，三相电动机得到 380 V 交流电源，使电动机顺时针方向旋转，经齿轮组及摩擦联接器、滚珠丝杠向顺时针方向旋转，从而使丝杠上的螺母向左侧运动。在运动过程中，锁闭块顶进，使表示接点断开，同时带动左锁舌向缩进方向运动，直至左锁舌完全缩进。

2）转换过程

在转辙机解锁后，由于三相电动机继续转动，故滚珠丝杠上的螺母继续向左侧运动，带动保持联接器向左运动，由于保持联接器与动作杆固定为一体，使动作杆向左侧（伸出方向）运动，带动道岔尖轨或可动心轨进行转换，当动作杆运动 220 mm 时，即完成了转换过程。

3）锁闭道岔及接通表示接点过程

当动作杆向左侧运动了 220 mm 时，检测杆在尖轨带动下运动了 160 mm 或在可动心轨带动下运动了 117 mm，这时锁闭块弹出，接通表示接点，同时右锁舌也弹出，锁住保持联接器，使动作杆不得随意窜动。

S700K 型电动转辙机的动作程序与 ZD6 型电动转辙机的动作程序大致相同，即断开位置表示—解锁—转换—锁闭—给出另一位置表示。

实践技能

实训 4.1　认识和操作道岔转辙机

> 证 本实训项目对标 1+X 城市轨道交通信号检修职业技能等级证书技能要点，要求能识别转辙机的型号和规格、转辙机的整机和各部件的机械结构。

一、实训目的

（1）认知道岔的基本组成。

（2）能够正确判断转辙机的安装方式。

（3）认识 ZD6、ZD（J）9、S700K 型转辙机的内部结构，明确传动原理。

（4）会手摇道岔。

二、器材、工具准备

（1）完整的有转辙机牵引的单开道岔转辙设备。

（2）ZD6、ZD（J）9、S700K 型转辙机。

三、任务实施

学生 4 人一组，完成以下实训任务。

1. 认知道岔的各个部件（以图 4-64 为例）

（1）能够说出转辙机、导轨、翼轨、护轨、辙叉心等部件。

（2）认知道岔安装装置各个部件，如基础角钢、尖端铁、尖端杆、表示调整杆、连接杆、密贴调整杆、角形铁（L 铁）等。

2. 正确判断转辙机的安装方式

面向辙叉心，观察转辙机的安装方式，安装在左侧的为左装，安装在右侧的为右装，如图 4-64 所示。

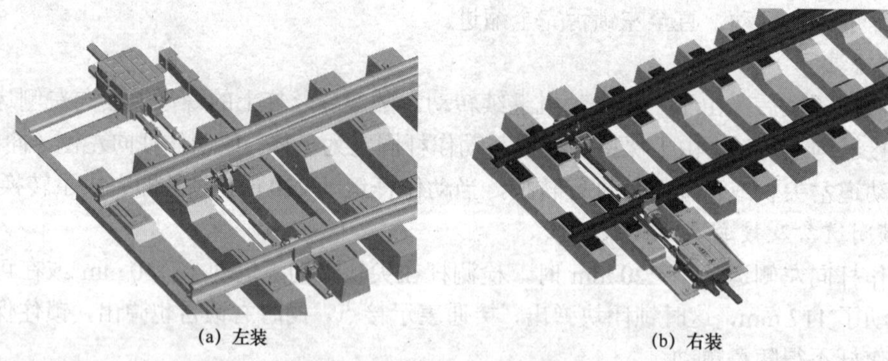

(a) 左装　　(b) 右装

图 4-64　转辙机安装方式

3. 认识 ZD6、S700K、ZD（J）9 型转辙机的内部结构

按照手摇道岔的规定手摇转辙机，观察其传动过程（如图 4-65 所示）。同时，随着转辙机的动作，观察道岔的状态：密贴和四开状态（如图 4-66 所示）。

图 4-65　手摇转辙机

图 4-66　道岔四开状态

（1）打开 ZD6 型电动转辙机机盖，认真观察内部构造，正确说出内部各部件的名称，理解各部件的位置关系和具体功能。手摇 ZD6 型转辙机，观察工作过程和道岔的状态，做好记录。

（2）打开 ZD（J）9 型电动转辙机机盖，认真观察内部构造，说出各部件的名称，理解各部件的位置关系和具体功能。手摇 ZD（J）9 型转辙机，观察工作过程和道岔的状态，做好记录。

（3）打开 S700K 型电动转辙机机盖，认真观察内部构造，说出各部件的名称，理解各部件的位置关系和具体功能。手摇 S700K 转辙机，观察工作过程和道岔的状态，做好记录。

四、实训考核标准

本实训考核包含过程考核、实操考核和结果考核，考核标准及分值分配见实训考核评价表。其中，实操过程中着重考核小组成员对单开道岔各组成部分的熟悉程度，对 ZD6、S700K、ZD（J）9 三种类型转辙机内部结构的熟悉程度，手摇道岔的规范性。

五、注意事项

（1）按照正确的操作方式手摇转辙机，可分组实训。

（2）对转辙机进行操纵前，要确保人员安全，做好安全防护，防止人身伤害。

（3）在操作过程中，注意设备安全。

实训 4.2　ZD6 型转辙机的拆解和组装

一、实训目的

通过对 ZD6 型转辙机进行拆分和组装（如图 4-67 所示），进一步熟悉 ZD6 型转辙机的构成和工作原理，锻炼动手实践能力。

二、器材、工具准备

（1）ZD6 型转辙机。

（2）转辙机拆装专用工具。

三、任务实施

学生 4 人一组，完成以下实训任务：

（1）检查确认 ZD6 型转辙机的各个部件是否齐全，运转是否正常。

（2）熟悉转辙机拆装工具的名称、性能和使用方法。

（3）拆解 ZD6 型转辙机。按照要求的顺序进行拆解，具体拆解步骤为：电动机—减速器—自动开闭器—主轴组—动作杆—表示杆，如图 4-67 所示。

① 电动机的拆卸：取下机罩，松开接线端子，松开电动机的 4 个紧固螺丝，取下电动机。

② 减速器的拆卸：用手摇把摇动减速器，使启动片缺口朝下，褪下电机，松开减速器底角螺丝，取出减速器。

③ 自动开闭器的拆卸：松开自动开闭器底角 4 个紧固螺栓，手提自动开闭器，两边均匀

用力，取出自动开闭器。

④ 主轴组的拆卸：取掉堵轴板，手摇减速器，将止挡栓摇至与底壳上主轴缺口对齐，用卸轴器沿轴向向外卸下主轴组。

⑤ 动作杆的拆卸：取下齿条块上的主、副挤切销压紧螺母，取出两个挤切销（主、副销），从动作杆头部向外用力即可从齿条块中拔出动作杆。

⑥ 表示杆（锁闭杆）的拆卸：经过前面的拆解，大部分零件已经取出，取下自动开闭器接点罩，抬起动接点组，就可将表示杆（锁闭杆）抽出。

（4）组装 ZD6 型转辙机。转辙机的组装顺序基本与拆解顺序相反，按照以下顺序进行组装：齿条块—动作杆—主轴组—减速器—自动开闭器—电动机—表示杆。

（5）组装 ZD6 型转辙机完毕后进行测试，手摇转辙机，确保各个零部件动作灵活、顺畅，没有晃动现象，最后安装好机盖。（如遇到组装部件有问题，需重新拆下并组装）

（6）整理、收拾所有工具，做好实训记录。

图 4-67　ZD6 型转辙机的拆装

四、实训考核标准

本实训考核包含过程考核、实操考核和结果考核，考核标准及分值分配见实训考核评价表。其中，实操过程中着重考核小组成员对 ZD6 型转辙机拆解和组装的规范性、准确性与熟练程度。

五、注意事项

（1）在对转辙机进行拆解和组装时，要确保人员安全，做好安全防护，防止人身伤害。

（2）在小组进行分工合作时，分工要合理且协调。

（3）在操作过程中，注意设备安全。

实训 4.3　ZD6 型转辙机检修和维护

> ㊣本实训项目对标 1+X 城市轨道交通信号检修职业技能等级证书技能要点，要求能够分析转辙机整机及各部件的机械、电气特性。
>
> ㊣本实训项目对标 1+X 列车运行控制系统现场信号设备运用与维护职业技能等级证书技能要点，要求能完成道岔转辙设备（转辙机、杆件、安装装置）的安装、道岔电缆盒及基础装置的日常巡视工作。

一、实训目的

能够对 ZD6 型转辙设备进行检修和维护，会进行 ZD6 型转辙机电气特性参数测试。

二、器材、工具准备

（1）完整的 ZD6 型转辙机安装设备。

（2）转辙机检修专用工具（万用表、转辙机专用钥匙、手摇把、300 mm/450 mm 活扳手、塞尺；手锤、长镊子；2 mm/4 mm 道岔密贴检查塞尺、油壶），如图 4–68 所示。

（3）物料：钢刷、毛刷、机油、麂皮、方巾、润滑脂。

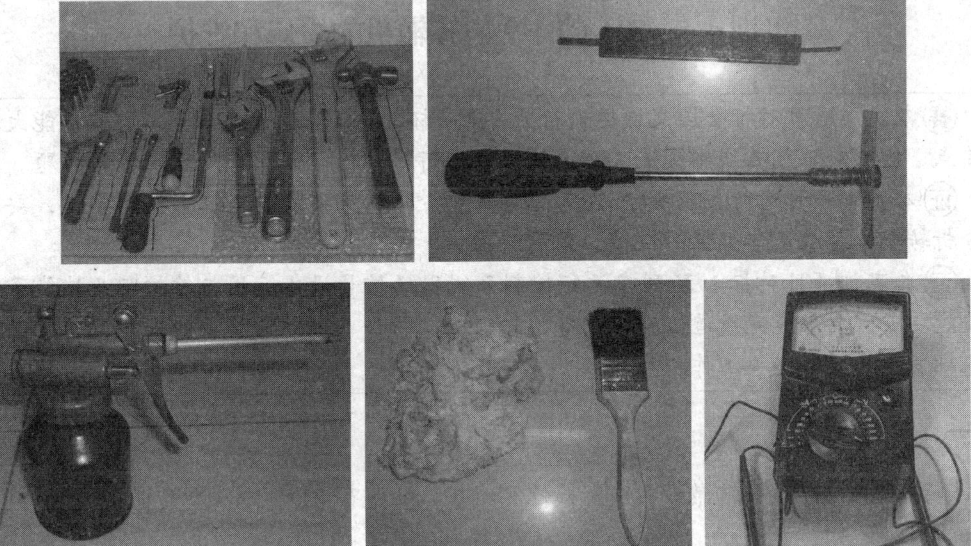

图 4–68　转辙机检修专用工具

三、任务实施

学生 4 人一组，完成以下实训任务：

（1）对 ZD6 型转辙机安装设备进行外观检查。

（2）对 ZD6 型转辙机内部进行检修和维护。

（3）对 ZD6 型转辙机内部电缆盒进行检查、维护。

（4）对 ZD6 型转辙机进行擦拭、清扫、注油，以及箱盖密封检查、维护。

（5）检查维护完毕后，进行道岔试验、测试。

四、实训考核标准

本实训考核包含过程考核、实操考核和结果考核，考核标准及分值分配见实训考核评价表。其中，实操过程中着重考核小组成员对 ZD6 型转辙机检修、维护内容和流程的熟悉程度，对检修专用工具使用的熟练程度，维护操作的准确性与规范性。

五、注意事项

（1）在小组进行分工合作时，分工要合理且协调。

（2）按照标准化流程进行操作，做好登记、联系、销记训练，加强实训过程中人员之间的相互协调、沟通。

（3）在对转辙机进行操纵时，互相告知，确保人员安全后方可操作，以防造成人身伤害。

（4）在测试时，按照规定使用带绝缘的工具和防护手套，注意设备及人身安全。

（5）在使用万用表时，注意及时转换量程开关，正确使用各维护工具。

（6）实训完成好，保证实验良好，设备正常运行。

实训 4.4　ZD（J）9 型转辙机的检修和维护

> ㊕本实训项目对标全国交通运输行业“捷安杯”城市轨道交通信号工职业技能大赛考核要点，能够对三相五线制交流 380 V 转辙机进行内部检修作业并处理发现的问题。
>
> ㊟本实训项目对标 1+X 城市轨道交通信号检修职业技能等级证书技能要点，要求能够分析转辙机整机及各部件的机械、电气特性。
>
> ㊟本实训项目对标 1+X 列车运行控制系统现场信号设备运用与维护职业技能等级证书技能要点，要求能完成道岔转辙设备（转辙机、杆件、安装装置）的安装、道岔电缆盒及基础装置的日常巡视工作。

一、实训目的

能够对 ZD（J）9 型转辙设备进行检修和维护，会进行 ZD（J）9 型转辙机电气特性参数测试。

二、器材、工具准备

（1）完整的 ZD（J）9 型转辙机安装设备。

（2）转辙机检修专用工具［万用表、拉力测试仪、游标卡尺、专用钥匙、手摇把、角尺；250 mm/300 mm/450 mm 活扳手、塞尺、梅花扳手（30～32 mm）；手锤、长镊子（用于夹取及清洁机壳底座的杂质）；2 mm/4 mm/6 mm/10 mm 道岔密贴检查尺、油壶］。

（3）物料：钢刷、毛刷、机油、麂皮、方巾、润滑脂。

三、任务实施

学生 4 人一组，完成以下实训任务（如图 4-69 所示）：

（1）对 ZD（J）9 型转辙机安装设备进行外观检查。

（2）对 ZD（J）9 型转辙机进行内部检修和维护。

（3）对 ZD（J）9 型转辙机进行电缆盒检修和维护。

（4）对 ZD（J）9 型转辙机进行擦拭、清扫、注油。

（5）转辙机检修完毕后，进行试验、测试。

四、实训考核标准

本实训考核包含过程考核、实操考核和结果考核，考核标准及分值分配见实训考核评价表。其中，实操过程中着重考核小组成员对 ZD（J）9 型转辙机检修、维护内容和流程的熟悉程度，对工具使用的熟练程度，以及维护操作的准确性与规范性。

五、注意事项

（1）在小组进行分工合作时，分工要合理且协调。

（2）按照标准化流程操作，做好登记联系，销记训练，加强实训过程中各人员之间的相互协调沟通。

（3）在对转辙机进行操纵时，互相告知，确保人员安全后方可操作，以防造成人身伤害。

（4）在测试时，按照规定使用带绝缘的工具和防护手套，注意设备及人身安全。

（5）在使用万用表时，注意及时转换量程开关，正确使用各维护工具。

（6）实训完成好，保证实验良好，设备正常运行。

图 4-69　ZD（J）9 型转辙机检修、维护

思政微课堂

团队协作　联动作战

繁忙的车站、穿梭的人流、奔波的脚步，这是我们看到的城市轨道交通早晚高峰的现状。巨大的运输量，要确保运输安全、有序运行，这背后，是无数城轨人的辛苦付出。

耐心地为每一位进站乘客扫码测温，细心地为车站的每一个角落清洁消毒，精心做好每一次的设备检修，等等，城轨各岗位时刻保持最佳状态，用心坚守，让乘客的每一趟出行都能安心。

调度人员作为神秘的幕后“指挥者”，是城轨的控制中枢，每一趟列车的运行，每一个车站的角落、每一名乘客的通行，都在他们的“火眼金睛”下。他们牢记事故应急处置原则，灵活运用在各类突发事件中，他们用专业筑牢地铁平安防护墙。

值班站长作为车站安全运营的指挥者，肩负着使命与担当，爱岗敬业，用职业素养及责任心将车站设施设备、票卡等的每日消毒作业严格把控到位，用行动诠释着乘客至上。

站务员急乘客之所急，想乘客之所想。在人来人往的站厅内洋溢着他们温暖的笑容，“您好、请、对不起、谢谢、再见”十字文明用语，彰显着他们乘客至上的服务理念。

票务人员准时准点到达自己的工作岗位，对自动售票机、闸机等票务设备进行擦拭消毒，定期对全线使用的车票“地毯式”消毒，保证乘客手里的票卡安全卫生。

司机停车下车检查，上车动车专注，眼到、手到、口到、心到，随时留意列车运行状态，做好每一个手指口呼动作，用行动保障着城市轨道交通的平稳运行，用默默坚守彰显着城轨人的奉献精神。

供电环控检修工身穿防尘服，肩负消毒喷壶，于站内送风系统的第一线，为站内通风提供有力保障。他们严格按照要求，定期对站内送风系统维护、检修及消毒，为广大乘客和站内工作人员提供一个安全、放心、舒心的环境。

信号检修工作为地铁“中枢神经”的医生，在地铁运行中，他们严格按照标准化工作流程，开展设备检修，保质保量完成工作任务。

城市轨道交通的运行是集线路、车站、车辆、供电、通信、信号、机电设备、控制中心等为一体的“大联动机”，每一天时时刻刻都需要各岗位敬畏规章、敬畏规则、令行禁止、协调配合、联动作战，才能保证轨道交通运营的安全和高效。

想一想 辩一辩 请同学们结合城市轨道交通日常运行情况，谈谈各岗位是如何联动配合的，体会岗位团队协作的重要性。

拓展知识

知识点	二维码
钩锁式外锁闭	
ZD6 型转辙机检修和维护内容要求	
ZD（J）9 型转辙机检修、维护内容要求	

应知应会试题

应知应会试题	二维码
项目 4 应知应会试题	

项目 5　轨道电路维护

㊝ 轨道交通信号工岗位职业能力分析（项目 5）

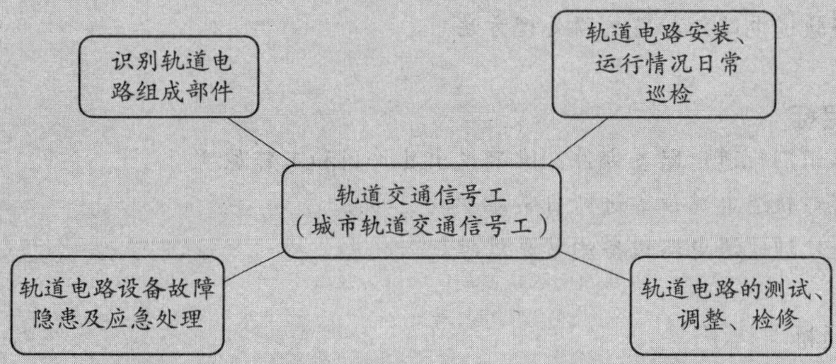

项目 5 按照国家职业标准"轨道交通信号工（城市轨道交通信号工）"岗位工作内容中对轨道电路设备相关知识和技能要求进行目标设定、理论与实训任务划分编写，涵盖了轨道电路各组成部件识别、日常巡检、故障处理及维护等内容。

项目导入

某站3DG轨道区段突然红光带，影响多趟列车运行，轨道电压从原来调整状态的21.9 V降到11.7 V，轨道电相位角由85.2° 下降到53.4° ，导致了二元二位继电器不能有效动作。于是段调度立即启动轨道电路应急抢修预案，在室内、室外故障处理的过程中，3DG轨道区段红光带自动恢复，恢复后轨道电压上升至21.7 V，轨道相位角也恢复正常，同时在对设备进行全面检查后恢复正常使用。

那么什么是轨道电路？轨道电路安装于哪里？由哪些设备组成？对列车运行有哪些影响？故障情况下如何进行故障处理和维护呢？本项目将探讨这些相关问题。

教学目标

1. 知识目标

（1）了解轨道电路的基本原理和分类。

（2）理解各种轨道电路的作用、组成、基本工作原理和相关工作参数等。

（3）掌握轨道电路维护及故障处理方法。

2. 技能目标

（1）能够识别轨道电路各部件，准确说出其作用和工作原理。

（2）能够对轨道电路设备进行日常维护。

（3）能够处理轨道电路设备的常见故障。

3. 素质目标

（1）培养安全第一、严谨、爱岗敬业等优良的工作作风。

（2）培养良好的团队合作精神，培养学生理论联系实际的良好学习习惯。

（3）激发学生浓厚的学习兴趣。

理论知识

任务 5.1　认识轨道电路

5.1.1　轨道电路概述

轨道电路是由钢轨和钢轨绝缘接头构成的电路，用于自动、连续检测这段线路是否被机车车辆占用，也用于控制信号装置或转辙装置，是保证行车安全的设备。随着轨道电路技术的不断发展，轨道电路不仅用来检测列车是否占用线路，更重要的是要传输 ATP 信息。由于城市轨道交通和铁路行车特点及要求不同，目前在城市轨道交通线路中，正线一般不采用轨道电路，车辆段可以采用轨道电路，图 5-1 为轨道电路实物图。

图 5-1　轨道电路实物图

1. 轨道电路的作用

轨道电路的第一个作用是监督列车占用。利用轨道电路监督列车在区间或列车和调车车列在站内的占用情况，是轨道电路最常用的方法。具体是把轨道电路对线路空闲情况的反映，作为开放信号、建立进路或构成闭塞的依据，还利用轨道电路的被占用状态关闭信号，将信号显示与轨道电路是否被占用结合起来。

轨道电路的第二个作用是传递行车信息。例如数字编码式音频轨道电路中传送的行车信息，为 ATC 系统直接提供控制列车运行所需要的前行列车位置、前方信号机状态和线路条件等有关信息，以决定列车运行的目标速度，控制列车在当前运行速度下是否需要减速或停车。对于 ATC 系统来说，带有编码信息的轨道电路是其车、地之间信息传输的通道之一。

2. 轨道电路的组成

轨道电路是由钢轨作为导体，两端加上钢轨绝缘接头（或电气绝缘），接上送电和受电设备构成的电路。最简单的轨道电路组成图如图 5–2 所示。

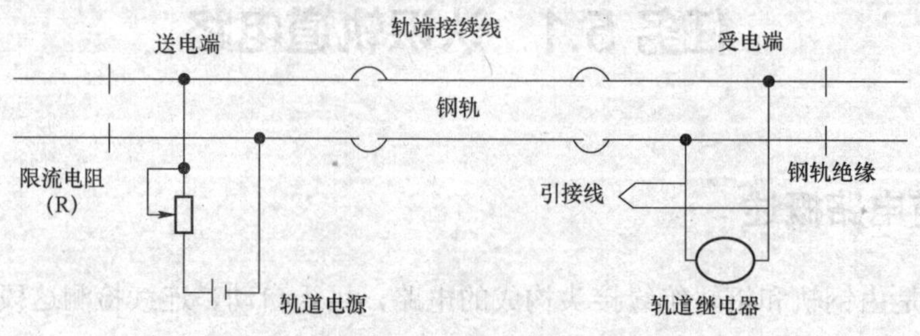

图 5–2　轨道电路组成图

1）导体

在轨道电路中，两条钢轨是传输轨道电流的导体，每两条钢轨接头处，用轨端接续线连接，可以减少钢轨与钢轨夹板间的接触电阻。轨端接续线有塞钉式和焊接式，钢轨和塞钉式轨端接续线如图 5–3 所示。

图 5–3　钢轨和塞钉式轨端接续线

2）钢轨绝缘接头

钢轨绝缘接头安装在相邻两个轨道电路衔接处，以保证相邻轨道电路在电气上的可靠隔离。钢轨绝缘接头多采用机械强度高、绝缘性能好的材料，在钢轨与夹板间垫有槽形绝缘板，夹板螺栓与夹板之间装有绝缘套管和绝缘垫圈。在两个钢轨衔接的断面间还夹有与钢轨断面相同的轨端绝缘。图 5–4 为钢轨绝缘接头。城市轨道交通的正线多采用无缝线路，需要使用由电子电路构成的电气绝缘（又称调谐区）来分隔相邻轨道电路。

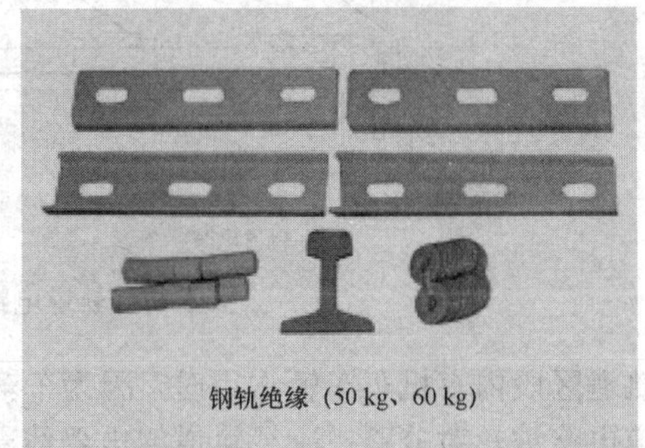

图 5-4　钢轨绝缘接头

3）送电设备

轨道电路的送电设备可以是用于向轨道电路供电的电源，也可以是能够发送一定信息的电子设备，后者通过轨道电路向列车传递行车信息。图 5-5 为轨道旁的扼流变压器。

4）受电设备

轨道电路的受电设备可以是用于反映轨道电路范围内有无机车车辆占用和钢轨是否完整的轨道继电器（如图 5-6 所示），或者当轨道电路中包含有控制信息时，轨道电路的受电设备也可以是能够接收并鉴别电流特性的电子设备，该设备能够根据接收到的不同特性的电流，使有关继电器动作。

图 5-5　轨道旁的扼流变压器

图 5-6　轨道继电器

5）限流电阻

限流电阻是一个可调电阻，连接在轨道电路电源端，用来调整轨道电路的电压。当轨道电路被机车车辆的轮对分路时，能够防止输出电流过大而损坏电源。

3. 轨道电路的工作原理

当轨道电路设备完好，又没有机车车辆占用时，轨道电流从轨道电源正极经钢轨、轨道继电器线圈回到负极而构成回路，继电器处于吸起状态，表示轨道区段内无车占用，此状态称为轨道电路的调整状态，如图 5-7 所示。

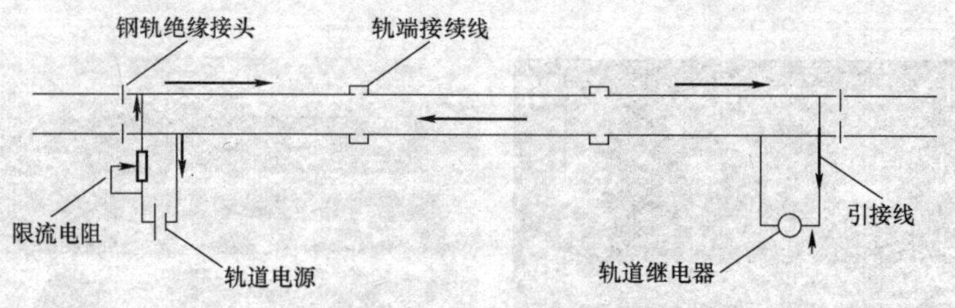

图 5-7　轨道电路的调整状态

当轨道区段内有机车车辆占用时，因为车辆的轮对电阻比轨道继电器线圈电阻小得多，所以轨道电路被轮对分路；流经轨道继电器线圈的电流很小，不足以使衔铁保持吸起状态，轨道继电器失磁落下，表示该区段有车占用此状态称为轨道电路的分路状态，如图 5-8 所示。

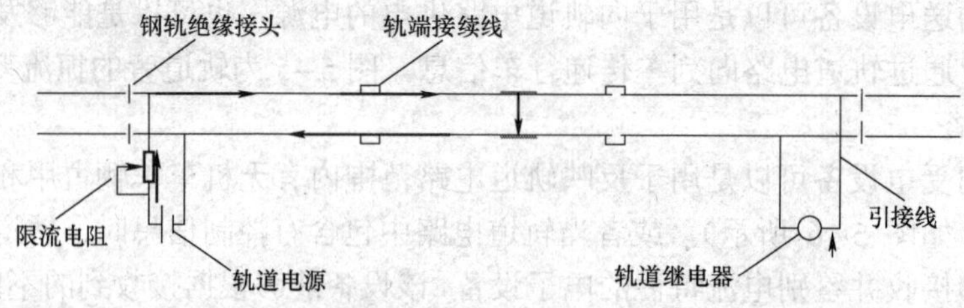

图 5-8　轨道电路的分路状态

当轨道区段内发生轨道断裂或线路断开时，流经轨道继电器的电流中断，使继电器衔铁失磁落下，此状态称为轨道电路的断轨状态，如图 5-9 所示。

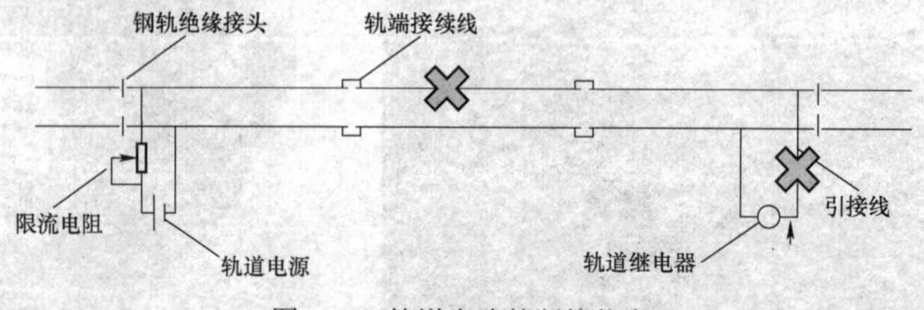

图 5-9　轨道电路的断轨状态

4. 轨道电路的分类

1）按所传送的电流特性分类

轨道电路可分为工频连续式轨道电路和音频轨道电路。音频轨道电路可分为模拟式和数字编码式，它主要按照频率范围来划分，频段位于 20 Hz～20 kHz。

（1）工频连续式轨道电路中传输连续的交流电流，一般为工频 50 Hz。这种轨道电路的唯一功能是监督轨道占用与否，不能传送更多信息。

（2）模拟式音频轨道电路采用调幅或调频方式，用低频调制载频，除监督轨道占用外，可以传输较多信息，主要传输列车运行前方三个或四个闭塞分区占用与否的信息。

（3）数字编码式音频轨道电路采用数字调频方式，但它采用的不是单一低频调制频率，而是一个调制频率群，根据编码去调制载频，编码包含速度码、线路坡度码、纠错码等，所以可以传输更多的信息。

2）按绝缘性质分类

轨道电路可分为有绝缘轨道电路和无绝缘轨道电路。

（1）有绝缘轨道电路用钢轨绝缘将本轨道电路与相邻的轨道电路互相电气隔离。钢轨绝缘在车辆运行的冲击力、剪切力作用下很容易破损，所以轨道电路的故障率较高。绝缘节的安装，给无缝线路带来一定的麻烦，有时需要锯轨，因而降低了线路的轨道强度，增加了线路维护的复杂性。电气化铁路的牵引回流不希望有绝缘节，为使牵引回流能绕过绝缘节，必须安装扼流电压器或回流线。

（2）无绝缘轨道电路在其分界处不设置钢轨绝缘，而采用电气隔离的方法予以隔离。电气隔离又称谐振式，它利用谐振回路，采用不同的信号频率进行电气隔离。因为谐振回路对不同频率呈现不同阻抗，所以它可实现相邻轨道电路间的电气隔离。

无绝缘轨道电路与有绝缘轨道电路相比较，具有较明显的优点。由于去掉了故障率较高的钢轨绝缘，因而大大地提高了轨道电路的可靠性。在长轨区段安装无绝缘轨道电路，在电气化区段降低了轨道电路的不平衡系数，避免了锯轨带来的破坏，改善了钢轨线路的运行质量。

城市轨道交通正线上采用无绝缘轨道电路，取消了机械绝缘节和钢轨接头，大大减少了轮对与钢轨接缝之间的碰撞，避免了列车过接缝时乘客的不舒适感，也降低了轮对和钢轨之间的磨损。

3）按使用处所分类

轨道电路分为区间轨道电路和车辆段内轨道电路。

（1）区间轨道电路主要用于正线，不仅要监督各闭塞分区是否空闲 ，而且要传输有关行车信息。一般来说，它要求轨道电路传输距离较长，要满足闭塞分区长度的要求，轨道电路的构成也比较复杂。

（2）车辆段内轨道电路，分布于车辆段内各区段，一般只具有监督本区段是否空闲的功能，不需要发送其他信息。

4）按轨道电路内有无道岔分类

车辆段内轨道电路分为无岔区段轨道电路和道岔区段轨道电路。

（1）无岔区段轨道电路内钢轨线路无分支，构成较简单，一般用于检车线、停车线等，以及尽头调车信号机前方接近区段、两差置调车信号机之间的区段。

（2）在道岔区段，钢轨线路有分支，道岔区段轨道电路就称为分支轨道电路或分歧轨道电路。在道岔区段，道岔处钢轨和杆件要增加绝缘，还要增加道岔连接线和跳线。当分支超过一定长度时，还必须设多个受电端。

5）按轨道线路的类型、数量分类

按电气牵引区段牵引电流的通过路径分为单轨条轨道电路和双轨条轨道电路。

（1）单轨条轨道电路是以一根钢轨作为牵引电流回线，在绝缘处用抗流线引向相邻轨道电路的钢轨上的一种轨道电路，因其牵引电流流过钢轨时在钢轨间产生较大的电位差，故成为信号电路外界的主要干扰源，牵引电流越大，钢轨阻抗越大，对信号电路造成的干扰也越大。此外，单轨条轨道电路钢轨阻抗较大，传输距离相对缩短。单轨条轨道电路的优点是构造简单、建设成本低、相对功耗小。

（2）双轨条轨道电路是针对单轨条轨道电路不利于信号设备稳定的缺点而设计的一种轨道电路。双轨条轨道电路牵引电流是沿着两根钢轨流通的，在钢轨绝缘处为导通牵引电流而设置了扼流变压器，信号设备通过扼流变压器接向轨道。

5.1.2 道岔区段轨道电路

1. 道岔绝缘和道岔跳线

① 道岔绝缘。道岔区段除了各种杆件、转辙机安装装置等加装绝缘外，还要加装切割绝缘，以防止辙叉将轨道电路短路。根据需要，道岔绝缘可以设在直股，如图 5-10（a）所示；也可以设在弯股，如图 5-10（b）所示。

② 道岔跳线。为保证信号电流的畅通，道岔区段除轨端接续线外，还需装设道岔跳线。

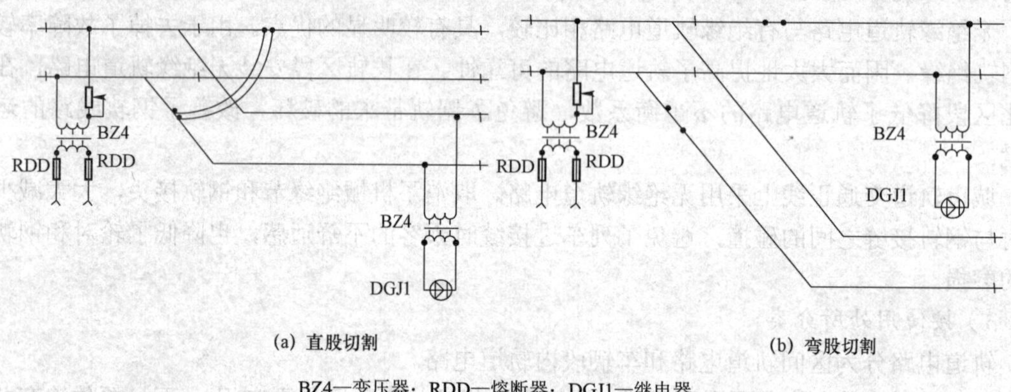

BZ4—变压器；RDD—熔断器；DGJ1—继电器。

图 5-10　道岔切割绝缘

2. 道岔区段轨道电路的连接方式

车站内道岔区段的轨道电路的连接方式一般有两种，即串联式和并联式一送多受。

1）串联式

图 5-11 为串联式。这种轨道电路的电流要流经整个区段的所有轨条，可以检查所有跳线和钢轨的完整性，安全性较高，但是这种电路的轨道绝缘比较多，连接线往往要用电缆来构成，使施工和维修都比较困难，所以这种电路未被广泛应用。

2）并联式一送多受

并联式一送多受轨道电路（如图 5-12 所示）设有送电端，并在每一个分支轨道的端部都设置了一个受电端（即每一处都装设一个轨道继电器）。各分支受电端轨道继电器的前接点串联在主轨道继电器电路之中。当任一分支分路时，分支轨道继电器落下，其主轨道继电器也落下。使用时，将主轨道继电器的接点用在联锁电路中。

并联式一送多受电路的安全程度高，为了提高道岔区段轨道电路的可靠性，现在已在所有的区段中推广使用。

在实际应用中注意以下几点：与到发线相衔接的道岔区段轨道电路的分支末端，应设受电端；所有列车进路上的道岔区段，其分支长度超过 65 m 时，在该分支的末端应设受电端；一送多受轨道电路最多不应超过三个受电端；任一地点有车占用时，必须保证有一个受电端被分路。

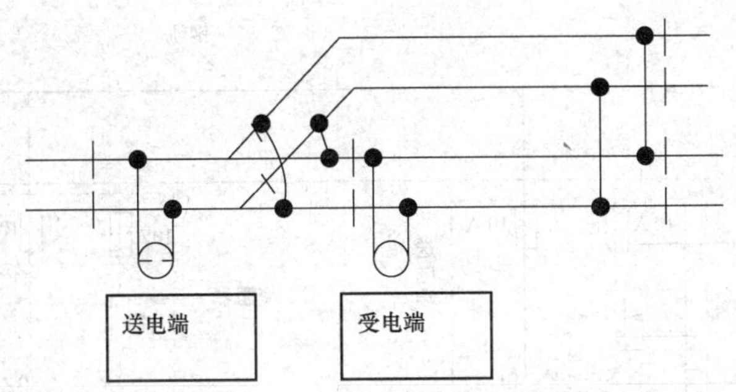

图 5-11 道岔区段串联式轨道电路

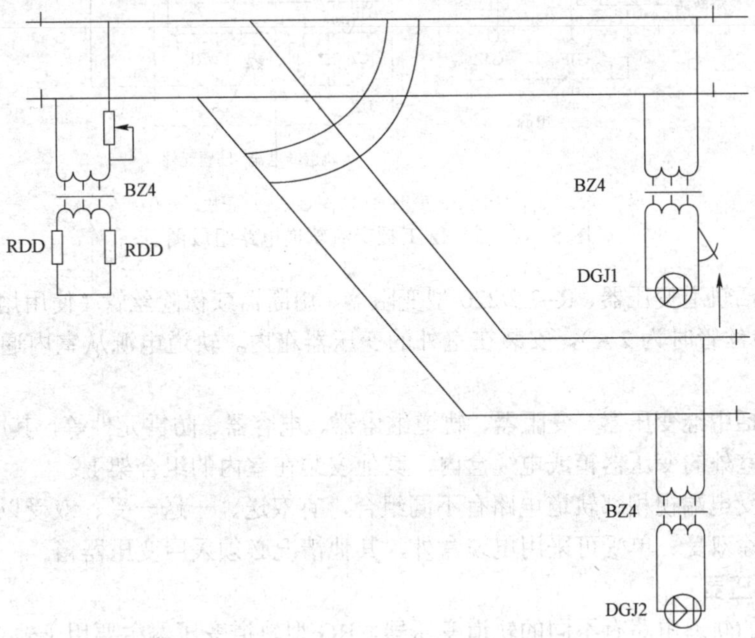

图 5-12 道岔区段并联式轨道电路（一送多受）

任务 5.2 50 Hz 工频交流轨道电路

5.2.1 基本组成

用于城市轨道交通的工频交流轨道电路为 50 Hz 相敏轨道电路，它们只有监督列车占用的功能，不能传输其他信息。由于城市轨道交通一般采用直流牵引，所以轨道电路可以采用 50 Hz 电源，这与铁路有区别，因为铁路采用交流工频牵引，所以轨道电路只能采用 50 Hz 以外的电源，一般为 25 Hz。

50 Hz 工频交流轨道电路由送电端、受电端、钢轨绝缘、钢轨引接线、轨端接续线、回流线以及钢轨组成，如图 5-13 所示。

提示： 50 Hz 工频交流轨道电路多数用于城市轨道交通的车辆段内（不需要发送 ATP 信息）。

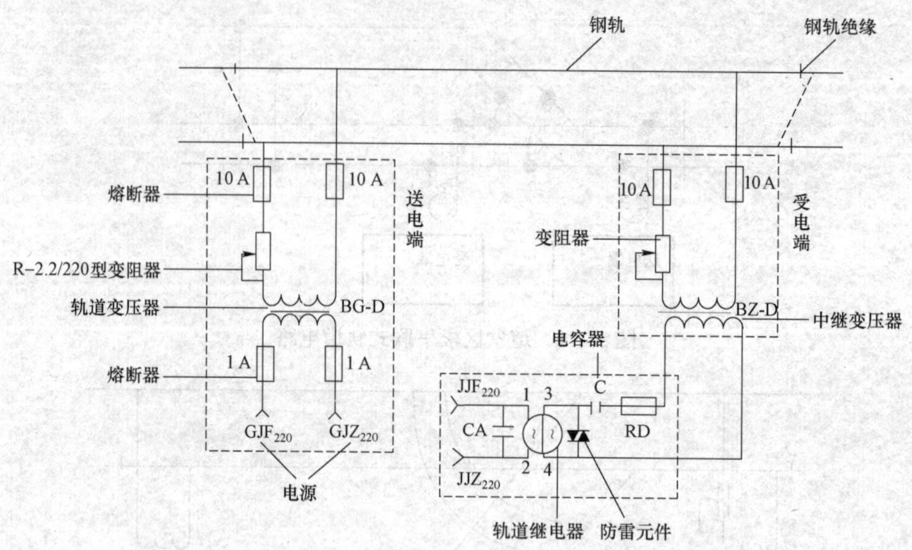

JJF_{220}，GJF_{220}—负极；JJZ_{220}，GJZ_{220}—正极。

图 5-13　50 Hz 工频交流轨道电路组成图

送电端包括轨道变压器、R-2.2/220 型变阻器、熔断器或保险丝管（使用熔断器时容量为 1 A、使用保险丝管时为 2 A），安装在室外的变压器箱内。轨道电源从室内通过电缆送至送电端。

受电端包括中继变压器、变阻器、轨道继电器、电容器、防雷元件等，其中中继变压器、变阻器安装在室外的变压器箱或电缆盒内，其他安装在室内的组合架上。

送电端、受电端视相邻轨道电路有不同组合，有双送、一送一受、双受以及单送、单受等不同情况，除双受、单受可采用电缆盒外，其他情况必须采用变压器箱。

1. 轨道变压器

不同类型的轨道电路有不同的轨道变压器，BG 型轨道变压器主要用于轨道电路的供电，其一次侧为 220 V，二次侧依据所连接的端子不同，可以获得各种不同的电压值电压范围为 0.45～10.80 V。BG1-50 型轨道变压器实物图如图 5-14 所示，它的铁芯采用 R 型，整体采用灌封技术，减少潮气侵入，提高绝缘性能。其额定容量为 50 V · A，频率为 50 Hz，输入电压为 220 V/110 V，输出电压为 0.45～10.8 V，满载电流为 4.5 A。

图 5-14　BG1-50 型轨道变压器实物图

2. 中继变压器

中继变压器主要用于轨道电路受电端，常用的有BZ型系列中继变压器。其中BZ4与JZXC−480型轨道继电器配合使用，可使钢轨阻抗和轨道变压器的阻抗相匹配，BZ4−A型中继变压器实物图如图5−15所示。其一次侧的输入电压为1～2 V，允许电流是10 A，频率为50 Hz，功率为5 W。

图5−15　BZ4−A型中继变压器实物图

3. 变阻器

轨道电路用的变阻器为R−2.2/220型，其工作电压不高，结构简单，牢固耐久，易调可靠，散热迅速。R−2.2/220型变阻器的阻值为2.2 Ω，功率为220 W，允许电流为10 A，允许温升为105 ℃。

4. 钢轨绝缘

钢轨绝缘（见图5−16）的作用是保证相邻轨道电路之间的电气绝缘。同时，在轨道电路区段，其轨距保持杆、道岔连接杆、道岔连接垫板、尖端杆、转辙机的安装以及其他有导电性能的连接两钢轨的配件，均应保持绝缘良好。钢轨绝缘由槽型绝缘、轨端绝缘、绝缘管垫等组成。其中槽型绝缘按照分段形式可分为一段、二段、三段三种，按轨型分为P43 kg、P50 kg、P60 kg三种。

图5−16　钢轨绝缘

5. 轨道电路连接线

1）钢轨引接线

钢轨引接线是连接轨道电路送电端、受电端变压器箱或电缆盒与钢轨的导线，一般用涂有防腐油的多股钢丝绳制成，一端焊在塞钉上，固定在钢轨的塞钉孔内；另一端焊接在螺栓上，固定在变压器箱或电缆盒上。

钢轨引接线按长度分为1 200 mm、1 600 mm、2 700 mm、3 600 mm四种。最大的电阻值分别为0.016 Ω、0.021 Ω、0.035 Ω、0.045 Ω。钢轨引接线电阻的大小，影响着轨道电路多种状态的工作。为保证钢轨引接线的可靠性，现场多采用双引接线。

2）轨端接续线

轨端接续线用于轨道电路接缝处的连接，目的是减小接触电阻。有现场广泛使用塞钉式和焊接式两种接续线。为了保证可靠性，现场多采用双接续线。

3）道岔跳线

道岔跳线是连接道岔岔心等处电路的缆线。道岔跳线由塞钉和镀锌低碳钢绞线组成，两端焊在圆锥形塞钉上。

6. 轨道继电器

一般城市轨道交通车辆段常采用 JRJC-40/265、JRJC-45/300、JRJC1-42/275 三种 50 Hz 二元二位继电器。以上三种继电器都可使用在直流电气化和非电气化区段的相敏轨道中，它们均具备可靠的频率选择和相位选择特性，可对轨道绝缘破损和不平衡造成的干扰能进行可靠的防护。它们的优点是继电器内翼板转动系统动作灵活，整体结构紧固，经久耐用，并且维修方便。

7. 防雷元件

防雷元件采用对接硒片，即浪涌抑制器。

8. 电容器

电容器分电容 C 和电容 CA 两种。

（1）电容 C 主要用于隔离直流，防止直流电流进入轨道继电路的轨道线圈造成干扰。

（2）电容 CA 主要用来补偿无功功率，提高轨道继电器局部线圈的功率因数，减小输入电流。

5.2.2 工作原理

当轨道电路完整，无车占用时，轨道电源通过电缆供向室外，电源屏提供 50 Hz 轨道电源 GJZ、GJF 和局部电源 JJZ、JJF。轨道电源 GJZ、GJF 从室内送出，经送电端 50 Hz 轨道变压器、送电端限流电阻、钢轨、受电端 50 Hz 中继变压器、电缆线路，送回室内，给轨道继电器的 3-4 线圈供电。轨道继电器 RGJ 局部线圈 1-2 接局部电源 JJZ、JJF。当轨道线圈和局部线圈电源满足规定的相位和频率要求时，轨道继电器吸起，轨道电路处于调整状态，表示轨道电路空闲。

当有车占用时，轨道电源被车辆轮对分路，使轨道继电器端电压低于其工作值，轨道继电器落下，表示本轨道电路被占用。

当频率、相位不符合要求时，轨道继电器也落下。

这样，50 Hz 相敏轨道电路就具有相位鉴别能力，即相敏特性，抗干扰性能较高。具体工作原理如图 5-17 所示。

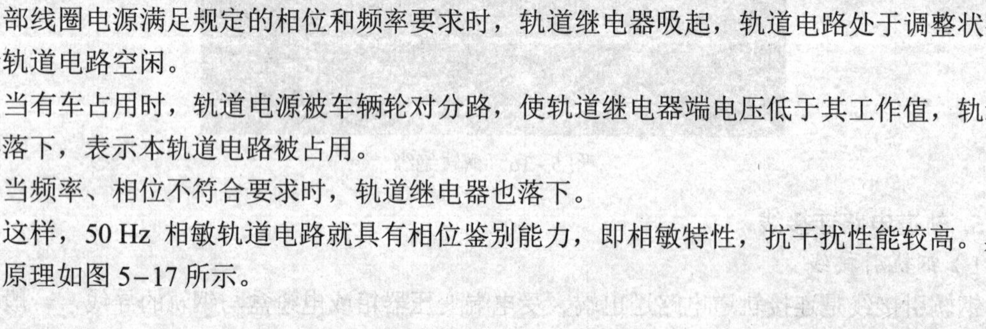

工作原理

电源屏提供50 Hz轨道电源和局部电源

轨道电源 $\xrightarrow{\text{降压}}$ 钢轨 $\xrightarrow{\text{升压}}$ 轨道继电器轨道线圈 ⇒

轨道变压器　中继变压器

- 调整状态：相位、频率相符，轨道继电器吸起，区段空闲
- 分路状态：列车占用，轨道继电器落下
- 相位不符：轨道继电器落下

特点：具有相位鉴别能力，抗干扰性能高

图 5-17　50 Hz 相敏轨道电路工作原理

任务 5.3　数字轨道电路

数字轨道电路主要由轨旁设备和室内设备组成，具有检测列车占用和传递 ATP/ATO 信息两大功能。AF-904 型数字轨道电路是安萨尔多美国 USSI 公司生产的设备，属于 ATC 系统的基础设备之一，智能化程度很高。本任务中主要介绍 AF-904 型数字轨道电路的组成和工作原理。

5.3.1　基本组成

1. 轨旁设备

轨旁设备由轨道耦合单元、500MCM 连接器（S 棒）和耦合环线三部分组成，在轨道之间或者沿轨旁安装，采用互耦方式。

轨道耦合单元（见图 5-18）将轨道信号连接到控制机箱的接收电路和发送电路，并调谐轨道电路的载频频率。每个耦合电路由变压器和可调电容组成 LC 谐振电路，也作为轨道电路的端点，并且实现与 500MCM 连接器的阻抗匹配。

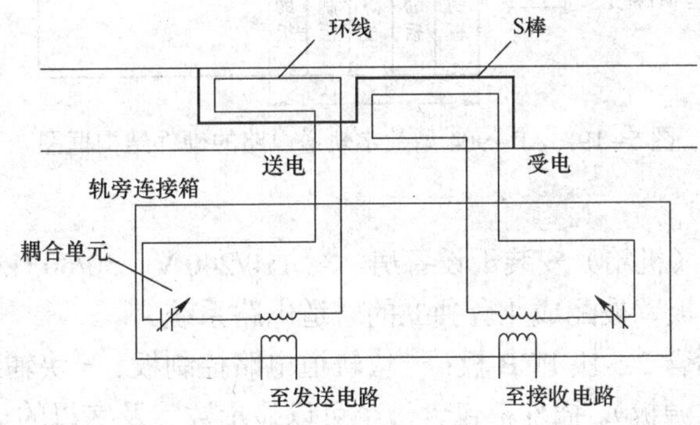

图 5-18　轨道耦合单元

500MCM 连接器由截面为 178 mm^2 的电缆制成，呈 S 形，故称为 S 棒。S 棒放在两根钢轨中间，两端点被焊接到钢轨上。一匝电线构成的环线与 S 棒空气耦合，并通过耦合单元、对绞电缆与轨道电路室内控制柜（TM）的辅助板相连。发送的轨道信号电流在 S 棒中形成环流，并感应进入钢轨。接收的信号也从钢轨感应进入电缆。S 棒的外形尺寸可提供很强的方向性，用以设定轨道信号电流的方向。

2. 室内设备

室内设备主要是安装在轨道电路室内控制柜内的控制机箱，每个机箱内包括多个 PCB 电路板，每个轨道电路都包括控制板、辅助板、电源板。

（1）控制板产生具有 ATP 功能的数字编码信息。

（2）辅助板将控制板产生的信息放大发送至室外，并接收来自轨道的信息。

（3）电源板产生控制板和辅助板工作所需的电源。

AF-904 型数字轨道电路的室内轨道电路室内控制柜最多安装三个机笼，一个机笼可装 10 块卡板，共 4 个轨道区段。一个轨道区段由一块 CPU 板、一块辅助板、一块电源板组成。

它的工作电源为 110 V/50 Hz。每个轨道区段都有对应的 LED 灯显示各种信息、代码等。同时，它有独立 9 针串行端口，可以通过便携式计算机下载数据、进行诊断等。机笼后有发送 TX、接收 RX 抽头，每增加一挡，输出幅度增加 2 倍。

AF−904 型数字轨道电路的硬件结构框图如图 5−19 所示。图中，TC 代表轨道电路，下标 1、2、3、4 分别代表不同的轨道区段；MT 指轨道联锁，是联锁单元 MI 与轨道电路之间的信息通道。

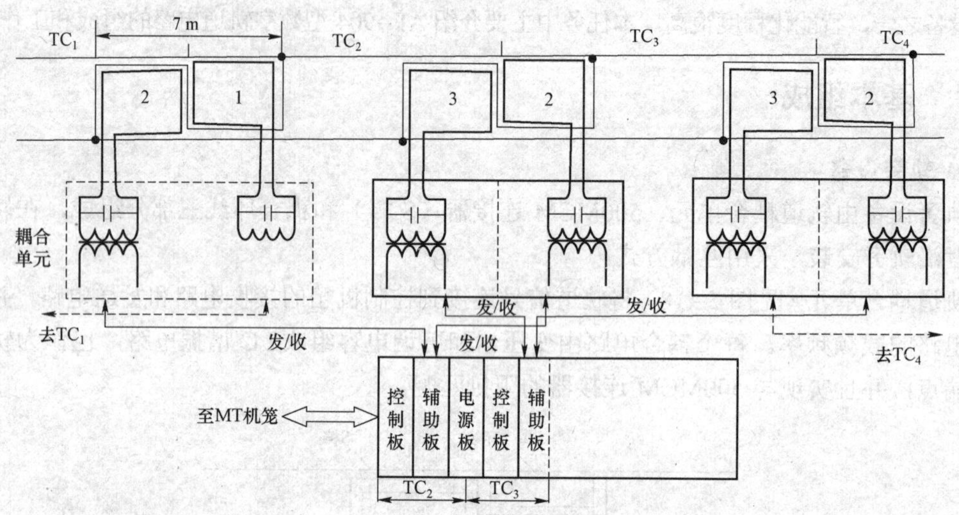

图 5−19　AF−904 型数字轨道电路的硬件结构框图

1）插件柜（机箱）

AF−904 的插件柜（机箱）安装于设备房，需 110/240 V、50/60 Hz 电源输入。每一插件柜包括 10 个 PCB 电路板，被配成 4 套独立的轨道电路系统。

每个轨道电路包括含 2.5 块 PCB 板：一块轨道电路控制板、一块辅助板、半块电源板（两段轨道电路共用一块电源板）。插件柜包含一个可以显示数字及字母的显示器和若干开关，在前面板上就可以对每段轨道电路进行调整，并访问它们的数据。前面板上还有一个串行端口，可以使用便携机通过这个端口来获取数据，以进行诊断。通过插件柜前面板上的发光二极管显示和开关，可以设置轨道电路速度限制、访问诊断系统信息。

2）控制板

控制板产生具有 ATP 功能的数字编码信息，其核心是 MC68HC1621CMOS 微控制器，除系统成模块外，还包含几个外围集成块。它有两个字母、数字显示器，上面是红色的，下面是绿色的，用于监视轨道电路的设置和动作；4 个瞬间接触开关（SPDT），用来在设置时输入数据；5 个 LED，提供有关信息；一个计算机兼容串行口，一个连接器提供 RS−232 终口，用来详细监视和诊断 AF−904 逻辑和内存。调试端口，用来直接控制 68HC16 微控制器，为工厂使用。

3）辅助板

辅助板的作用是对控制板产生的信息进行放大，发送至室外并接收轨道信息。辅助板包含两个轨道数据发送的放大器、轨道电路接收器的前端部分及条件电源（CPS）分系统；继电器用来在故障时切换系统，使它成为一个智能片视点；8 个 LED，用来显示关键参数的状态；11 个维修测试点，可提供对控制板和辅助板的电压和信号的测试。

4）电源板

电源板产生控制板和辅助板工作所需要的电源。电源板中有两套独立的供电系统，用于两套独立的轨道电路。每块电源板提供两个工作电源，可调整为内部组件需要的工作电源。为了保证从插件柜中取出电源板时的安全，防止短路，加了焊点罩；14个LED，7个用来监视主电源，7个用来监视备用电源；两个独立的电源开关，上面的给右边两块PCB供电，下面的给左边的两块PCB供电；开关是锁闭性开关，必须先拔出再扳；四个电压测试点，用来测试两个分系统的供电。

5.3.2 工作原理

1. 对列车占用区段的检测

AF-904系统不间断地向轨道发送数字编码信息，并不间断地监视其接收器感应到的信号，作为对列车占用的检测。它利用音频信息的标题位（前8位）作为列车检测信号，固定为01111110。发送端通过耦合单元将信息发送至钢轨，这个信息在接收端通过接收器接收、检测，并与事先通过软件设置好的门限值进行比较：

（1）当收到的信号幅度值在门限值以上时，信号电流没有被轮对分路，表明轨道电路空闲；

（2）当列车进入轨道电路时，所接收到的信号被分路，其幅度值降至门限值以下，此时表示轨道电路被占用；

（3）如果是由于其他原因造成轨道电路短路、断路，如路基潮湿，也会接收到低于预定的门限值的信号，或者生成错误的轨道ID号。

按照故障—安全原则，被检测到的信号幅度在门限值以上时，控制板向联锁单元传递“区段空闲”信息，否则向联锁单元传递“区间占用”信息，从而完成列车占用区段的检测功能。

2. 发送ATP信息

AF-904系统与联锁系统之间通过RS-485接口进行数据通信，接收来自联锁系统的信息，如目标速度、目标距离等，再加上轨道区段信息，如轨道电路ID号、线路限制速度等，构成复合信息。辅助板将复合信息形成的报文帧，结合机笼后面的方向继电器以FSK（频移键控）调制方式将报发文送至耦合电路，经环线与S棒耦合，由车载ATP设备接收、解码、校验，最终根据ATP传达的信息对列车进行控制，从而完成数字车载信号的传输功能。

AF-904系统采用BFSK方式，8个载频分别为9.5 kHz、10.5 kHz、11.5 kHz、12.5 kHz、13.5 kHz、14.5 kHz、15.5 kHz、16.5 kHz。这8个载频依次命名为F0～F7。奇数载频Fl、F3、F5和偶数载频F2、F4、F6分配给不同的运行方向，交错配置。频偏为±200 Hz，比特率为200 bit/s，相邻每个轨道电路采用不同载频，以提高抗干扰能力。

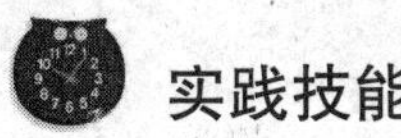

实践技能

实训5.1 轨道电路的划分和命名

一、实训目的

能够对车辆段内的轨道电路进行区段划分、命名。

二、器材、工具准备

某车辆段信号平面图（见图 5-20）。

三、任务实施

学生 3 人一组，依托车辆段信号平面图，完成以下实训任务：

（1）识读并遵守车辆段轨道电路区段的划分原则。

（2）根据车辆段信号平面图，按照道岔区段轨道电路命名方法，对车辆段各区段进行正确命名并标出。

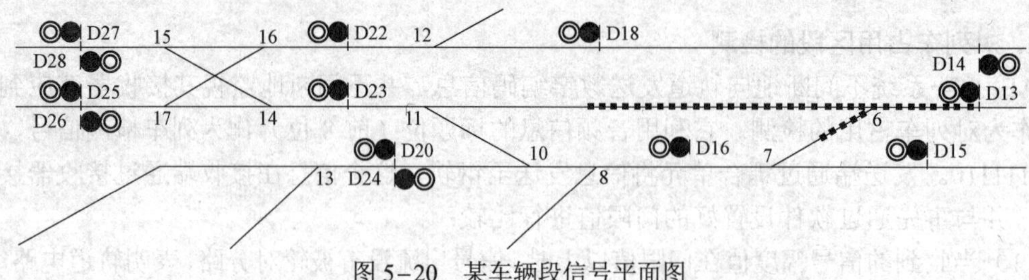

图 5-20　某车辆段信号平面图

四、实训考核标准

本实训考核包含过程考核、实操考核和结果考核，考核标准及分值分配见实训考核评价表。其中实操过程中着重考核小组成员对车辆段轨道电路的区段划分原则和命名方法的掌握程度。

五、注意事项

（1）可分组进行，做好实训记录。

（2）可采用多种不同的车辆段信号平面图进行训练。

实训 5.2　车辆段 50 Hz 轨道电路的养护和测试

> ㊣本实训项目对标 1+X 城市轨道交通信号检修职业技能等级证书技能要点，要求能够进行轨道电路电气特性参数测试和调整。
>
> ㊣本实训项目对标 1+X 列车运行控制系统现场信号设备运用与维护职业技能等级证书技能要点，要求能够完成轨道电路组成设备的日常巡视工作、电气特性参数测试工作。

一、实训目的

（1）认识 50 Hz 轨道电路的各个部件。

（2）能够对 50 Hz 轨道电路进行保养和维护。

（3）能够对 50 Hz 轨道电路进行电气特性参数测试、调整。

二、器材、工具准备

（1）检修工具（扳手、螺丝刀、尖嘴钳，克丝钳、专用钥匙、套筒、冲子、分路线、毛刷、绝缘胶布等)，材料（白布、棉纱等)，数字万用表，对讲机等。

（2）一段完整的车辆段 50 Hz 轨道电路。

三、任务实施

学生 3 人一组，完成以下实训任务：

（1）对轨道电路进行日常保养。

（2）对轨道电路进行二级保养。

（3）对轨道电路进行小修。

（4）对 50 Hz 轨道电路进行电气特性参数测试、调整（如图 5-21 所示)。

四、实训考核标准

本实训考核包含过程考核、实操考核和结果考核，考核标准及分值分配见实训考核评价表。其中实操过程中着重考核小组成员对轨道电路进行日常保养、二级保养、小修作业内容与流程的熟悉程度，对 50 Hz 轨道电路进行电气特性参数测试、调整的准确性，以及对各工具及仪表使用的正确性、规范性。

五、注意事项

（1）小组进行分工合作时，分工要合理且协调。

（2）按照标准化流程操作，做好登记、联系、销记训练，加强实训过程中人员之间的相互协调沟通。

（3）正确使用绝缘工具和防护手套，注意设备及人身安全。

（4）实训完成后，各设备必须试验良好。

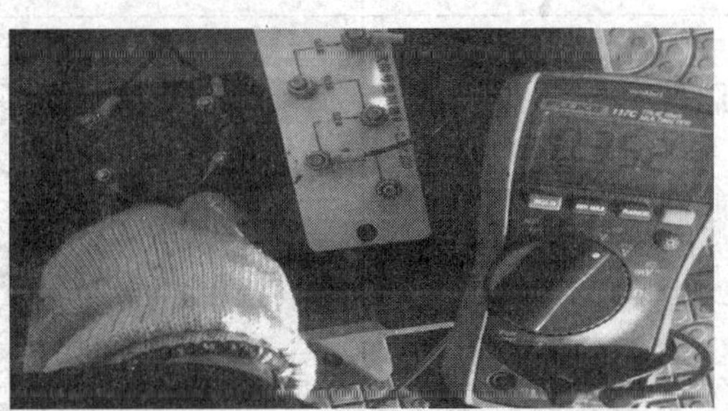

图 5-21　轨道电路电气特性参数测试

思政微课堂

牢记历史事故　时刻警钟长鸣

2011 年 9 月，上海地铁 10 号线新天地站信号故障，采用人工调度，导致豫园路站两辆列车相撞，事故共造成 260 人受伤，其中 20 人重伤。

2014 年 11 月，广州地铁五号线西场开往中山八站方向突发信号故障，导致列车开往该区间的行车间隔拉大为 7 min。

2014 年 12 月，西安地铁 10502 次列车车载信号发生故障，在行驶过程中出现延误，累积延误了 10 min，导致后续其他车辆在各站出现不同时间延误。

2014 年，北京地铁 10 号线及 5 号线部分路段发生信号故障，受信号故障影响，部分列车发车间隙增大，换乘通道关闭，换乘车站滞留大量乘客。

2015 年 2 月，北京地铁机场线出现信号故障，导致列车运行间隔增大，几十名乘客滞留在地铁东直门站。

2016 年 8 月，北京地铁 1 号线发生信号故障，全线列车间隔加大，致使大部分列车晚点。

2018 年 10 月，港铁荃湾线、港岛线、观塘线及将军澳线等多线信号故障，致大面积严重延误。

2020 年 7 月，上海 9 号线因信号设备故障，列车与地面无法正常通信，松江新城站至佘山站区段列车限速运行，次日故障才得以恢复。

信号事故频发，严重影响了城市轨道交通安全运行。我们应当深刻吸取事件教训，严防类似事件发生。充分认识保障城市轨道交通安全运行的长期性、艰巨性、复杂性。工作中要认真开展信号设备日常巡查，及时发现设施设备异常，避免事态扩大造成严重后果。作业过程中应细化各类设施设备养护维修规程，一旦发生运营突发事件，第一时间按照应急预案要求迅速开展应急处置工作，确保响应及时、措施得当、处置有力。

想一想 辩一辩 讨论城市轨道交通信号安全事故，结合“行车无小事，安全最重要”，谈谈信号检修工作对城市轨道交通安全运行的重要影响。

拓展知识

知识点	二维码
ZPW–2000 系列轨道电路	
车辆段轨道电路区段划分原则及命名	
车辆段 50 Hz 轨道电路的养护和测试作业内容	

应知应会试题

应知应会试题	二维码
项目 5 应知应会试题	

项目 6　计轴设备维护

㊐ 轨道交通信号工岗位职业能力分析（项目 6）

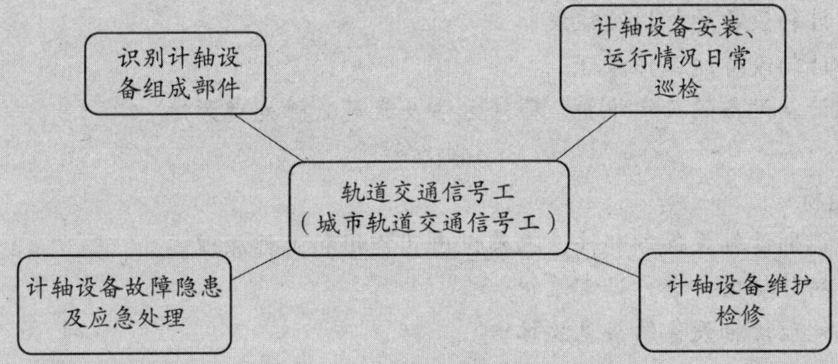

项目 6 按照国家职业标准“轨道交通信号工（城市轨道交通信号工）”岗位工作内容中对计轴设备相关知识和技能要求进行目标设定、理论与实训任务划分编写，涵盖了计轴设备各组成部件识别、日常巡检、故障处理及检修维护等内容。

项目导入

××××年×月×日 2 号线某车站 1DG、5G 发生红光带，综控室行车值班员对车站 1DG、5G 进行计轴复位操作无效。抢修人员通过故障记录软件现场调取故障报告，报告显示串口板 1 存在丢包现象。经进一步分析，确定故障点为串口板与室外设备通信故障。抢修人员按照抢修计划抢修完毕后，综控员再次进行计轴复位操作后，故障排除。

计轴设备作为能够检测轨道区段空闲与否的装置，具有特别强的抗机械应变能力，在特殊天气（如冰、雨、雪和气候潮湿时）都能正常工作，能适应非常恶劣的工作环境，目前以诸多优势成为轨道电路的最有力替代者。

那么大家知道在城市轨道交通运行过程中，计轴设备是如何工作的吗？常见故障有哪些？又是如何处理的呢？下面我们就一起来学习计轴设备。

教学目标

1. 知识目标

（1）了解计轴设备的作用及组成。

（2）理解计轴设备的工作原理。

（3）掌握计轴设备的日常维护、检修方法及常见故障处理方法。

2. 技能目标

（1）能够识别计轴设备各部件，准确说出其作用和工作原理。

（2）能够对计轴设备进行日常维护。

（3）能够处理计轴设备的常见故障。

3. 素质目标

（1）培养安全第一、严谨、爱岗敬业等优良的工作作风。

（2）培养良好的团队合作精神，培养学生理论联系实际的良好学习习惯。

（3）激发学生浓厚的学习兴趣。

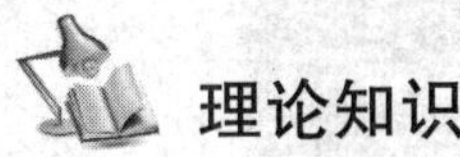

理论知识

任务 6.1 认识计轴设备

6.1.1 计轴设备概述

在城市轨道交通列车运行控制系统中，许多信号控制系统采用了计轴设备作为检测轨道区段占用的手段。目前，计轴技术已经成熟，机械稳定性高，电气参数恒定，维护保养很少，特别适合地铁线路的使用。计轴设备应用示意图如图 6-1 所示。

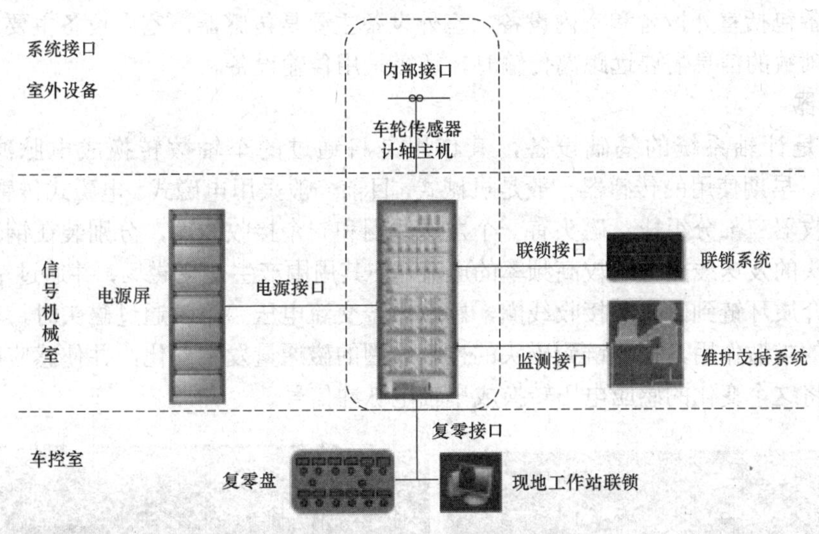

图 6-1 计轴设备应用示意图

计轴设备通过检测列车通过钢轨上某一点（计轴点）的车轴数，来检查两个计轴点之间或检测区段的状态信息，或通过判定列车通过计轴点的时间来自动校正列车行驶里程等。图 6-2 为计轴设备实物图。

计轴技术是以计算机为核心，辅以外部传感器等设备，通过统计车辆通过某一轨道区段的轴数来检测相应轨道区段占用或空闲状态的技术。

在采用 CBTC（基于通信的列车自动控制系统）的城市轨道交通线路上，当无线传输设备发生故障时，通常使用计轴器来检测列车的位置，构成“降级”信号。

在我国城市轨道交通中应用的主流产品有 Alcatel 公司的 AzLM 计轴系统、Siemens 公司的 AzSM 计轴系统和 TAZ Ⅱ 计轴系统等。

图 6-2　计轴设备实物图

6.1.2　计轴设备组成

计轴设备包括室外设备和室内设备，室外设备主要是传感器，室内设备主要是计数比较器。当车辆轴数的信息需要远距离传输时，还需采用传输设备。

1. 传感器

传感器是计轴系统的基础设备，其作用是将通过的车轴数转换成电脉冲信号，如图 6-3 所示。早期使用的传感器一般是机械式，目前一般采用电磁式。电磁式传感器由磁头、发送器、接收器三部分组成。磁头有一个发送线圈和一个接收线圈，分别装在钢轨的两侧。发送器向磁头的发送线圈馈送较高频率的电流，使其周围产生交变磁场，并通过空气、钢轨、扣件等不同介质环链到磁头的接收线圈，感应出一交流电压。车轴通过磁头时，车轮的屏蔽作用和轮缘的扩散作用，使环链到磁头的接收线圈的磁通量发生变化，并使感应电压显著降低。接收器将这个变化的感应电压转换成车轴电脉冲信号。

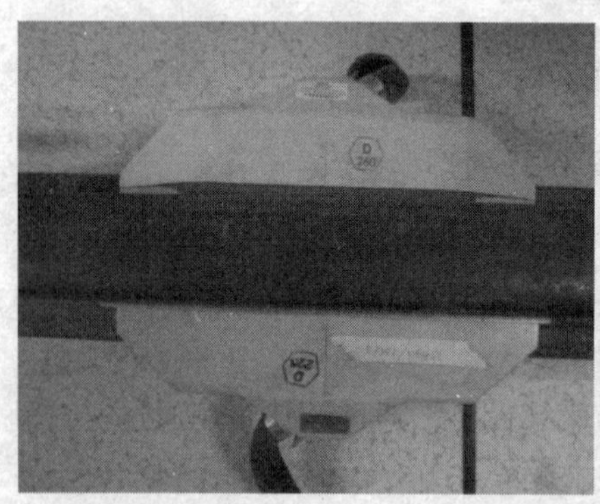

图 6-3　轨道传感器实物图

2. 计数比较器

计数比较器主要由计数器、鉴别器、比较器组成。它将进出两个计轴点的车轴电脉冲信号进行计数和比较，以判断区间（或轨道区段）是否空闲。

3. 传输设备

传输设备主要由电信号发送器和电信号接收器组成，多采用频率数码传输方式。

6.1.3　计轴设备工作原理

国内外有很多厂家生产计轴设备并得到了大量应用，各个厂家的计轴系统工作原理大同小异。一般计轴系统由室内设备和室外设备两部分组成，图 6–4 为计轴系统结构图。一个计轴区段在入口和出口各设一套轨旁设备（传感器、电缆盒等），同时在室内设有对应的计数器。设在室内的计轴运算器把入口和出口的轴数进行比较来判断轨道区段状态。

当有列车驶入区段时，入口计数器（初值为零）开始计轴，计轴运算器对计数脉冲进行累加计数，同时发出区段占用信息；当列车开始从出口驶出时，出口的计数器开始计数，这时计轴运算器的数值随列车驶出的数量而减少。当列车完全出清本区段（驶出的轴数与进入的轴数相等）时，入口和出口轴数差等于零。

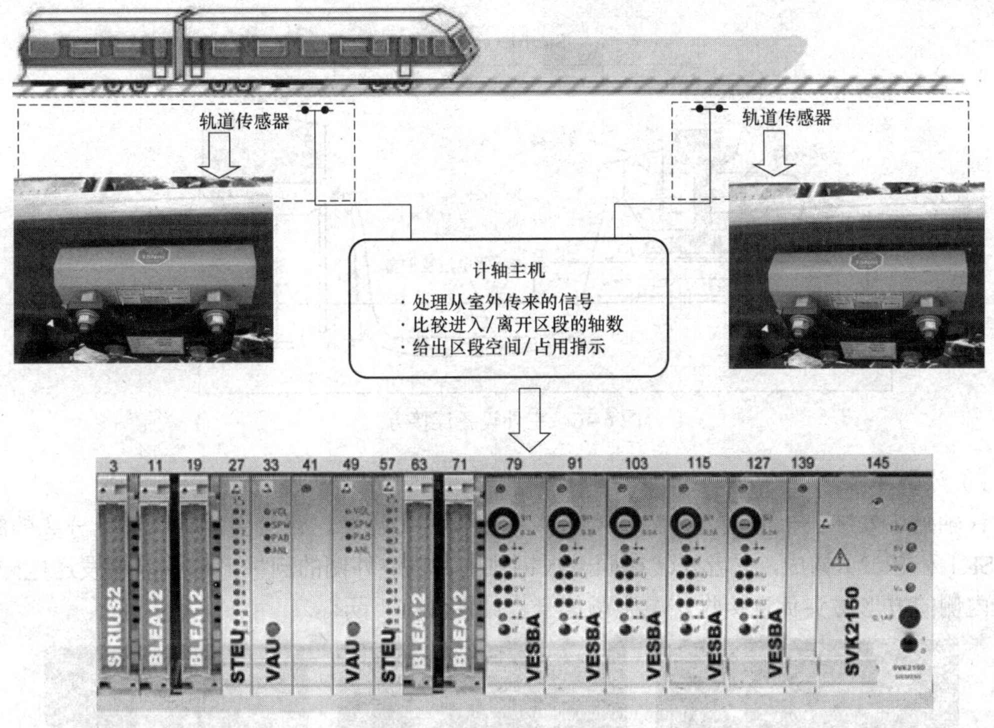

图 6–4　计轴系统结构图

简单来说，轨道占用和空闲状态检查方式可以分解为两个具体的操作：在轨道空闲状态下，计入一轴，轨道转为占用状态；在轨道占用状态下，计出最后一轴，轨道转为空闲状态。计入一轴和计出最后一轴都由计轴板做出相应判断，并给输出板传送相应的信息，如图 6–5 所示。

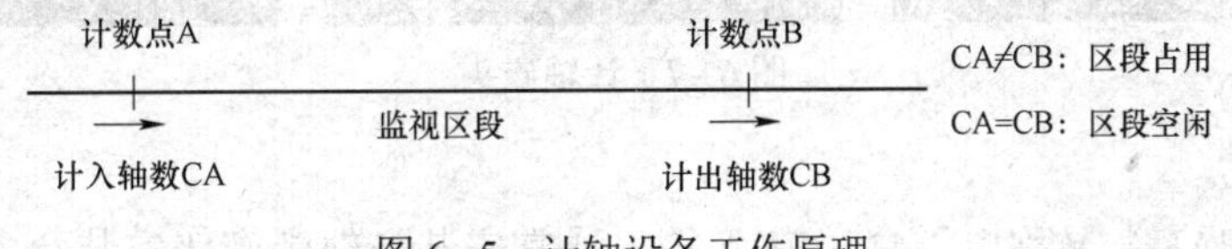

图 6–5　计轴设备工作原理

任务 6.2　AzLM 计轴设备

AzLM 计轴设备是阿尔卡特公司在计算机技术、通信技术和传感器技术基础上开发的新型计轴设备，其技术和工艺引领世界先进水平。

6.2.1　AzLM 计轴设备组成

1. 计轴室外轨旁设备

计轴室外轨旁设备由传感器（或称计轴磁头）K1、K2 和电子单元（EAK）。室外设备的连接方式如图 6-6 所示。

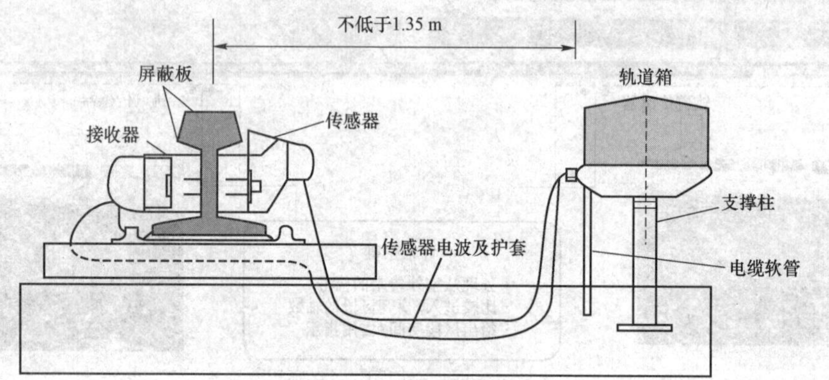

图 6-6　室外设备连接方式

1）计轴磁头

计轴磁头安装在轨道上，分为发送磁头和接收磁头两种。磁头由两套物理上分离的线圈组（SK1 和 SK2）构成，二者安装在同一根钢轨上。轨道外侧的圆柱形磁头能够发送电磁场，轨道内侧的方形磁头负责接收该电磁场信号，如图 6-7 所示。

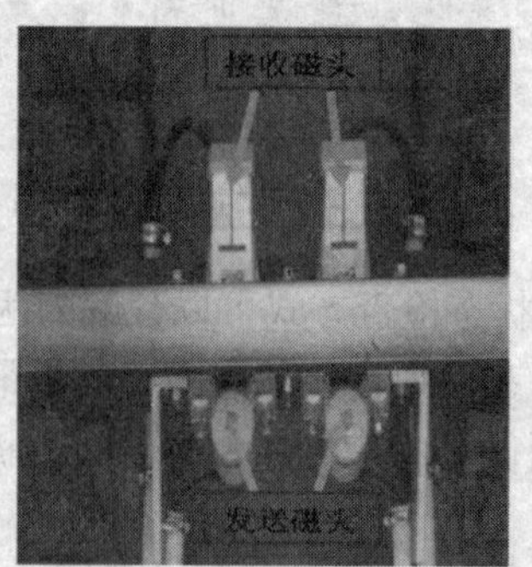

图 6-7　计轴磁头

2）电子单元

电子单元（EAK）又称电子盒、EKA 箱，通常安装在轨旁密闭安装盒内。EAK 箱的作用是给磁头供电、接收磁头发回的信号，经过简单逻辑判断和处理后发回室内计轴系统。整个 EAK 箱内部设备可以从中间分为基本对称的两半，每一半对应一对计轴磁头。电子单元里有底板、模拟板、核算器板各一块。一般计轴点的 EAK 箱下共有六条电缆，其中四条连接计轴磁头，一条连接室内分线盘，一条地线电缆接地。图 6-8 为 EAK 箱外观，图 6-9 为 EAK 箱内部。

图 6-8 EAK 箱外观

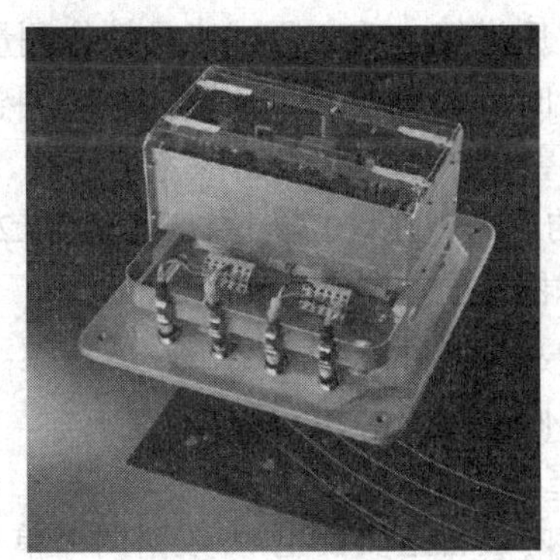
图 6-9 EAK 箱内部

（1）底板。

电子单元的底板（如图 6-10 所示）类似于计算机的主板，整个电子单元的供电由此接入，核算器和模拟板插在底板的插槽中。底板边缘还有一个测试插座，可以连接测试工具用来察看电路板的工作电压以及磁头发送回来的电信号等。

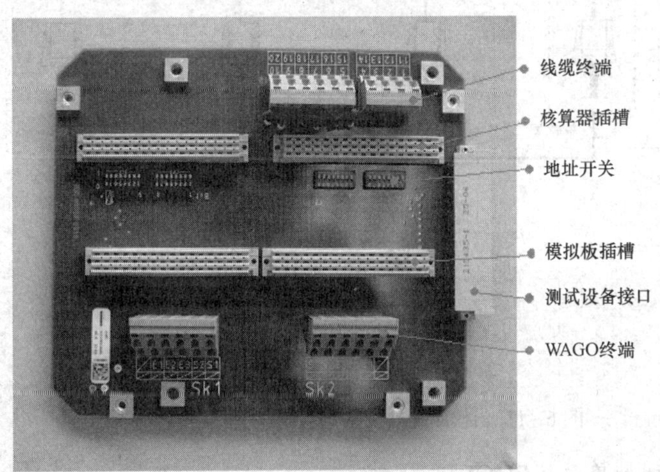

图 6-10 电子单元底板

（2）模拟板。

在车轮靠近和远离的过程中，计轴磁头的磁场变化是一个渐进的过程，所导致的接收端电压变化也是渐变的。模拟板的功能就是把这种渐变的信号转变成核算器板能识别的电脉冲信号。

参考电压和调整电压是模拟板工作的两个重要参数，将测试工具箱连接到底板的测试工具插头上，通过相应的挡位就可以读出 SK1 和 SK2 的这两个数值。

调整电压（MESSAB）就是磁头发送回 EAK 的电压。当车轮靠近磁头上方时，该电压会急剧变小，当车轮在磁头正上方时，电压值最小。调整电压的最大值和最小值之间的差距基本恒定，绝对数值约为 400 mV。旋转电位器 R2/R4，调整电压波形会在纵轴上发生平移，通过放上和取下模拟车轮，将最大值和最小值调整为绝对值相等的相反数。只要记录有车轮和无车轮的电压绝对值，将它们相加除以 2 即可得到需要的值。测试工具箱的 10 挡用来测试 SK1 的调整电压，12 挡测试 SK2 的调整电压。

参考电压（PEGUE）是一个定值，其作用就是作为一个参考值。参考电压的调整一般在完成调整电压后进行。改变测试工具挡位测量参考电压，旋转电位器 R1/R3，使参考电压值等于没有车轮时的调整电压值。这样平时调整电压值在正常范围内时，模拟板持续送出高电平信号，当调整电压值达到负的参考电压时，模拟板送出低电平信号。测试工具箱的 11 挡用来测试 SK1 的参考电压，13 挡用来测试 SK2 的参考电压。

（3）核算器板。

核算器的功能是计数和向室内发送数据。核算器板有自检功能，一旦发现本身 CPU 有故障，就会停止向室内发送错误数据。

2. 计轴室内设备

AzLM 室内设备主要由电源/数据调谐单元（PDCU）和计轴核算器（ACE）子架组成。其主要功能是处理来自计轴点的信号，比较进入区段的轴数和离开区段的轴数，监控线路区段，给出空闲/占用指示。计轴室内设备与计轴室外设备的关系图如图 6-11 所示。

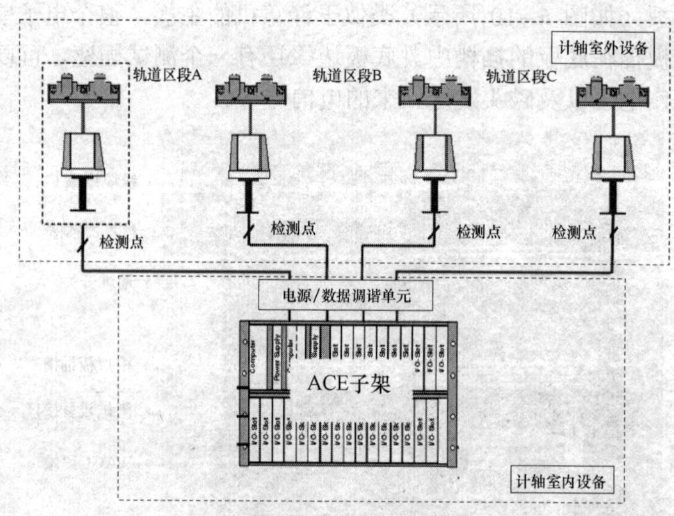

图 6-11　计轴室内设备与计轴室外设备的关系图

1）电源/数据调谐单元（PDCU）

PDCU 安装在室内计轴核算器（ACE）子架背面，PDCU 一端通过分线盘连接轨旁设备，另一端连接着机架内的串行 I/O 板。PDCU 能将电源和数据的通道进行合理分配，对室外的 100 V 供电和 EAK 发回的数据走的是同一对线。PDCU 的 1、2 号端口接的是电源屏的 100 V 电源输入，如果 1、2 号端口没有电源配线，说明这个 PDCU 对应的是一个共享计轴点。

2）ACE 子架

ACE 子架是室内计轴设备的核心，主要作用是判定区段占用状况，向联锁设备发送区段占用或空闲的信息，以及发送诊断信息。

一个 ACE 子架分为三层，每层有 16 个板位。第一层两块电源板和两块 CPU 板共占 6 个

板位，其余板位则是并行 I/O 板和串行 I/O 板，没有板卡的位置用空盖板盖住，防尘的同时保证子架内制冷气流通畅。

ACE 子架主要由电源板、串行 I/O 板、并行 I/O 板、CPU 板组成，其实物图如图 6-12 所示。

图 6-12　ACE 子架实物图

（1）电源板。

电源板从电源屏获得 60 V 交流电输入后分配给串行 I/O 板和并行 I/O 板使用。电源模块实物图及前面板指示灯含义如图 6-13 所示，通过前面板指示灯显示状况可帮助诊断电源板工作状态。

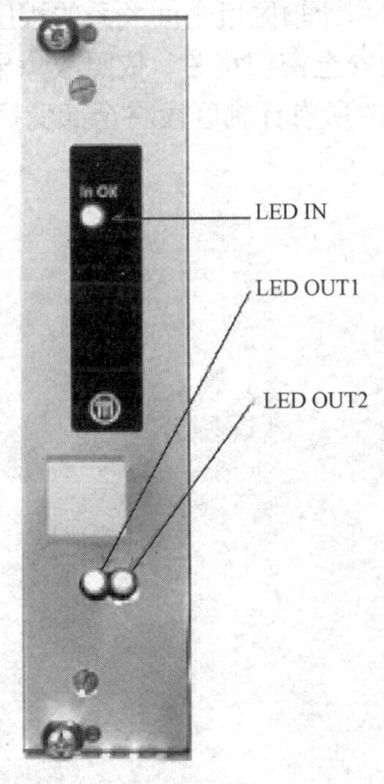

(a) 实物图

LED IN（绿）	LED OUT1（绿）	LED OUT2（绿）	含义
ON	ON	ON	正常
ON	OFF	ON	温度过高 过载 过电压输出
ON	ON	OFF	温度过高 过载 过电压输出2/3
OFF	ON	ON	不可能出现 LED IN破裂
OFF	OFF	OFF	无输入电压 输入电压过低 输入电压过高

(b) 前面板指示灯含义

图 6-13　电源模块实物图及前面板指示灯含义

（2）串行 I/O 板、并行 I/O 板。

一块并行 I/O 板负责一个区段状态的输出，实物如图 6-14 所示；一块串行 I/O 板负责两个计轴点的输入，实物如图 6-15 所示。

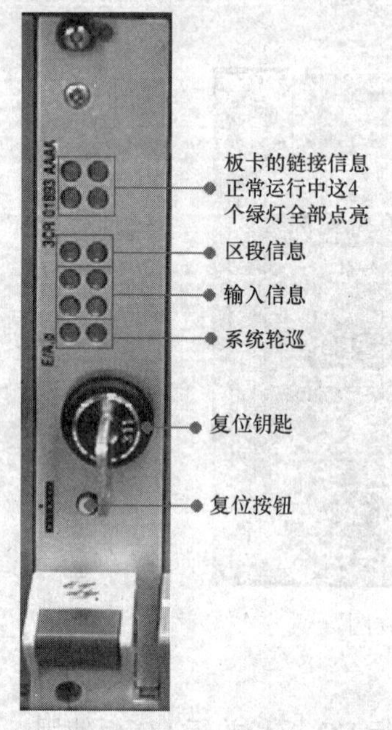

图 6-14　并行 I/O 板

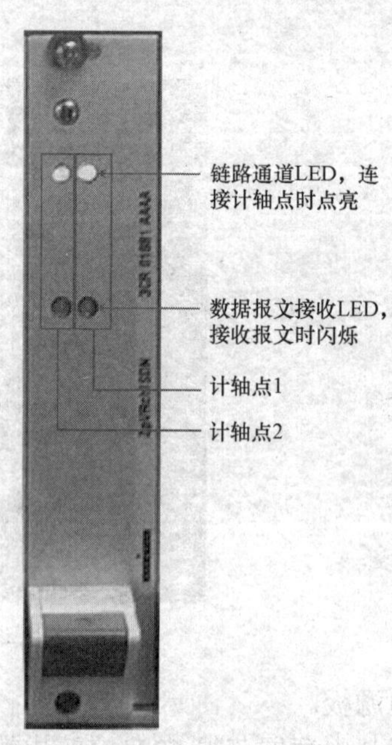

图 6-15　串行 I/O 板

（3）CPU 板。

CPU 板是整个计轴系统的核心，如图 6-16 所示。计轴点和计轴区段之间关系的程序预先写入 CPU 板，它控制着系统并行 I/O 的输出，与联锁系统的安全密切相关。依照故障导向安全的原则，如果 CPU 模块掉电或发生故障，与该 CPU 有关的所有计轴区段将全部受扰。

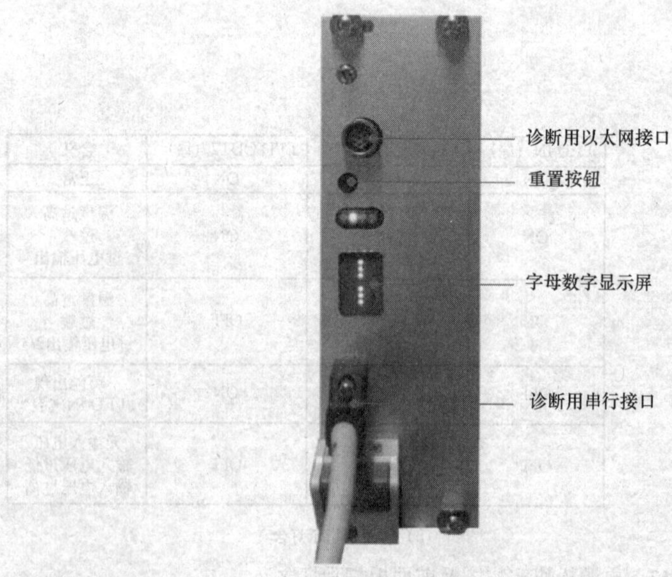

图 6-16　CPU 板

6.2.2 计轴设备复零

当计轴设备上因故障或干扰造成区段轴数不相等，导致计轴系统判断区段占用时，需要进行人工复零操作。计轴区段复零作业属于安全作业，必须严格遵照调度和维护人员规章制度中的规定进行。

AzLM 计轴系统支持四种类型的复零方式，分别是预复零、有条件复零、需要确认的预复零、无条件复零。

1. 预复零

接收到复零命令后，ACE 检查无禁止复零的技术条件，如持续故障等。随后必须有一列列车通过该区段，ACE 检查检测点是否正确运行，只有当进入和离开该区段的轴数相等时，ACE 才会使该区段出清（对于尽头线来说，进出区段必须经过该计轴点）。

2. 有条件复零

有条件预复零是指当区段未受干扰却被占用时，仅当区段的最后一个计数动作为离开区段时才可以执行复零操作。

执行复零前，调度员必须确保区间内无车辆。一旦接收到复零命令，如果满足以下前提条件，ACE 将区段状态转变为“出清”：

（1）无禁止复零的技术条件，例如持续故障；

（2）区段无有效条件。

有效条件是指，当最后一个计数是计入或者计轴点在某一故障后被检测判定为操作正常。当区间处于“受干扰”状态时，不用考虑最后一个计数动作就可以执行复零。有条件复零生效后，使区间立刻空闲。

3. 需要确认的预复零

接收到复零命令后，ACE 检查无禁止复零的技术条件，如持续故障等。随后必须有一列列车通过该区段，要求信号员确认列车正确通过区段，ACE 检查检测点是否正确运行，如果进入和离开该区段的轴数均正确，则在接到确认命令后，ACE 将使区段出清。

需要确认的事项同有条件的预复零，当区段未受干扰却被占用时，仅当区段的最后一个计数动作为离开区段时才可以执行复零操作。

4. 无条件复零

执行复零前，操作人员必须确保区段内无车辆。一旦接收到复零命令，在执行区段复零操作前，ACE 将检查无禁止复零的技术条件，如持续故障等。

任务 6.3 TAZ Ⅱ/S295 型计轴设备

TAZ Ⅱ 计轴系统为品奇提芬巴赫第二代计轴系统，型号为 S295，因此本书称其型号为 TAZ Ⅱ/S295。该计轴设备的安全完整性等级为 SIL4 级。传感器采用单体封装设计，体积小。室外无其他电子设备，所有数据处理全部集中在室内设备。室内计轴机柜采用模块化设计，每个计轴区段由一套独立的计轴运算单元控制，具有安装方便、维护简单、故障影响面小等特点。

在深圳地铁 2 号线、5 号线，广州地铁 2 号线、8 号线，武汉地铁 2 号线、4 号线，北京地铁 14 号线，杭州 4 号线，大连地铁 1、2 号线，南京宁天城际线，以及铁路沪昆线、黄骅港、青藏线柴达尔站等得到了广泛得应用。该计轴系统满足铁路信号故障安全原则。

6.3.1 计轴设备组成及工作原理

1. 计轴设备组成

计轴设备由室内设备、室外设备、接口设备组成，如图 6－17 所示。其中，接口设备指具备外接复零条件以及与联锁和微机监测等设备的接口设备；室外设备为传感器；室内设备主要包括计轴主机（放大板、计轴板、输出板、复零板和电源板）和复零盘组成，其中的传感器与放大板组成车轴检测单元，计轴板与输出板等组成计轴运算单元。

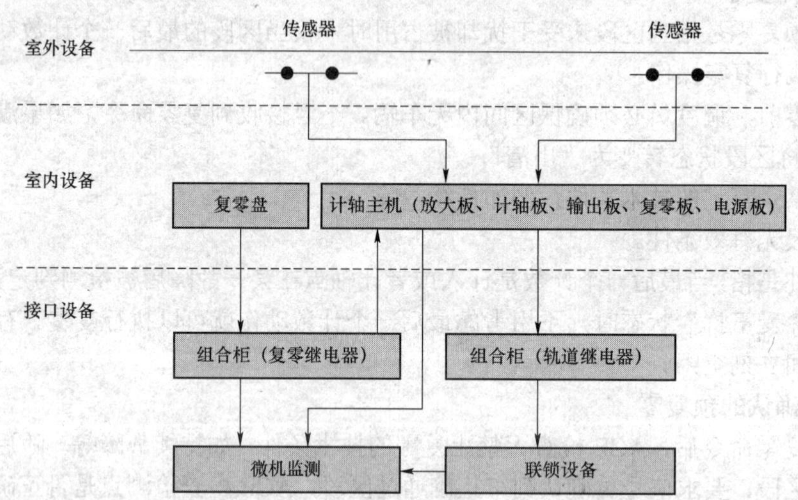

图 6－17　TAZ Ⅱ/S295 型计轴设备组成框图

2. 工作原理

车轮驶过传感器作用区域时，传感器产生轮轴信号，并将该信号输出至放大板。放大板接收到车轴传感器的轮轴信号后，经放大和整形，形成轮轴脉冲，为计轴板和输出板提供工作条件。计轴板有两套独立的计轴运算单元，分别根据放大板传送的车轮传感器信息，判断列车行进方向，并完成经过的列车轴数计入和计出统计，当两套计轴运算单元计算结果完全相同时，才发出空闲信息给输出板。输出板由 12 个继电器组成，完成传感器的状态输出和区间空闲或占用条件的输出。复零板执行所属区段计轴电路的复零。

3. 复位方式

当计轴系统进行维护，或者由于轨行区的施工人员、维护人员作业导致计轴区段占用时，可通过复位使设备恢复到空闲状态，如图 6－18 所示。TAZ Ⅱ/S295 计轴系统有直接复位和预复位两种方式。

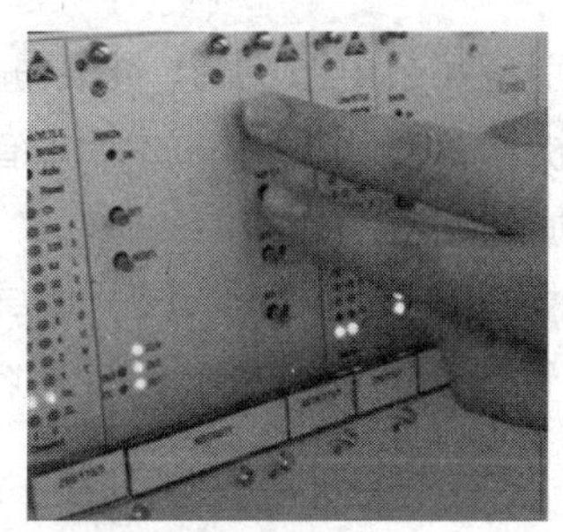

图6-18　计轴系统复位

1）直接复位

在设备无故障且车轮传感器上方轮缘探测范围内无金属干扰物时，采用立即复位。复位后可使计轴系统立即输出区段空闲状态。若采用带限制条件的直接复位（条件复位），只有最后车轴为计出（减计数），才能使系统立即输出区段空闲状态，否则系统保持原来的状态。

2）预复位

采用预复位方式执行复位操作时，计轴区轴数被清零，但计轴区段仍处于占用状态。而只有在下一次计轴过程中计入和计出轴数相等时才能输出区段空闲状态，从而保障列车运行安全。

6.3.2　计轴设备主机配置

TAZ Ⅱ/S295 计轴系统采用 19 英寸标准主机机柜，如图 6-19 所示。机柜内部主要设备

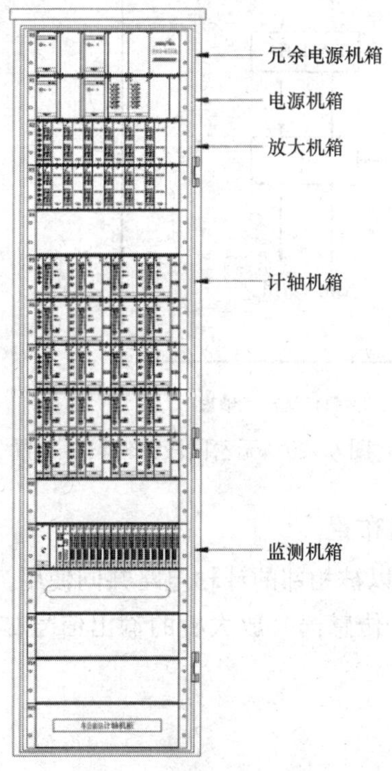

图6-19　TAZ Ⅱ/S295 计轴系统的主机机柜

为机箱单元，其布置自上而下分别是冗余电源机箱、电源机箱、放大机箱、计轴机箱和监测机箱。计轴机柜内至少布置电源机箱、监测机箱、放大机箱和计轴机箱各一个，其中放大机箱和计轴机箱根据实际应需要增加到相应的数量。

TAZ Ⅱ/S295 计轴系统的计轴主机容量通常设计为 11 层（每层为 3U），一般能够容纳 36 个计轴点、24 个计轴区段。该配置可满足后续 20%设备扩容等需求。

6.3.3 计轴设备布置

计轴系统的各个计轴点的布置取决于计轴区段线路特征，计轴区段的所有端头必须设置计轴点，由于尽头线的端头不能通过列车，因此可以不设置计轴点。

1. 无岔区段计轴设备布置

对一个无岔区段的布置，室外两个计轴点，室内一块放大板、一块计轴板、一块输出板，轨道区段的最大长度受限于连接车轮传感器电缆的电气技术参数，如图 6-20 所示。

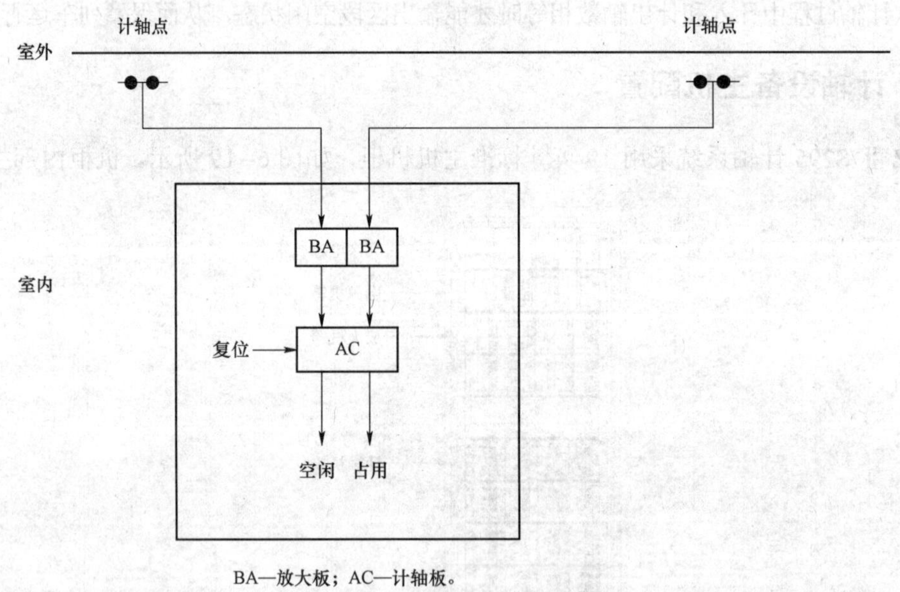

BA—放大板；AC—计轴板。

图 6-20　无岔区段计轴设备布置

2. 多个轨道区段计轴设备布置

每个车轮传感器的信号可以被相邻的计轴电路共同使用，以实现两个相邻轨道区段的轨道占用和空闲检查，复用的（传感器）放大板的输出信号被接入相应区段的计轴电路，如图 6-21 所示。

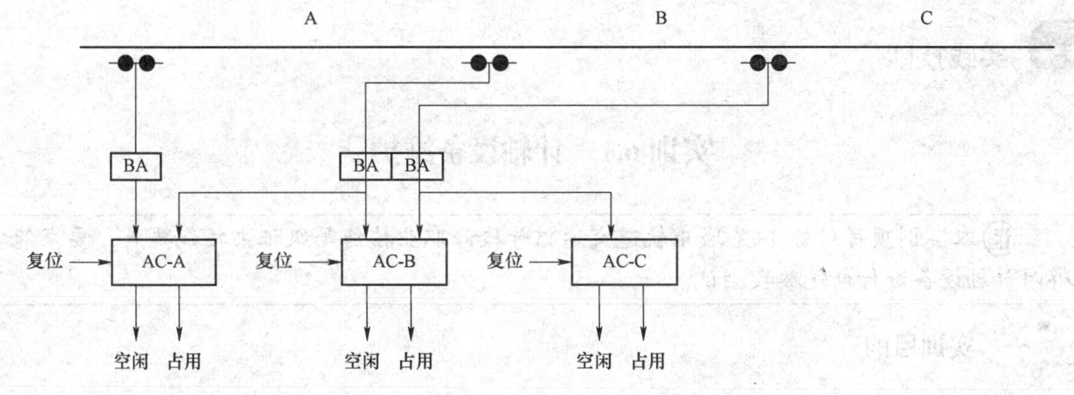

BA—放大板；AC—计轴板。

图 6-21　多个轨道区段计轴设备布置

3. 道岔区段计轴设备布置

图 6-22 提供了道岔区段计轴设备的布置情况。在这种布置方式中，最多可以将 8 个车轮传感器接入一个计轴运算单元，并能够同时对所有车轮信号进行整合和处理。

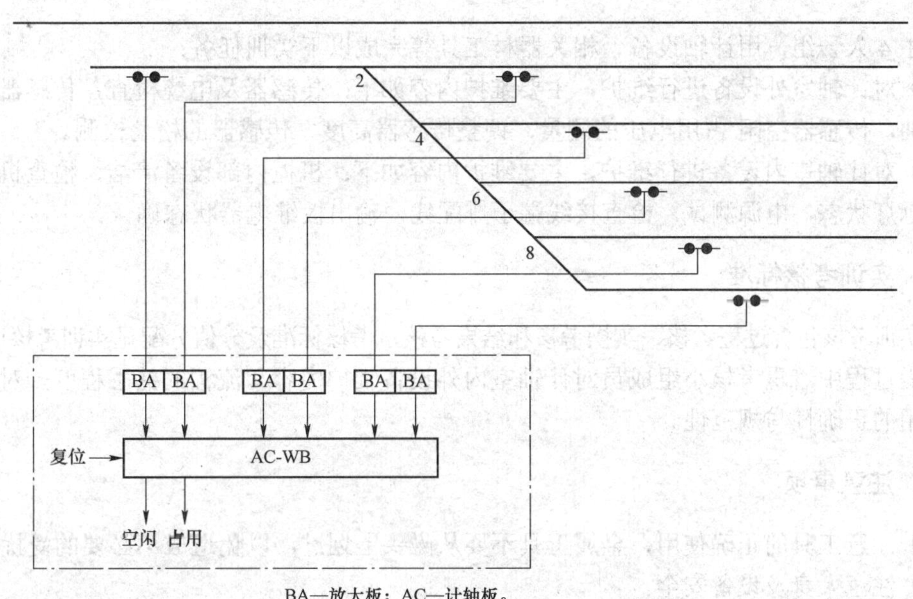

BA—放大板；AC—计轴板。

图 6-22　道岔区段计轴设备布置

对于不同的轨道区段，特别是道岔轨道区段，一个轨道区段可以有多个入口和出口，在设置计轴点时候，要考虑轨道区段所有的入口和出口，使得列车无论从哪一个入口进入轨道区段，或者从哪一个出口驶出轨道区段，轨道区段设置的计轴点都能够给出正确的结果数据。

关于计轴点的命名，计轴点通常冠以“JZ”，后缀编号按照上下行线路顺序编号，下行线路编为单号，上行线路编为双号，如 JZ1、JZ2、JZ3、JZ4。也可以根据业务要求进行命名。

实践技能

实训 6.1　计轴设备维护

> 证 本实训项目对标 1+X 城市轨道交通信号检修职业技能等级证书技能要点，要求能够对计轴设备进行电气参数测试。

一、实训目的

能够对计轴室内外设备进行维护。

二、器材、工具准备

（1）一套完整的计轴系统（以 TAZⅡ/S295 计轴系统为例）。

（2）测量规、检测仪、数字万用表、信号工常用工具等。

三、任务实施

学生 4 人一组，用计轴设备、相关器材工具等完成以下实训任务：

（1）对计轴室外设备进行维护，主要维护内容如下：传感器及电缆检查，传感器安装检查及涂油，传感器空闲/占用电压的测量，调整传感器高度，传感器的松动检测。

（2）对计轴室内设备进行维护，主要维护内容如下：机柜内部设备清洁，检查机柜内部板卡指示灯状态，电源测试，检查接线端子排配线，输出板继电器状态确认。

四、实训考核标准

本实训考核包含过程考核、实操考核和结果考核，考核标准及分值分配见实训考核评价表。其中实操过程中着重考核小组成员对计轴室内外设备维护内容和流程的熟悉程度，对工具及仪表使用的正确性与规范性。

五、注意事项

（1）注意工具的正确使用，金属工具不要从磁头上划过，以免造成不必要的受扰。

（2）注意人身及设备安全。

（3）小组分工合作时，注意小组成员间的协调沟通。

实训 6.2　计轴设备故障处理

㊣本实训项目对标全国交通运输行业“捷安杯”城市轨道交通信号工职业技能大赛考核要点，要求能够对计轴设备进行故障处理。

㊣本实训项目对标 1+X 城市轨道交通信号检修职业技能等级证书技能要点，要求能够对计轴设备进行常见故障处理。

一、实训目的

对计轴设备故障进行处理。

二、器材、工具准备

（1）一套完整的计轴系统（以 TAZ Ⅱ/S295 计轴系统为例）。

（2）现地控制工作站。

（3）信号工常用维修工具。

三、任务实施

学生 4 人一组，依托计轴设备、相关器材工具等完成以下实训任务：

（1）绘制计轴区段故障处理流程图，主要包含：一个计轴区段故障处理流程；两个计轴区段故障处理流程；三个及以上计轴区段故障处理流程。

（2）判断计轴部件故障部位并确定故障排查方法。

（3）判断计轴区段故障部位并确定故障排查方法。

（4）分析计轴板卡指示灯异常故障原因并确定故障排查方法。

四、实训考核标准

本实训考核包含过程考核、实操考核和结果考核，考核标准及分值分配见实训考核评价表。其中实操过程中着重考核小组成员对计轴部件、区段、计轴板卡故障部位判断的准确性、故障排查处理的准确性、工具及仪表使用的正确性与规范性。

五、注意事项

（1）小组进行分工合作时，分工要合理且协调。

（2）按照故障处理流程操作，做好登记、联系、销记训练，加强实训过程中人员之间的相互协调沟通。

（3）注意设备及人身安全。

思政微课堂

比赛彰显才智　技能成就事业
——全国交通运输行业职业技能大赛

从平凡岗位的技术工人到世界冠军，交通人在交通强国的答卷上写下了自己的答案。全国交通运输行业职业技能大赛是由交通运输部、人力资源社会保障部、全国总工会、共青团中央共同举办的国家一类大赛。全国交通运输行业职业技能大赛集中体现了交通运输从业人员爱岗敬业、争创一流、勇于担当、无私奉献的时代追求。它对标世界技能大赛，不断提升职业技能竞赛工作水平，努力打造了一支有理想、守信念，懂技术、会创新，敢担当、讲奉献的交通劳动大军。

第十二届全国交通运输行业“捷安杯”城市轨道交通信号工职业技能大赛采取理论知识和技能操作相结合的方式，理论知识竞赛的范围包括电工基础知识及电子技术、计算机及网络、用电安全及行车安全等内容。技能操作竞赛包括信号设备检修、施工配线和故障分析处理竞赛项目。在第十二届“捷安杯”竞赛中，来自全国39家参赛单位的78名选手参与角逐，进行了高水平、高规格、高标准的技能比拼，广州地铁集团有限公司荣获团体第一名，上海地铁维护保障有限公司通号分公司颜韵飞荣获个人第一名。

技能大赛大力弘扬劳模精神、劳动精神、工匠精神，不断增强交通运输行业凝聚力和战斗力，为加快建设交通强国提供技能人才支撑。

想一想　辩一辩　结合历届全国交通运输行业职业技能大赛的赛况、学校信号工职业技能竞赛举办情况及个人经历，谈谈竞赛与技能对城市轨道交通信号岗位的影响。

拓展知识

知识点	二维码
计轴室内外设备维护作业内容	
计轴设备故障处理作业内容	

应知应会试题

应知应会试题	二维码
项目6应知应会试题	

项目 7 查询应答器维护

🈭 轨道交通信号工岗位职业能力分析（项目 7）

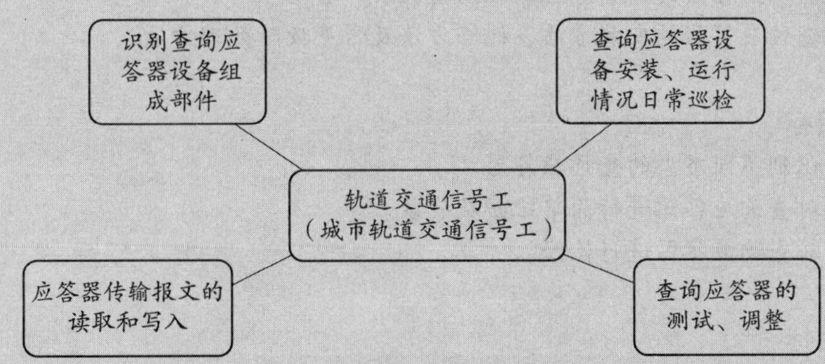

项目 7 按照国家职业标准“轨道交通信号工（城市轨道交通信号工）”岗位工作内容中对查询应答器相关知识和技能要求进行目标设定、理论与实训任务划分编写，涵盖了查询应答器组成部件识别、日常巡检、应答器传输报文读取与写入，以及测试、调整等内容。

项目导入

大家都知道，地铁里也有“红绿灯”，遵循的也是“绿灯行，红灯停”的交通规则，但这个信息对于自动驾驶来说，让司机师傅用眼睛去判断显然非常的不自动。所以，地铁信号设备里有一个有源信标，这个有源信标可以通过一定的方式实时地获取列车进站后前方的动态信息，获取完毕后，这个动态信息就可以实时传给车载控制器，让车载控制器完成后续的复杂计算，并输出相应信号指挥行车。那么，大家知道获取动态信息的是什么设备吗？它有什么样的结构？它的工作原理是什么？如此重要的设备，出现故障该如何处理呢？下面让我们一起来了解下这个神秘而重要的设备——查询应答器。

教学目标

1. 知识目标

（1）了解查询应答器的结构、分类及作用。

（2）理解查询应答器的工作原理及应用情况。

（3）掌握查询应答器的安装方法、检修方法及常见故障处理方法。

2. 技能目标

（1）能够识别不同类型的查询应答器。

（2）能够对查询应答器进行简单维护及安装。

（3）能够对查询应答器进行检修。

3. 素质目标

（1）培养安全第一、严谨、爱岗敬业等优良的工作作风。

（2）培养良好的团队合作精神，培养学生理论联系实际的良好学习习惯。

（3）激发学生浓厚的学习兴趣。

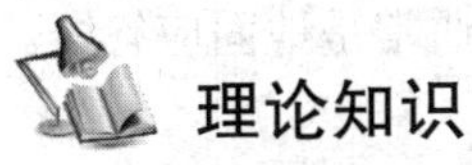

理论知识

任务 7.1 认识查询应答器

7.1.1 查询应答器概述

查询应答器是一种基于电磁耦合原理而构成的高速率、大信息量的点式数据传输设备，是 ATP 系统的关键部件，用于在特定地点实现地车数据交换，为列车提供 ATP 所需的各种点式信息，包括进路长度、岔区长度、闭塞分区长度、坡度、曲线等，确保列车在高速运行状态下的安全，它是整个信号系统安全认证中不可或缺的部分。

目前，城市轨道交通信号控制系统中主要有两种查询应答器，一种是 Amtech 公司的美国标准 TAG 产品，另一种是欧洲标准的 Eurobalisez 产品，二者的技术特性不尽相同。一般欧洲标准称之为应答器，美国标准称之为信标，我国使用的查询应答器基本都是按欧洲标准研制开发的。查询应答器在城市轨道交通车地通信系统中应用广泛，其通信形式可以是单向的，也可以是双向。查询应答器在 CBTC 系统中的应用如图 7-1 所示。

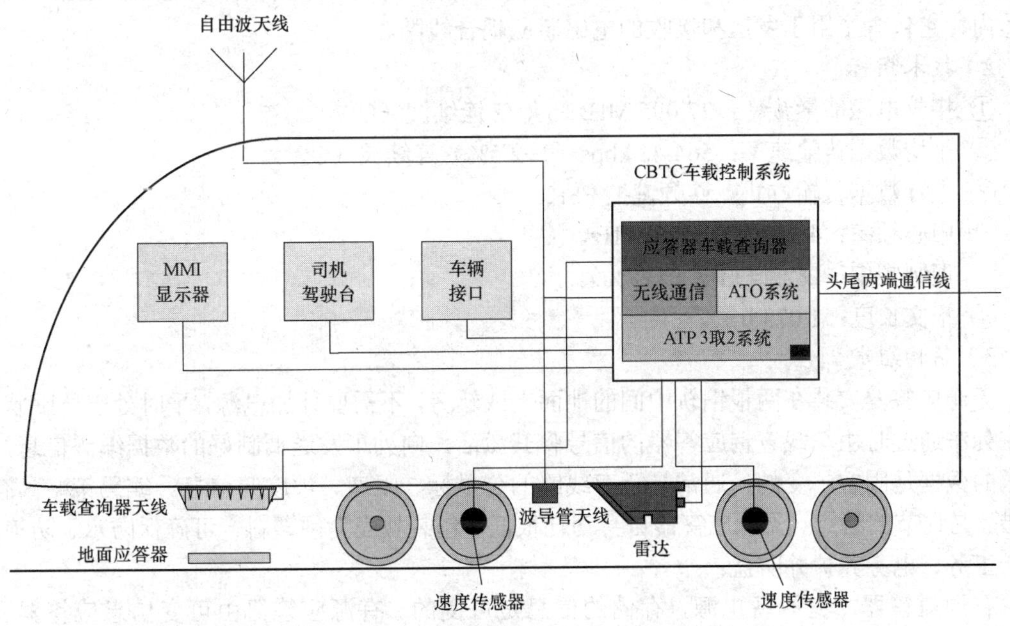

图 7-1 查询应答器在 CBTC 系统中的应用

7.1.2 查询应答器系统组成

查询应答器系统是列车控制系统的重要组成部分，由车载设备和地面设备两部分组成。

车载设备包括车载查询器主机（BTM 主机）和车载查询器天线。地面设备通常是地面应答器。

1. 地面应答器

地面应答器（见图 7–2）储存特定的地面信息，通常放置在轨道中间或者轨旁。当列车经过时，通过无线射频激活地面应答器，使其发射预置数据，从而使机车获得诸如公里标、限速、坡度等信息，保障列车运行安全。地面应答器按照供电来源可分为有源和无源两种类型。

图 7–2　地面应答器

1）机械特性

地面应答器由壳体（黄盒子）、电路板及灌封材料构成，电路板厚度为 3.2 mm，安装在壳体内，它包含了用于发送和接收的电磁感应耦合线圈。

2）技术指标

① 接收电磁能量频率：27.095 MHz±5 kHz 连续波（CW）。

② 平均数据传输速率：564.48 kbps（1±2.5%）连续波（CW）。

③ 上行数据传输方式：移频键控 FSK。

中心频率：4.234 MHz±175 kHz。

调制频偏：282.24 kHz（1±7%）。

④ 报文长度：1 023 b。

3）结构组成

无源应答器安装在两根钢轨中间的地面上或轨旁，不需要外加电源，平时处于休眠状态，仅在列车通过时由车载查询应答器的信号将其激活，向列车发送调制好的数据编码信息，且发送的数据是固定不变的，通常是预存线路的公里标、限速、坡度等信息。编码策略具有强检错、易调节的特点。无源应答器自身功耗很低，包装外壳为硬塑料，可确保防水、防撞击，便于工务、电务养护并防盗。

有源应答器本身具备电源，存储的信息是可变的。有源应答器由可变信息应答器、轨旁电子单元（lineside electronic unit，LEU）、车站信息编码设备及连接电缆组成，一般设置在信号机旁或道岔旁，用于向列车传送实时可变的信息，如信号显示、临时限速、道岔位置等。

轨旁电子单元是一种数据采集与处理单元，根据外界条件的变化，选择存储在其中的一条报文传送给有源应答器进行发送，或将外部发送的应答器报文直接向有源应答器传送。

提示：在一般情况下，无源应答器用于信号定位，有源应答器用于将地面变化的列车控制信息传送给列车。

图 7-3 是北京交大思诺公司的轨旁电子单元实物图，通常采用 19 英寸标准 3U 插箱，尺寸为 482 mm×133 mm×235 mm，其内部安装有电源板、处理器板、检测板、（环线）功放板。图 7-4 为北京和利时公司的轨旁电子单元实物图。

图 7-3 轨旁电子单元实物图一
（北京交大思诺公司）

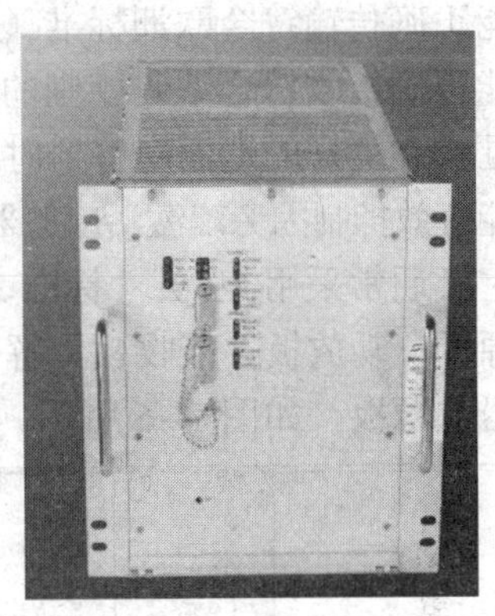

图 7-4 轨旁电子单元实物图二
（北京和利时公司）

2. 车载设备

1）车载查询器主机

车载查询器主机（BTM 主机）简称车载主机，它的主要功能是检查、校验、解码和传送接收到的报文，选择激活位于机车两端的任一天线，与列车运行控制系统进行单向或双向数据传输，并具有自检和诊断功能。配合列车运行控制系统完成如下主要功能：① 自动区分上、下行列车的地面信息；② 生成机车信号、速度监督及自动停车；③ 提供电子里程标，校准列车位置；④ 提供列车前方一定距离内的线路横纵断面的数据，如桥梁、信号机、标志牌等影响列车运行的信息；⑤ 向地面有源应答器发送车次号信息。

不同厂家的产品，其结构配置稍有不同，图 7-5 为车载查询主机实物图。

图 7-5 车载查询主机实物图

车载主机的具体功能特点如下：

（1）通过车载天线向下发送 27.095 MHz 能量激活地面应答器，接收和处理应答器向车载天线返回的 4.234 MHz 上行链路信号。

（2）探测到应答器时，向列控车载设备报告并提供应答器定位信息。通过查询、应答的方式，将得到的应答器报文数据传输给列控车载设备。

（3）能正确传输符合欧洲标准（SUBSET-036）编码规则的 1 023 位报文。

（4）能正确接收符合编码规则的报文，同时能拒绝不符合编码规则的报文；在无干扰环境下，通过状态良好的地面应答器时，对地面应答器信息的解码时间在 5 ms 以内。

（5）能有效抑制因旁瓣激活应答器而将一个应答器译解为两个或多个应答器的情况。

车载主机通常采用 19 英寸标准 3U 插箱，尺寸为 483 mm×133 mm×245 mm。插箱内依次安装电源板、功放板、接收板、解码板、通信板 1、通信板 2、通信板 3、通信板 4、记录板、记录器电源板，如图 7-6 所示。

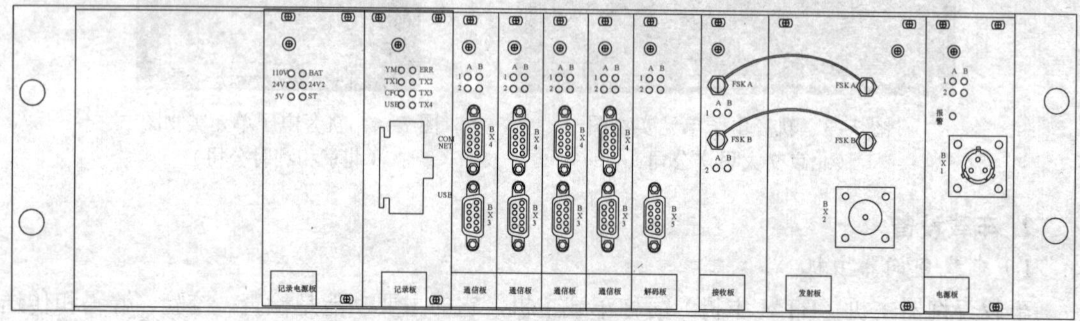

图 7-6　车载主机的结构

2）车载查询器天线

车载查询器天线简称车载天线，通常置于机车底部，距轨道 180～300 mm，如图 7-7 所示。当车载天线的导体通过高频电流时，在其周围空间会产生电场与磁场，电磁场向空间传播，形成辐射场。车载天线正是利用辐射场的这种性质，使车载主机传送的高频信号经过车载天线后能够充分地向空间辐射。

车载天线的主要功能是向地面持续发送 27.095 MHz 的能量信号，在通过应答器上方时接收由地面应答器返回的 4.234 MHz 的 FSK 信号，并将该信号通过天线电缆传送到车载主机。一般车载天线的尺寸为 445 mm×295 mm×102 mm，质量约 6.5 kg。其外壳同样由硬塑料保护，可防止异物撞击。

图 7-7　车载天线实物图

7.1.3　查询应答器功能

1. 列车定位信标

列车定位设备存在一定测量误差，特别是列车经过长距离运行后，这个误差会不断地积累，直接影响列车定位的精度。沿线路上每隔一段固定距离安装一个地面应答器，当列车经过时，通过检测该定位点，获知列车的确切位置，从而消除列车定位设备所产生的累积定位误差。所以查询应答器可以成为列车定位的信标。

2. 线路地理信息的车地通信信道

通常会把一些固定的地理信息，如列车运行前方的弯道曲率及长度、坡道坡度及长度、限速区段长度及限速值等固定信息和位置信息一起存储在地面应答器中，通过查询应答系统传输到列车上。在采用轨道电路作为ATC控制信息传输通道的线路上，查询应答器的使用可以大大降低轨道电路所需传输的信息量，从而降低ATC信号的传输频率，改善信息传输距离。

3. 临时限速信息的传输通道

当施工作业或其他紧急情况出现时，会临时影响列车运行速度，此时可由控制中心通过轨旁电子单元将临时限速信息传送给地面应答器（通常为有源应答器），当列车经过时传递给车载设备，从而完成对列车速度的控制，保证行车安全。

任务7.2　查询应答器工作原理及分类

7.2.1　查询应答器系统结构

应答器是利用无线感应原理在特定地点实现列车与地面相互通信的一种数据传输装置，其系统结构图如图7-8所示。其中，接口A为地面应答器与车载ATP设备间的无线传输接口，接口C为轨旁电子单元与有源应答器间的报文传输接口，接口S为轨旁电子单元与车站列控中心的通信接口，接口D为车载查询器天线与应答器传输模块的传输接口，接口B为应答器传输模块与列控车载处理器的传输接口。

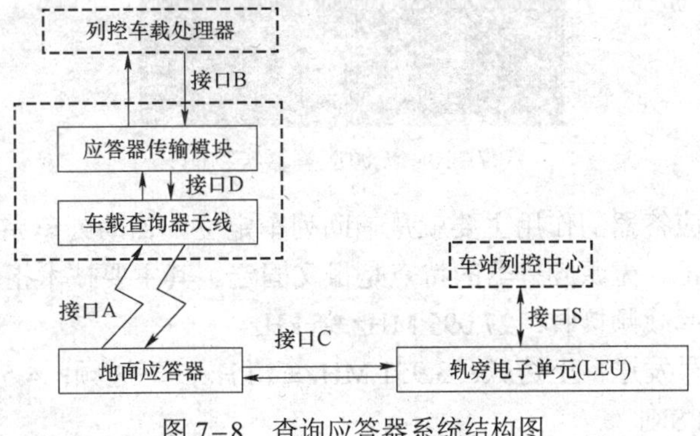

图7-8　查询应答器系统结构图

7.2.2 查询应答器工作原理

当列车上的查询器通过设置于地面的应答器（以下简称应答器）时，应答器被列车上的查询器瞬态功率激活并进入工作状态，它将存于其中的可供列车自动控制或地面指挥用的各种数据向运行中的列车连续发送。但此数据传输只在查询器与应答器的有效作用范围之内进行，当查询器随列车运行到有效作用范围之外时，应答器将不再工作，直至被下次列车上的查询器再次激活。

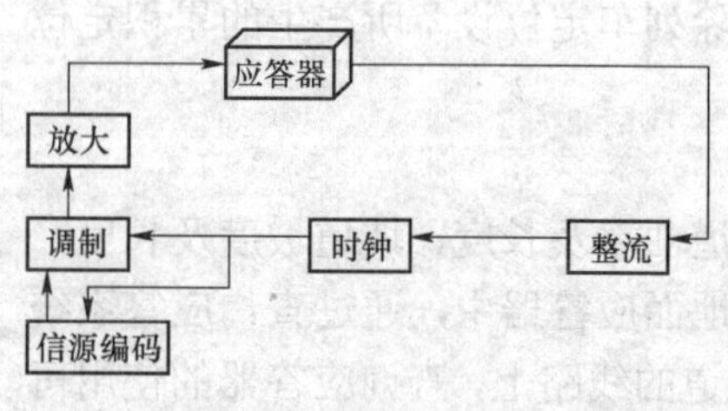

图 7–9　查询应答器系统原理框图

查询应答器工作的基本原理是电磁感应理论，如图 7–9 所示。当查询器与应答器相互作用时，应答器接收到发自查询器的功率载波信号后，整流电路整流出一个可供应答器的其他 IC 器件使用的直流电平，使应答器进入工作状态。时钟为调制和信源编码提供载波频率。信源编码器为数据编码器，其输出编码经过调制后送到放大电路，经放大后发送出去。

提示：查询器与应答器的有效作用范围与其间的电磁场能量的大小密不可分。在有效作用范围内，要提高车载查询器接收到的数据量，需相应提高数据传输速率。

7.2.3 查询应答器分类

1. 按照供电来源分类

1）无源应答器

无源应答器是一种可以发送数据报文的高速数据传输设备，通过接收车载天线传递的载频能量获得电源和时钟，驱动应答器中的信号发生器工作，循环无缝地发送存储在应答器中的数据报文，并能够通过应答器报文读写器修改应答器中的报文数据。一般无源应答器的外形尺寸为 450 mm×260 mm×40 mm，质量为约 3 kg。图 7–10 为无源应答器实物图。

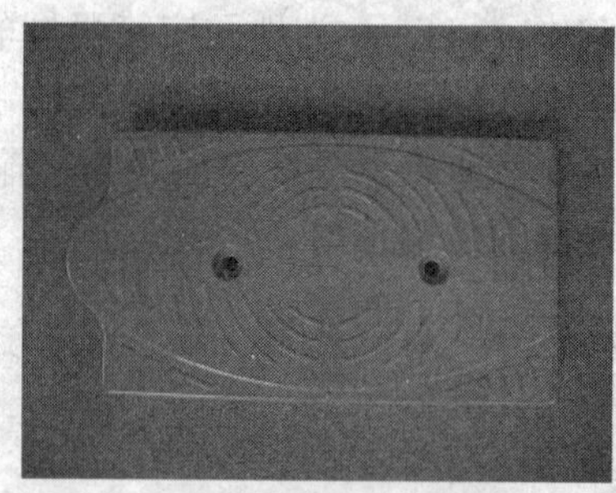

图 7–10　无源应答器实物图

简单来说，无源应答器的作用主要就是辅助列车定位，辅助列车完成对其走行过程中产生的位置误差进行校正。无源应答器的特点是报文固定。其主要技术指标如下：

（1）下行链路功率载频接收：27.095 MHz±5 kHz。

（2）上行链路信号发送：上边频：3.951 MHz±1 kHz；下边频：4.516 MHz±1 kHz。

（3）调制方式：FSK。

（4）调制速率：（564.48±1）kbps。

（5）具备发送长帧或短帧报文的能力。

（6）提供无线编程接口（A5 接口），无线编程操作具备多重安全保护措施。

2）有源应答器

有源应答器（见图 7–11）通过传输介质（专用线缆）接收来自轨旁电子单元的 8.82 kHz 偏置电压信号和 DBPL 编码形式的应答器报文（可变报文），获得有源应答器工作电源，并将 DBPL 报文信号反变换为 NRZ 码；当车载天线经过有源应答器时，利用天线发送的射频能量将可变报文发送出去。

有源应答器中保存有应答器默认报文，当轨旁电子单元或有源应答器电缆故障时，可通过接收车载天线传递的载频能量获得电源和时钟，驱动应答器中的信号发生器工作，循环地发送存储在应答器中的默认报文，并能够通过应答器报文读写器修改应答器中的默认报文数据。

有源应答器是有信息源头的应答器，可以理解为固定应答器拖了一个尾巴，尾巴的另一端链接在一个叫作轨旁电子单元的设备上面。有源应答器通常带有长度为 10 m 的尾缆，尾缆通常采用双绞屏蔽电缆，并由蛇皮管防护。有源应答器一般外形尺寸为 450 mm×260 mm×40 mm，质量约 6 kg。

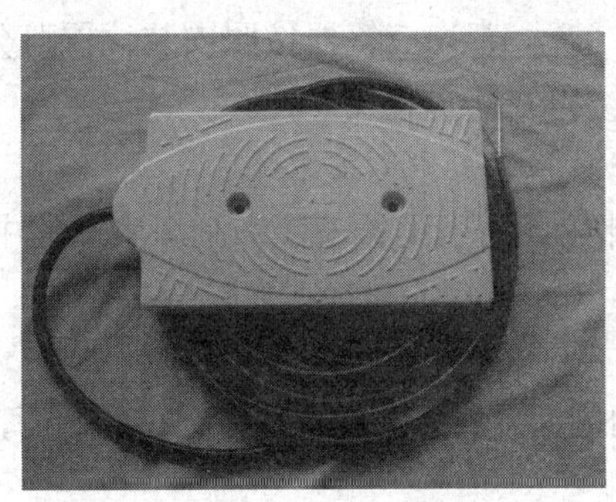

图 7–11　有源应答器实物

有源应答器主要技术指标如下：

（1）下行链路功率载频接收：27.095 MHz±5 kHz。

（2）上行链路信号发送：上边频：3.951 MHz±1 kHz；下边频：4.516 MHz±1 kHz。

（3）调制速率：（564.48±1）kbps。

（4）调制方式：FSK。

（5）具备发送长帧或短帧报文的能力。

（6）提供无线编程接口（A5 接口），无线编程操作具备多重安全保护措施。

（7）C1 接口：采用 DBPL 编码，传输速率范围 564.48 kbps（1±2.5%），等效负载为 120 Ω。

（8）C6 接口：8.82 kHz 正弦信号，等效负载为 170 Ω。

（9）传输电缆与极性无关。

2. 按应用功能分类

1）普通型查询应答器

该类应答器自应答器向查询器传送信息，包含安全信息和非安全信息。查询器和应答器的大小尺寸相同，如图 7–12 所示。

2）增长型查询应答器

它的查询器与普通型的类似，但应答器比查询器长很多，有可能长达 10 倍。其专门用途是控制列车在车辆段、机械房或机务段内的定位，如图 7–13 所示。

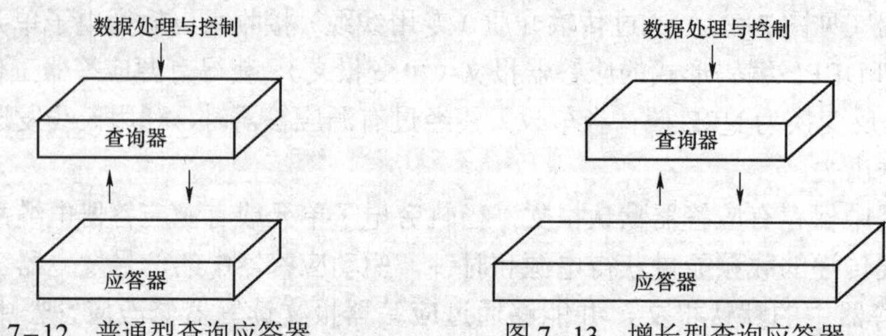

图 7–12　普通型查询应答器　　图 7–13　增长型查询应答器

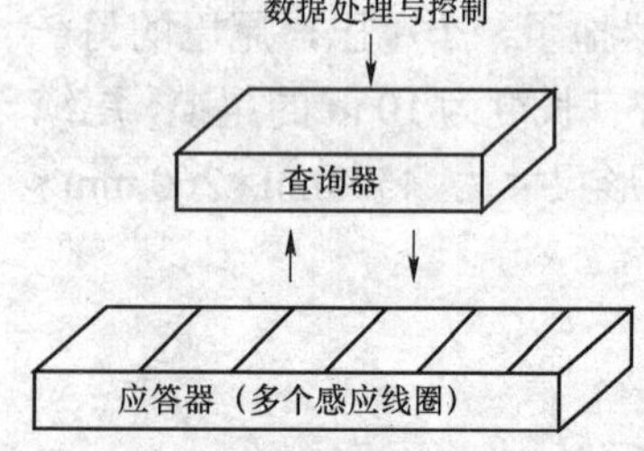

图 7–14　标定型查询应答器

3）标定型查询应答器

它的应答器采用连续多环结构，专门用于标定列车速度，如图 7–14 所示。

3. 按照安装位置分类

查询应答器按照安装位置可分为中心安装式、侧面安装式和立杆安装式 3 种。

1）中心安装式

应答器安装在两轨中心部位，而查询器安装在列车底下的中间位置，与应答器相对应耦合，如图 7–15 所示。

2）侧面安装式

应答器安装在一根钢轨的侧面，查询器也安装在列车的侧面，与之相应，如图 7–16 所示。

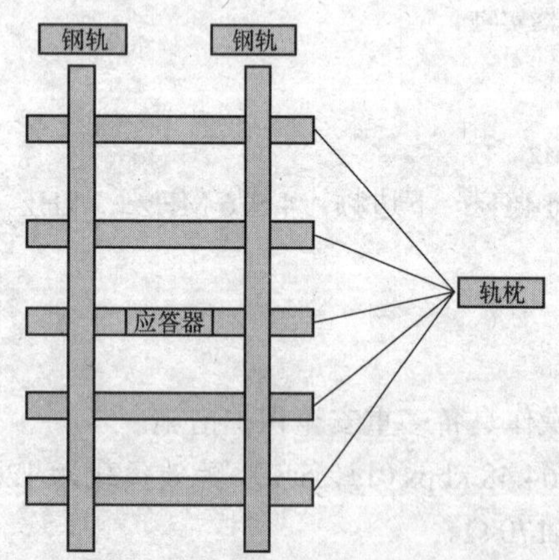

图 7–15　中心安装式查询应答器示意图

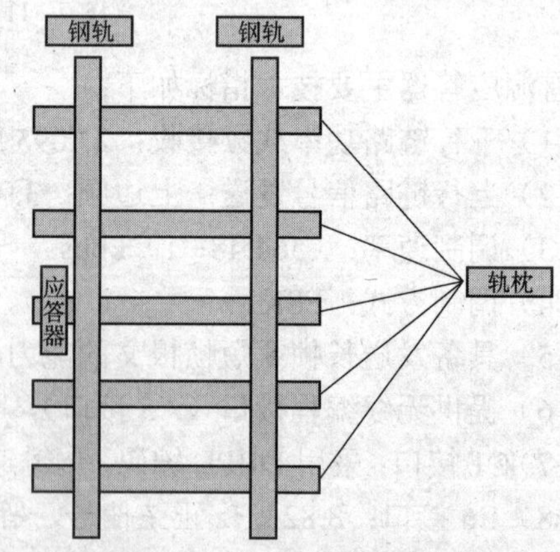

图 7–16　侧面安装式查询应答器示意图

3）立杆安装式

应答器安装于线路旁的立杆上，其作用的无线电波可以是无方向性的，也可以是有方向性的。当线路上通过装有查询器的列车时，可与它起耦合作用，传递相应信息，如图 7–17 所示。

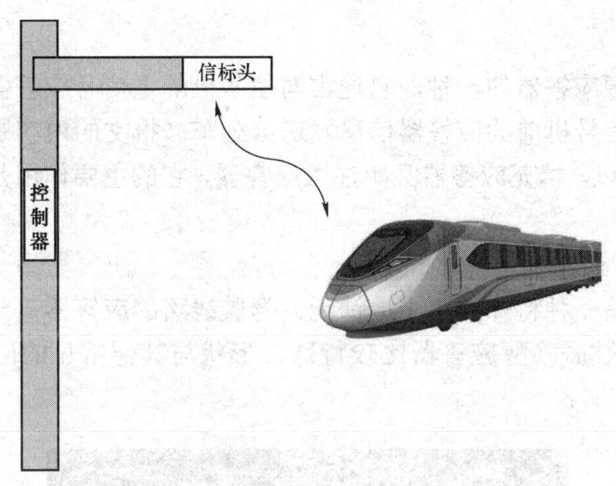

图 7−17　立杆式安装查询应答器示意图

4. 其他分类

查询应答器还可以从其他角度进行分类，比如目前在城市轨道交通中应用的有源环线应答器、填充应答器和休眠唤醒应答器等。

1）有源环线应答器

有源环线应答器是一种特殊的有源应答器，属于应答器系统中传输可变报文信息的关键高速数据传输设备，它接收来自轨旁电子单元的可变信号数据，并将其循环无缝正确地传输至车载接收设备。

有源环线应答器又叫环线应答器或者应答器环线，是国内首个拥有完全自主知识产权的适用于应答器系统的产品。本来，应答器对列车的报文传输只有一次，但是有源环线应答器改变了这个现状，只要车载天线在这个有源环线的辐射范围内，这个应答器的报文就可以周期性地向列车发送。只要列车停在它上面，就可以随时感知它报文的变化。

提示：这种特殊的应答器适用于站台的红灯防护，使列车在后备级别下也拥有良好的站台安全防护功能。

有源环线应答器由发送盒、环线电缆、接线盒 3 部分组成，其中环线电缆采用镀锌钢管防护。有源环线带有长度为 10 m 的尾缆，尾缆一般采用双绞屏蔽电缆，并有蛇皮管防护。有源环线总长 4 m，采用专用安装支架固定，如图 7−18 所示。

图 7−18　有源环线应答器

2）填充应答器

填充应答器是有源应答器的一种，它通常与信号机的主信号应答器配合使用，用于复示信号机状态，提前将信号机前的应答器信息发送给列车（报文的内容是一样的，只是起到了提前注入的作用）。所以，填充应答器又叫注入应答器，它的主要作用是提高后备级别下的列车的运行效率

3）休眠唤醒应答器

休眠唤醒应答器是一种特殊的用于地铁无人驾驶线路的应答器，一般布置在无人驾驶地铁线路的车辆场/段。休眠唤醒应答器比较特殊，形状与其他常见的应答器也有所区别，如图 7–19 所示。

图 7–19　休眠唤醒应答器

实践技能

实训 7.1　查询应答器识别和安装

> ㊣本实训项目对标 1+X 城市轨道交通信号检修职业技能等级证书技能要点，要求能够识别查询应答器的型号及规格。
>
> ㊣本实训项目对标 1+X 列车运行控制系统现场信号设备运用与维护职业技能等级证书技能要点，要求能够完成轨旁电子单元及应答器等列控地面设备的安装。

一、实训目的

（1）能够识别不同类型查询应答器。

（2）能够按照规定对应答器进行安装。

二、器材、工具准备

（1）设置有查询应答器系统的线路。

（2）应答器及相关安装工具。

三、任务实施

学生 4 人一组，依托设置有查询应答器系统的线路及相关工具，完成以下实训任务：

（1）仔细观察线路上查询应答器的设置，识别不同类型的查询应答器，具体如下：

① 通过观察识别线路上的各种类型的应答器，对于有源应答器，观察有源应答器接口与轨旁电子单元的连接，说出各应答器的工作原理和结构有何不同。

② 由于不同信号系统的应答器的设置原则不同，以实训的具体线路为例，识别各位置应答器的作用。

③ 给定两个车站间的线路图，在线路图上练习布置应答器。

（2）在线路上规定的位置进行有源应答器的安装，以如图 7-20 所示的中心安装为例，具体安装步骤如下。

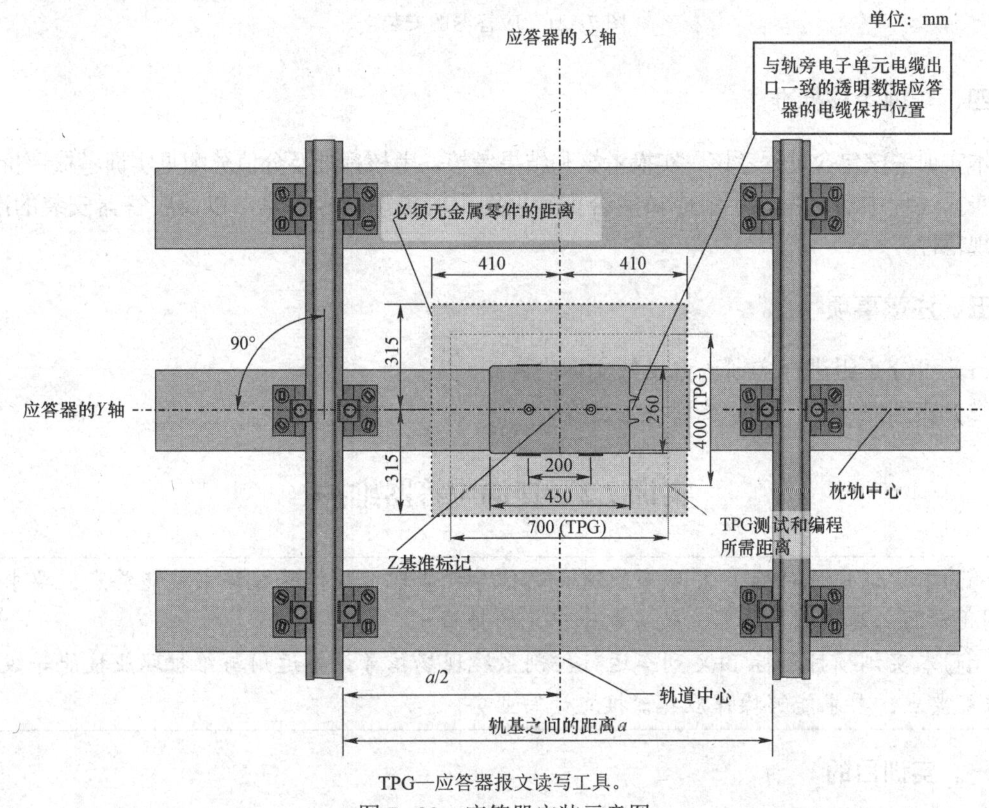

TPG—应答器报文读写工具。

图 7-20　应答器安装示意图

① 刨开轨枕两边道床道砟；按应答器安装要求，测量轨枕尺寸，确定安装位置，标记各部件的安装位置。

② 将应答器底板从轨枕底部穿过轨枕；把 5 mm 橡胶垫和压板放置在轨枕上平面；使用 M12 螺栓固定 U 形轨枕夹和应答器底板。

③ 调节轨枕夹以及压板的位置，使得应答器能够安装在轨枕的中间位置，并能够满足相应的偏差要求。

④ 使用定扭矩电扳手、紧固器和专用螺栓将应答器固定在压板上；应答器应使用专用螺

栓固定，因为它具有防盗性，一般工具无法固定，如图 7-21 所示。

⑤ 应答器与压板之间有 8 mm 的橡胶垫，橡胶垫缺口朝向轨枕中心。

⑥ 安装完成后检测应答器是否满足相关的安装要求，若不符合要求应重新调整。

⑦ 安装可变信息应答器电缆保护罩，安装轨底夹，连接轨旁电子单元电缆。

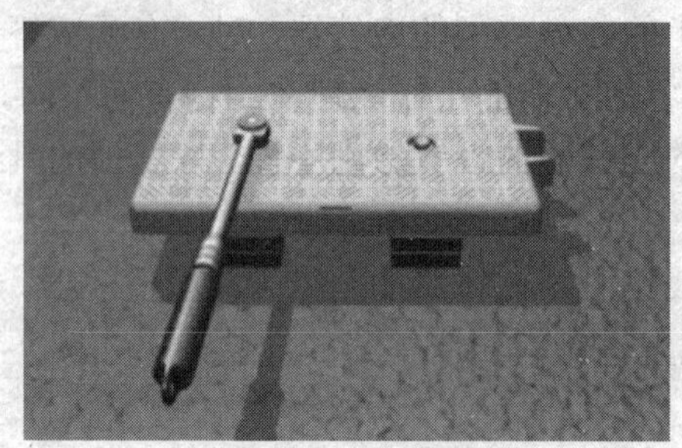

图 7-21　应答器的安装

四、实训考核标准

本实训考核包含过程考核、实操考核和结果考核，考核标准及分值分配见实训考核评价表。其中实操过程中着重考核小组成员能否正确识别不同类型的应答器，以及应答器安装的准确性与规范性。

五、注意事项

（1）可分小组进行实训，记录好实训内容。

（2）实训完成后，保证实训设备良好。

实训 7.2　查询应答器维护

㊣本实训项目对标 1+X 城市轨道交通信号检修职业技能等级证书技能要点，要求能够利用读写工具检测应答器、轨旁电子单元的接口。

㊣本实训项目对标 1+X 列车运行控制系统现场信号设备运用与维护职业技能等级证书技能要点，要求能够操作应答器报文读写业务。

一、实训目的

能够对查询应答器设备进行维护。

二、器材、工具准备

（1）查询应答器系统。

（2）维护终端、相关检修工具（如定扭矩电扳手、5 mm 一字螺丝刀）。

三、任务实施

学生 4 人一组，依托设置有查询应答器系统的线路及相关工具，完成以下实训任务：

（1）对无源应答器进行检查维护。

（2）对有源应答器进行检查维护。

（3）对轨旁电子单元进行检查维护。

（4）通过维护终端进行设备状态查询。

（5）对故障应答器进行处理，利用报文读写工具，将相应的报文写入备用应答器，换下故障应答器。

图7-22为便携式应答器报文读写检测仪，注意不同厂家的应答器读写工具不同。

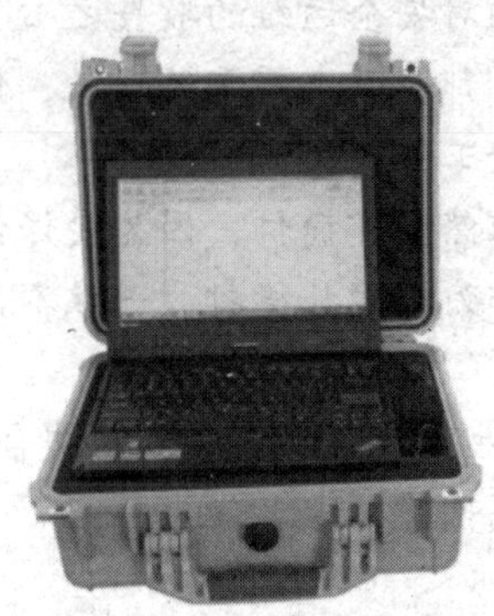

图7-22 便携式应答器报文读写检测仪

四、实训考核标准

本实训考核包含过程考核、实操考核和结果考核，考核标准及分值分配见实训考核评价表。其中实操过程中着重考核小组成员对应答器检查维护内容与流程的熟悉程度与操作的规范性，以及利用报文读写工具进行报文读写的准确性。

五、注意事项

（1）进行检修作业时，注意设备及人身安全。

（2）注意工具的合理选用和正确使用。

（3）按照标准化流程进行操作，做好登记、联系、销记训练，注意小组成员之间的协调沟通。

（4）实训完成后，保证实训设备良好。

思政微课堂

爱岗敬业 无私奉献

孔子曰：执事敬、事思敬、修己以敬。作为有理想、有追求、有干劲的城轨人，爱岗敬业是我们的最基本职业素养。守好城轨防线，坚守工作岗位，护送乘客安全出行，是无数城轨人踔厉奋发、日夜坚守的缩影。

作为城轨运营安全的“把脉人”，信号工无时无刻都在与设备“抢时间”，与安全“抢时间”。运营期间，信号工通过网管、列车运行自动监控系统ATS、监测设备对转辙机、信号机等系统设备终端状态进行监护，并逐站进行信号设备巡检，抢在每一辆列车到站前确保信号设备、系统稳定运行。白天他们是侦察兵，时刻观察设备运行状态；夜晚他们是突击队，听设备的无声对白，时而敲打螺丝，时而查看轨道电路，时而打开转辙机，检查里面的电路、转换部件是否正常。他们严格按照标准化工作流程开展设备检修工作，保质保量完成工作任务。

信号工不仅要熟知信号设备电路图、子系统接口设备、检修调试方法、备品备件更换等相关专业知识，还要时刻保持一颗对安全运维的敬畏之心、对精检细修的工匠之心。在城市轨道交通系统中，一分一毫的偏差都会带来严重的后果，信号工每天都神经紧绷，无论何时都会准备好立刻投入到紧张的抢修工作中去。

即使在节假日，城轨信号工依然坚守岗位，因为要保证轨道交通绿色、安全、舒适、快捷的运营。他们爱岗敬业、担当作为、稳扎稳打、一丝不苟，保障各线路安全运行，为人们的安全出行保驾护航。

想一想 辩一辩 阅读爱岗敬业的城轨铁人事迹，结合城轨信号工的职责、使命与责任，谈谈“无私奉献、任劳任怨”的城轨精神。

☞ 拓展知识

知识点	二维码
查询应答器维护作业内容要求	

 应知应会试题

应知应会试题	二维码
项目7应知应会试题	

项目 8　信号数据通信设备维护

㊙ 轨道交通信号工岗位职业能力分析（项目 8）

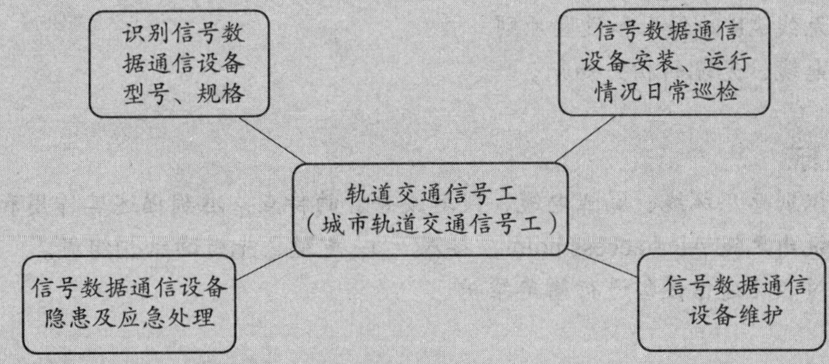

项目 8 按照国家职业标准“轨道交通信号工（城市轨道交通信号工）”岗位工作内容中对信号数据通信设备相关知识和技能要求进行目标设定、理论与实训任务划分编写，涵盖了各型号设备识别、日常巡检、故障处理及维护等内容。

项目导入

CBTC 系统在北京、广州、上海、武汉、成都、沈阳等城市轨道交通系统中得到了广泛应用，基于通信的列车自动控制系统通过车地双向数据通信方式对列车进行运行控制和监督，增强列车运行操作与管理，提高行车安全性和运输效率。在列车运行控制系统中，用到了多种数据通信方式，如无线移动通信、漏泄电缆、裂缝波导管、感应环线等，数据通信技术为列控系统的应用和发展提供了技术支持和可靠的通信环境。

在这个项目中，我们一起来学习下相关的数据通信设备。

教学目标

1. 知识目标

（1）了解感应环线的作用、组成和特点。

（2）了解漏泄电缆的组成、工作原理和类型。

（3）理解裂缝波导管的作用、组成和具体应用情况。

（4）掌握无线 AP 的作用和设置原则。

（5）掌握电缆、光缆的相关知识。

2. 技能目标

（1）能够识别感应环线、漏泄电缆、裂缝波导管的特点，准确描述其作用和工作原理。

（2）能够说出无线 AP（access point，接入点）、电缆、光缆的结构组成。

（3）能够对数据通信设备进行简单维护。

3. 素质目标

（1）培养爱岗敬业、严谨的工作作风。

（2）培养良好的团队合作精神。

（3）激发学生浓厚的学习兴趣。

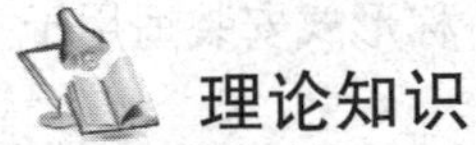
理论知识

任务 8.1　感 应 环 线

8.1.1　感应环线作用

采用感应环线作为车地通信方式的 CBTC 系统在我国城市轨道交通中得到了广泛应用，该系统技术成熟，传输特性好，抗干扰能力强，数据传输速率较低，能够满足列控数据的需求。

感应环电缆由扭绞的线芯和绝缘非铠装防护外套组成，车地之间的通信利用铺设在钢轨中间的交叉感应环线进行，电缆在感应环通信系统中作为发送和接收天线使用。感应环电缆每 25 m 交叉一次，当列车在经过每个环线交叉点时候检测到信号相位变化，以此进行列车定位计算。交叉感应环线如图 8–1 所示。

图 8–1　交叉感应环线

8.1.2　感应环线设备组成

感应环线车地通信子系统包括室内轨旁环线控制单元（LCU）、车载天线和通信单元、室外轨旁接线盒与感应环线电缆三部分，其轨旁布置示意图如图 8–2 所示。

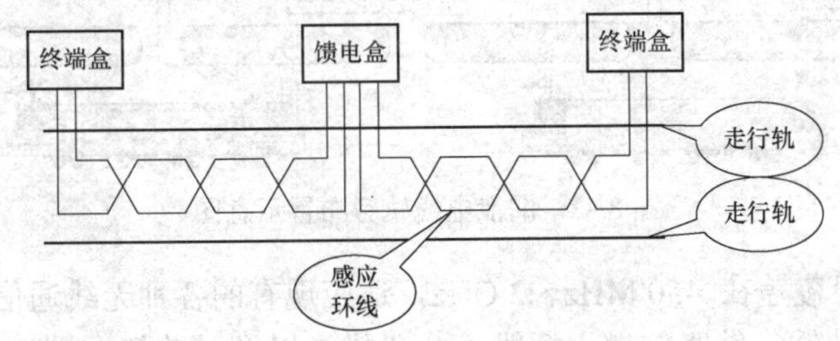

图 8–2　感应环线车地通信子系统轨旁布置示意图

其中，感应环线可采用不对称形式安装或者对称形式安装，取决于轨道具体分布。对称形式安装适用于相对较长的轨道区段，这种安装的感应环有两条腿。不对称形式安装适用于相对较短的轨道区段，安装在轨旁的硬件较少。

8.1.3 感应环线通信方式特点

（1）采用感应环线方式传输信息时，环线安装在轨道道床上。

（2）车载天线和地面环线之间采用电磁感应的方式传输信息，地面环线与车载天线之间有距离要求。

（3）采用 25 m 交叉一次的环线交叉点和车载定位设备进行列车定位，定位精度达到 6.25 m。

（4）感应环线方式带宽相对较窄，传输数据量较少，但能满足列车实时控制及数据双向传输的要求。

（5）感应环线方式传输速率低，传输损耗小，环线结构简单，工程投资省。

（6）轨旁设备少，但感应环线铺设较多，维修工作量大，且电缆的存在给线路养护工作带来不便。

（7）感应环电缆 25 m 交叉一次，铺设及安装精度要求较高。

（8）采用轨间感应电缆传输车地信息，数据传输受外界影响比较小，避免了牵引电流的干扰，数据传输不受隧道、高山、森林和其他通信信号的干扰。

任务 8.2 漏 泄 电 缆

漏泄电缆是 CBTC 系统应用的连续式车地双向无线通信方式之一，图 8-3 为漏泄电缆轨旁布置示意图。漏泄电缆方式的特点是场强覆盖较好、均匀、可控，抗干扰能力强。单点 AP 的控制距离通常达 800 m（每侧漏泄电缆长度 400 m），通信采用专用扩频通信标准，也可采用 IEEE 802.11 标准，通信速率较高。漏泄电缆可安装在线路顶部，也可安装在道床中间和侧壁上。缺点是漏泄同轴电缆价格较高。

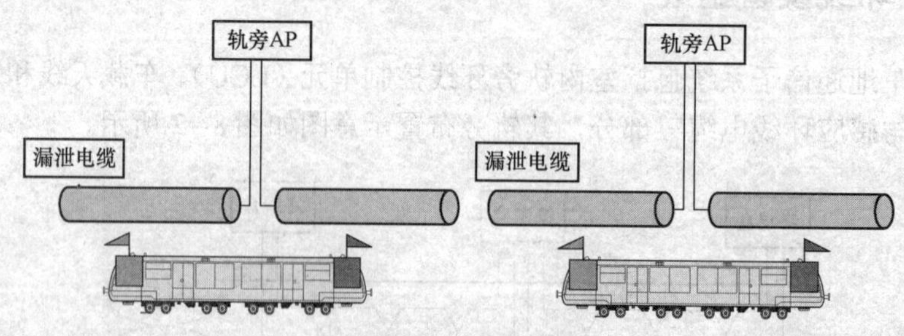

图 8-3 漏泄电缆轨旁布置示意图

漏泄电缆的频段覆盖在 450 MHz～2 GHz，适应现有的各种无线通信体制，应用场合包括无线传播受限的地铁、铁路隧道、桥梁、公路隧道以及矿井等，图 8-4 为地铁隧道漏泄电缆布置。

图 8-4　地铁隧道内漏泄电缆布置

8.2.1　漏泄电缆设备组成

漏泄电缆是漏泄同轴电缆的简称（leaky coaxial cable），有时又简称为漏缆，其结构与普通电缆基本一致，主要由内导体、绝缘介质、带槽孔外导体和电缆护套等构成，如图 8-5 所示。沿电缆内部传输的信号中的一部分可通过外导体上的槽孔耦合到该外导体和周围环境所构成的传输系统，或者按相反的方向进行耦合，兼有信号传输线和无线传输的双重功能，使用频率为 1 GHz 以下。漏泄电缆和车载电台之间的耦合量的大小，取决于电缆结构、电缆和车载电台天线之间的距离、天线的种类和方位、电缆敷设环境、电缆敷设方式以及系统的工作频段等。

内导体
绝缘介质
槽孔
外导体
电缆护套

图 8-5　漏泄电缆基本构成

内导体采用光滑铜管或轧纹螺旋铜管，外导体采用薄铜皮，其上开制不同形式的槽孔，槽孔形式多种多样，有八字形、一字形、U 形、L 形、椭圆形等，而且槽孔的排列方式也不尽相同。

8.2.2　漏泄电缆工作原理

横向电磁波通过漏泄电缆从发射端传至电缆的另一端。当电缆外导体完全封闭时，电缆传输的信号与外界是完全屏蔽的，电缆外没有电磁场，或者说，在电缆外测量不到电磁辐射。同样地，外界的电磁场也不会对电缆内的信号造成影响。

漏泄电缆既具有信号传输作用，又具有天线功能，通过导体对外开口的控制，可将受控的电磁波能量沿线路均匀地辐射出去及接收进来，实现对电磁场盲区的覆盖，达到移动通信畅通的目的。

漏泄同轴电缆的一个典型例子是编织外导体同轴电缆。绝大部分能量以内部波的形式在电缆中传输，但在外导体覆盖不好的位置点上，就会产生表面波，沿着电缆正向或逆向向外传播，且相互影响。

无线电通信信号的质量通常因为电缆外界电波电平波动情况不同而相差很大。电缆敷设方式和敷设环境对电缆辐射效果也有影响。大部分隧道内还有各种各样的金属导体，比如沿两侧墙面安装的电力电缆、钢轨、水管等，这些导体将彻底改变电磁场的特性。

漏泄电缆的电性能指标主要有纵向衰减常数和耦合损耗。

8.2.3 漏泄电缆类型

按漏泄原理不同，漏泄电缆分为三种基本类型：耦合型、辐射型和漏泄型。其中，漏泄型可以归属为辐射型。

1. 耦合型漏泄电缆

耦合型漏泄电缆有许多不同的结构形式，例如，在外导体上开一长条形槽，或开一组间距（*d*）远小于波长的小孔（见图 8-6），或在漏缆两边开缝。电流在外导体外表面流动，漏泄电缆好像一条可移动的长天线，向外辐射电磁波，一般适于在室内覆盖场景应用。

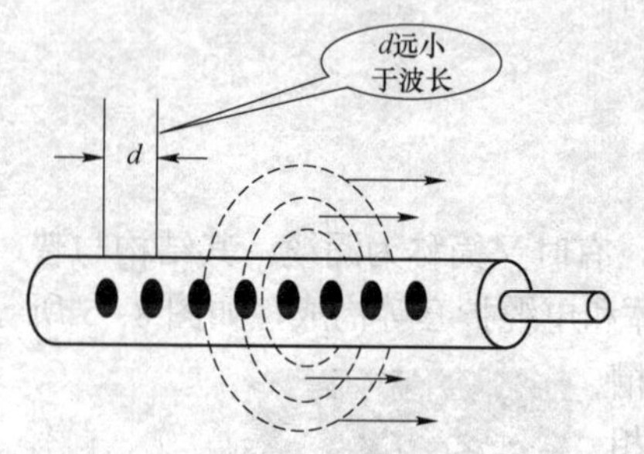

图 8-6 耦合型漏泄电缆示意图

耦合型漏泄电缆特点：径向作用距离较短，耦合损耗较大；使用频带较宽，不存在谐振频率，在全频段内无抗干扰能力，但在特定频率下性能没有得到优化；工艺简单、容易设计和生产。它的另一个特点是耦合损耗波动较大，一般都在 10 dB 以上。

2. 辐射型漏泄电缆

辐射型漏泄电缆外导体上按一定规律连续开制不同形式的槽孔，而电磁波就是由这些槽孔产生的。辐射型漏泄电缆泄漏的电磁能量有方向性，相同的泄漏电磁能量可在辐射方向上相对集中，并且不会随距离的增加而迅速减小，如图 8-7 所示。外导体上开着周期性变化的 L 形槽、八字形槽，是典型的辐射型漏泄电缆。

辐射型漏泄电缆特点：径向作用距离较远，耦合损耗较小；使用频带有一定范围，存在谐振频率，但在特定频率下各项性能指标均已得到优化，屏蔽了无须使用的频段（类似于滤波器的功能），故对工作频率以外的干扰信号有很强的抑制能力，可提升网络的抗干扰能力，但缺点是工艺设计和生产复杂。它的另一个特点是耦合损耗波动较小，一般在 3～5 dB 范围内。

辐射型漏泄电缆因其方向性好、频率特性优、抗干扰能力强、耦合损耗小等特点，非常适合在隧道覆盖场景应用。

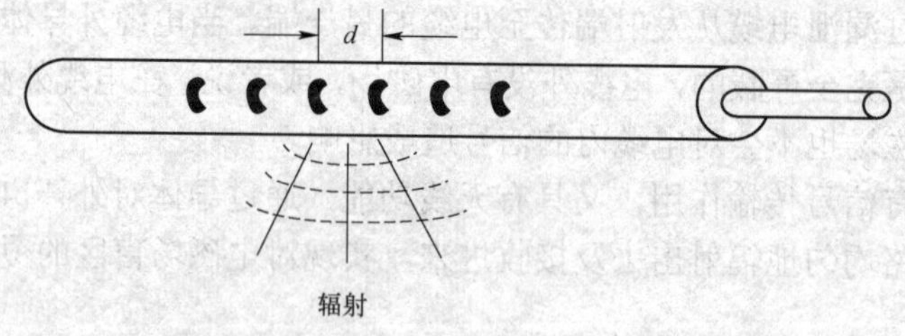

图 8-7 辐射型漏泄电缆示意图

3. 漏泄型漏泄电缆

漏泄型漏泄电缆外导体的开槽方式与辐射型类似，不同之处在于它的外导体由漏泄段和非漏泄段相间组成。漏泄段相当于天线，只有一小部分能量转换为辐射能。非漏泄段相当于馈线，有着与普通同轴电缆相同的作用，如图 8-8 所示。

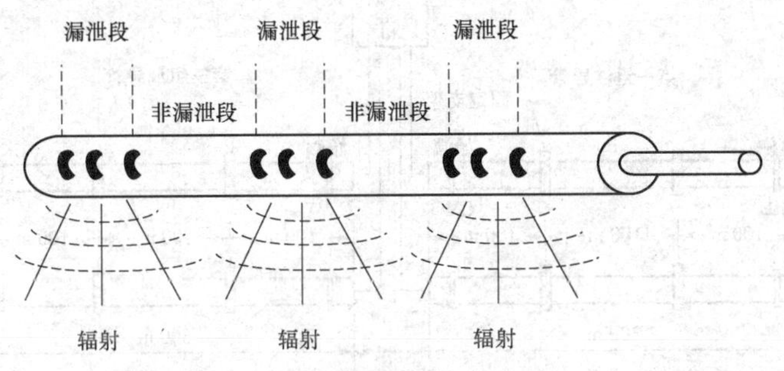

图 8–8　漏泄型漏泄电缆示意图

三种漏泄电缆相比来说，耦合型漏泄电缆槽孔间距远小于波长，漏泄能量扩散在电缆周围，无方向性，受环境影响较大，适合于宽频带工作。辐射型漏泄电缆的槽孔间距与工作波长有关，漏泄能量扩散在电缆周围，有方向性，受环境影响较小，适合于窄频带工作。辐射型漏泄电缆采用组合技术，也能多频带工作。漏泄型漏泄电缆的槽孔间距也与工作波长有固定关系，漏泄能量扩散在电缆周围，有方向性，受环境影响较小，适合于多频带工作。

任务 8.3　裂缝波导管

裂缝波导管模式因其传输频带宽、传输损耗小、可靠性高、抗干扰能力强在轨道交通信号系统中得到较广泛应用，如图 8–9 所示。

图 8–9　裂缝波导管在轨道交通信号系统中的应用

采用波导系统作为车地双向传输媒介，即采用沿线铺设的裂缝波导管及与波导连接的无线 AP 作为轨旁与列车的双向传输通道，具有通信容量大、可在隧道及弯曲通道中传输、干扰及衰耗小、无其他车辆引起的传输反射、可在密集城区传输等特点。波导的优点是传输速率大，可以满足列车控制系统的需要；缺点在于安装困难，需全线沿线路安装波导管，安装维护复杂并且造价高。北京地铁 2 号线、机场线、上海地铁 16 号线的信号系统中均采用了裂缝波导管传输技术。图 8–10 为裂缝波导管轨旁布置示意图。

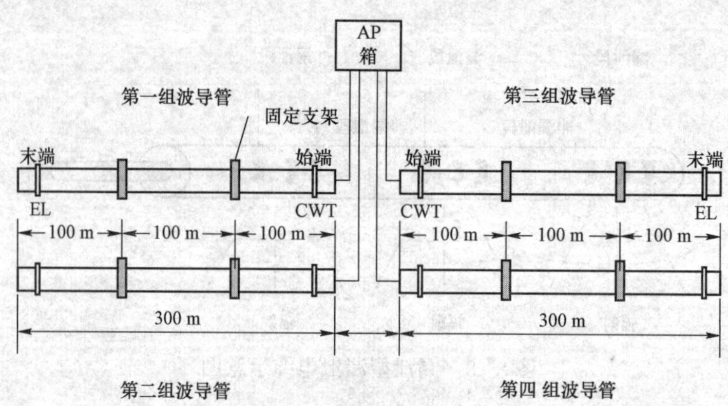

CWT—同轴转换器；EL—终端波导负载。

图 8-10　裂缝波导管轨旁布置示意图

8.3.1　裂缝波导管工作原理

波导管是一种空心的、内壁十分光洁的金属导管或内敷金属的管子，常见横截面形状有矩形和圆形。波导管用来传送超高频电磁波，通过它的脉冲信号可以以极小的损耗被传送到目的地。波导管内径的大小因所传输信号的波长而异。波导管在电路中呈现高通滤波器的特性：允许截止频率以上的信号通过，而截止频率以下的信号则被阻止或衰减。目前裂缝波导管的材料以铝合金为最多，如图 8-11 所示。

车地无线通信时，裂缝波导管拓展了常见状态下的频带宽度，能够抵抗干扰。在波导管特有的周边区段，布设无线架构下的接收器，以便接收管路裂缝辐射过来的信号，经处理后获取可用信息。

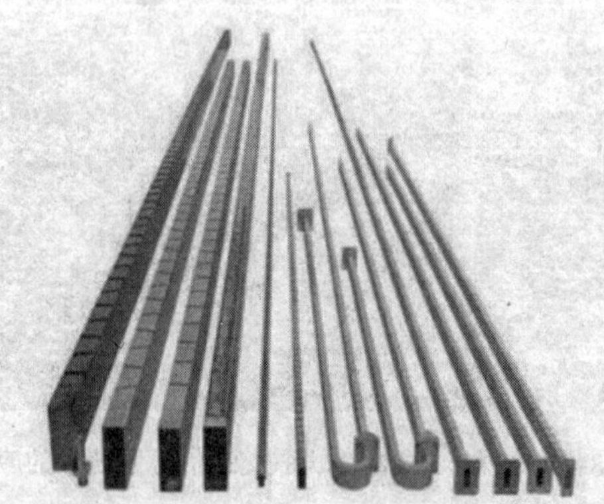

图 8-11　裂缝波导管

8.3.2　裂缝波导管应用

1. 基本配置原则

在实际对裂缝波导管进行配置时，可遵循以下原则：

（1）要保证无线频率具有更为全面的覆盖，在保证传输信号具有良好强度的同时获得更

高的信号传输质量。

（2）以科学、合理的方式对系统进行设计与规划，争取在使用最少数量接入设备的情况下完成系统配置需求，以起到降低成本的作用。

（3）在联系工程实际情况的基础上保证在每一个波导管区段位置，都能够具有一定的富余功率，并保证在实际运行当中避免频繁更换设备。

2. 裂缝波导管安装注意事项

裂缝波导管的安装要求较高，在轨道交通系统中其安装位置受到现场制约，因为要求其与列车车载天线的安装位置对应，故对安装精度要求也比较高。裂缝波导管可以根据现场条件安装在隧道底部钢轨旁（适用于地下、地面、高架或混合线路），或隧道侧墙（仅适用于全地下线路），或隧道顶部（仅适用于全地下线路，且三轨供电）。另外，对于波导管内部和表面的维护量较大，要防止沙尘侵入和污物覆盖等。波导管可以根据现场环境情况进行灵活的选择，具体安装方式如下：

（1）安装在隧道顶部时，一般都是利用膨胀螺栓，在顶部安装支架，将波导管放置在支架上。

（2）安装在地面上时，一般也是采用支架固定的方式，可以根据现场环境，设置可以自由调整高度的支架，确保其可以满足相应的技术要求，如图8-12所示。

与波导管安装方式对应的即地铁车辆上无线设备的安装方式，分别是车顶安装与车底安装，具体位置要根据接入业务的不同与管理方的要求进行调整。

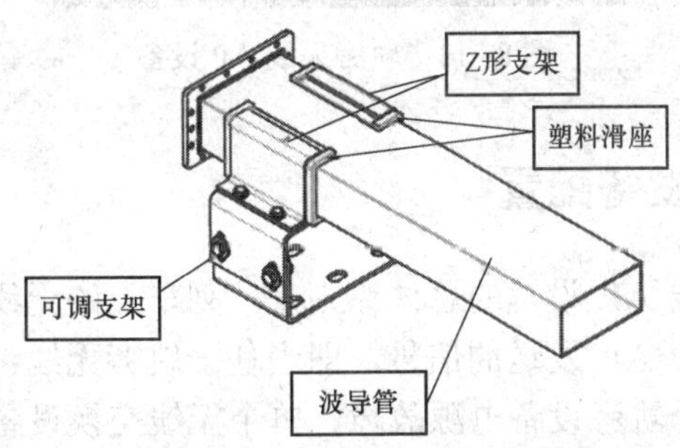

图8-12　波导管安装示意图

任务8.4　轨旁无线AP设备

8.4.1　轨旁无线AP设备作用

由于轨道交通车辆运行具有移动性，所以轨旁设备和列车的通信可通过数据通信系统（data communication system，DCS）来实现。数据通信系统的主要作用是在轨道交通信号系统之间传输列车控制信息、ATS信息和维护信息，允许轨旁设备（ZC、CI、ATS）和车载设备（车载ATP/ATO）在正线、车辆段/停车场和试车线上进行连续双向数据通信。数据通信系统包括有线通信部分和无线通信部分，采用开放的通信标准。有线通信部分采用 IEEE802.3 以太网标准的光纤骨干网，由接入网和骨干网组成。无线通信部分采用 IEEE802.11 标准的轨旁无线局域网 WLAN 技术，通常采用骨干网下挂接入网的结构，本地设备通过接入交换机和冗余以太网连接到骨干交换机上，然后再到轨旁骨干网络。

轨旁无线 AP 是将无线信号接入轨旁有线以太局域网的无线设备，可和列车进行双向通信，它是无线网和有线网之间沟通的桥梁。无线 AP 沿轨道线路设置，安装在轨道桅杆上或车站建筑物上，或安装在轨旁隧道壁上。考虑到城市轨道交通的线路特征，轨旁无线 AP 常采用定向天线来取得更高的接收信噪比和更大的无线覆盖，车辆段和停车线由于具有较大的弯度，为了达到全线覆盖，常采用大角度定向天线，使系统对于无线信号的衰减具有较强的抵抗能力。轨旁无线 AP 设备如图 8-13 所示。

图 8-13　轨旁无线 AP 设备

8.4.2　轨旁无线 AP 设备配置

城市轨道交通轨旁无线 AP 设置的总体原则是：列车上的无线接收设备，在轨道上的任何一点都能至少检测到两个 AP 发送的信号，即当任一轨旁无线设备故障（包括单个接入点故障、单个天线故障、单个轨旁设备电源故障、单个无线交换设备故障、单个无线处理控制器故障）时均不会影响系统的正常工作。

无线接入 AP 的配置方式如下：

（1）每列车的车头、车尾处分别配置 2.4 GHz 的全向无线天线以及相应的发送/接收设备，并与车载子系统相连，实现热备冗余。

（2）在轨旁每间隔 200～300 m 设置一对 2.4 GHz 轨旁定向无线天线，并与轨旁 AP 连接。

（3）相互独立的无线 AP 沿线分布组成了轨旁结构。轨旁 AP 通过单模或多模光纤与接入交换机相连。

（4）每个接入交换机直接与所属的骨干交换机连接，从而接入骨干网。

（5）骨干交换机位于沿线选定的设备集中站，并用单模或多模光纤连接，构成轨旁环形骨干网络。

无线系统典型轨旁布置示意图如图 8-14 所示。WLAN 是一套热备冗余的网络设备，无

线系统采用双网热备结构，当 A 网故障时候，B 网仍然能保证系统正常运行。

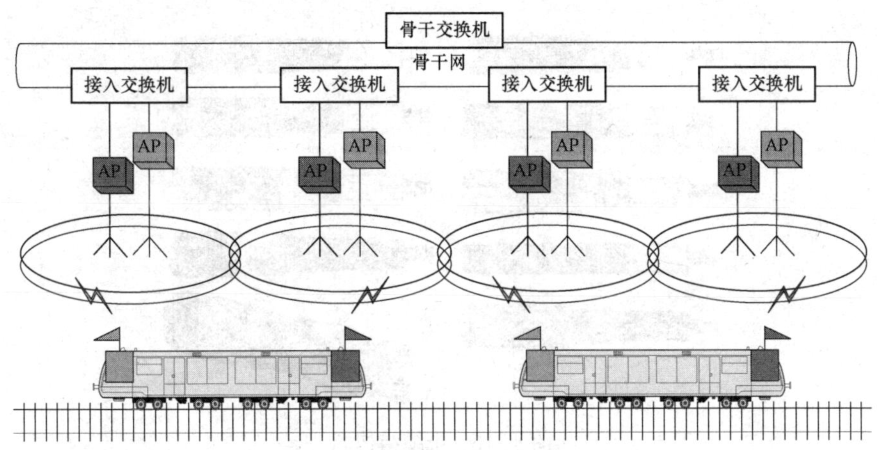

图 8－14　无线系统典型轨旁布置示意图

轨旁 AP 天线的安装方式为沿着隧道壁安装或者在轨旁立抱杆上安装，其高度与车载 MR（mobile radio，移动电台）的天线高度相近，如图 8－15（a）为天线安装示意图，图 8－15（b）为天线实物图。

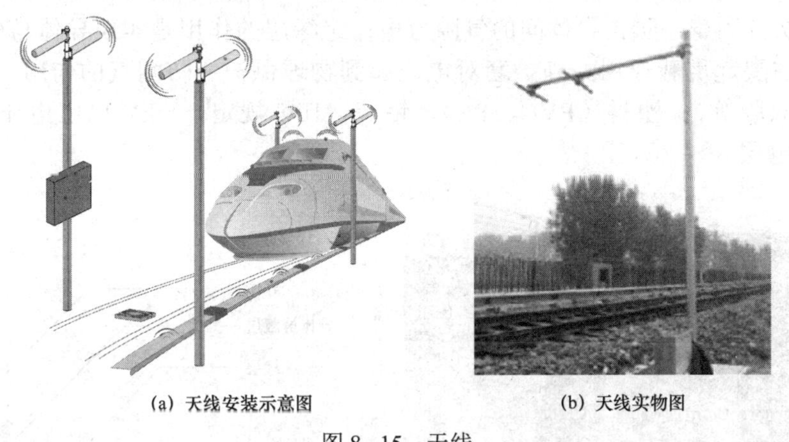

(a) 天线安装示意图　　(b) 天线实物图

图 8－15　天线

任务 8.5　电缆与光缆

8.5.1　电缆

1. 认识电缆

电缆是用以传输电力、传递信息和实现电磁能量转换的一大类线材产品，它量大面广，用途遍及工业生产、交通运输、国防科研、现代农业等所有领域。图 8-16 为不同形式的电缆结构图。

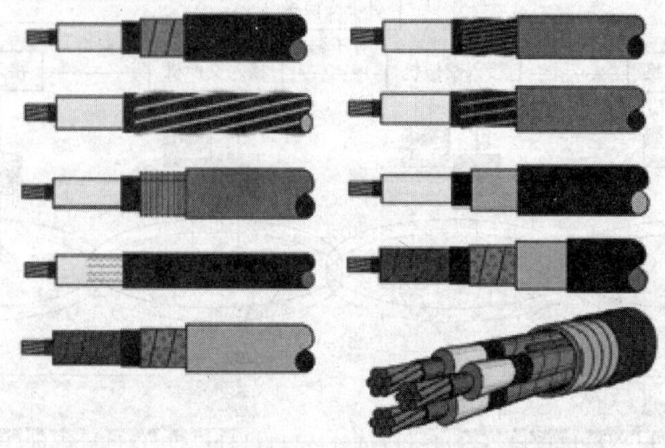

图 8-16　电缆结构图

信号电缆是一种信号传输工具。一般信号电缆传输的信号很小，为了避免信号受到干扰，信号电缆外面有一个屏蔽层。屏蔽层一般为导电布、编织铜网或铜箔（铝），屏蔽层需要接地，把外来的干扰信号导入大地，避免干扰信号进入内层导体造成干扰，同时降低传输信号的损耗，图 8-17 为地铁隧道内安装的电缆。

图 8-18 为屏蔽电缆的基本结构图。其中，导体一般采用铜导体或铝导体；导体屏蔽层形成一个法拉利笼，防止导体间的气隙放电；绝缘层的作用是实现导体与外界的隔离。金属屏蔽层主要起屏蔽作用。外护套对电缆起到物理保护和防潮气的作用，常用材料有橡胶（氯丁橡胶等）、塑料（PVC、PE）、铅等。IEC 规定，6 kV 以上电压等级的电缆应具备半导电层。

图 8-17　地铁隧道内安装的电缆

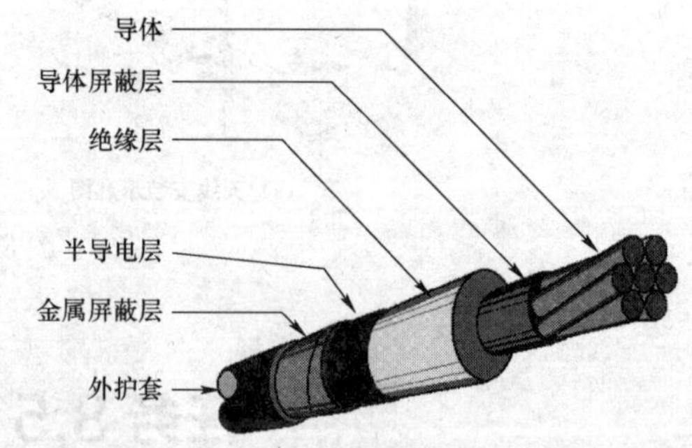

图 8-18　屏蔽电缆的基本结构图

2. 信号电缆

城轨信号系统采用的电缆通常有两类：普通信号电缆和数字信号电缆。

1）普通信号电缆

普通信号电缆按芯线扭绞方式分为普通型和综合扭绞型两种；按护套类型分为塑料护套、

综合护套和铝护套三种，其中又分为带铠装和不带铠装两类；按绝缘又可分为聚氯乙烯绝缘和聚乙烯绝缘两种。

2）数字信号电缆

普通信号电缆虽能基本满足信号系统的要求，但其传输性能和可靠性不能适应信号技术进步和发展的需求，故需研制新型数字信号电缆替代普通信号电缆，实现电磁兼容，强电、弱电共缆传输。

内屏蔽铁路数字信号电缆有绝缘单线、四线组绞合、通信四线组单元组合等几种。绝缘单线的绝缘层采用皮–泡–皮结构，采用先进的三层共挤串联线制造工艺包在铜导体上；四线组绞合采用高速精密星绞机生产；通信四线组单元采用复合铜带纵包实现电磁屏蔽。

3. 同轴电缆

同轴电缆由同轴的两个导体构成，外导体是一个圆柱形的空管（金属丝网），内导体是金属线（芯线），通常是单股实心或多股绞合的铜质导线，内外导体中间填充介质。外导体一般是网状编织的金属屏蔽层，接地后起屏蔽作用，外界噪声很少进入其内部。图 8–19 为同轴电缆实物图。

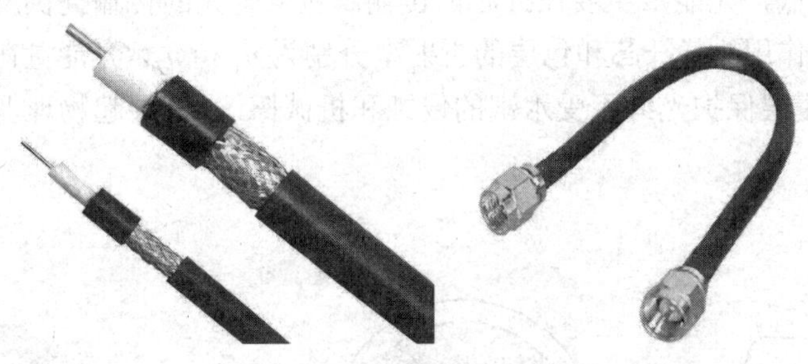

图 8–19　同轴电缆实物图

同轴电缆从用途上可分为基带同轴电缆和宽带同轴电缆。基带电缆又分为细缆和粗缆。基带同轴电缆仅用于数字传输，数据传输率可达 10 Mbps。

1）基带同轴电缆

基带同轴电缆的屏蔽层通常是用铜做成的网状结构，其特征阻抗为 50 Ω，常用的型号一般有 RG–8（粗缆）和 RG–58（细缆），二者最直观的区别在于电缆直径不同。粗缆适用于比较大型的局部网络，它的标准距离长，可靠性高，但是粗缆网络必须安装收发器和收发器电缆，安装难度大，总体造价高。相反，细缆则比较简单，造价较低；但由于安装过程中要切断电缆，因而当接头较多时容易产生接触不良的隐患。

2）宽带同轴电缆

宽带同轴电缆的屏蔽层通常是用铝冲压而成的，其特征阻抗为 75 Ω。这种电缆通常用于传输模拟信号，常用型号为 RG–59，是有线电视网中使用的标准传输线缆，也可用作某些计算机网络的传输介质，其优点是可以在一根电缆中同时传输多路电视信号。

8.5.2　光缆

以光纤作为信息传导材料的线缆，称为光缆。光缆是目前有线通信的主流传输媒介，

图 8-20 为光缆实物图。

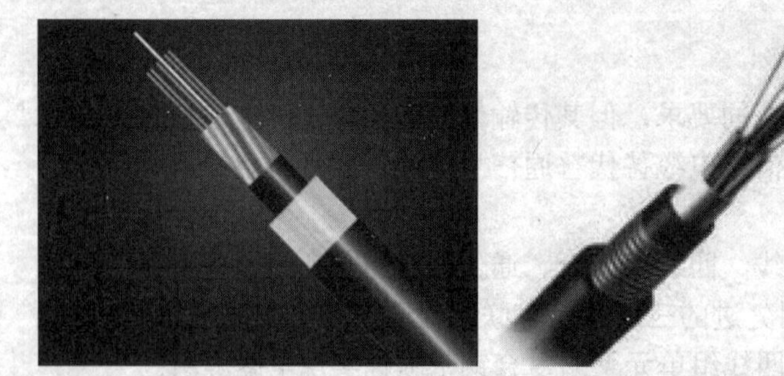

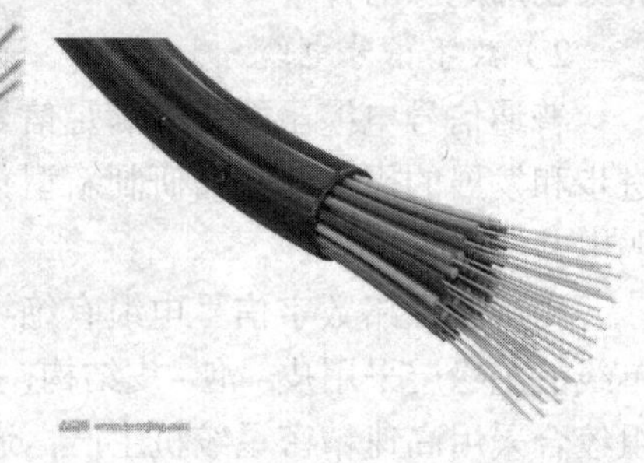

图 8-20　光缆实物图

1. 光纤

1）光纤的结构

目前常用的光纤主要为石英系光纤，其主要成分是高纯度石英玻璃，即二氧化硅（SiO_2）。如图 8-21 所示，光纤自内向外由纤芯、包层、涂敷层、套层等组成。纤芯的折射率比包层稍高，损耗比包层更低，光能量主要在纤芯内传输。包层为光的传输提供反射面和光隔离，并起一定的机械保护作用。若纤芯和包层的折射率分别为 n_1 和 n_2，光能量在光纤中传输的必要条件是 $n_1>n_2$。涂覆层保护光纤不受水汽的侵蚀和机械擦伤。套层起物理保护作用。图 8-22 为光纤实物图。

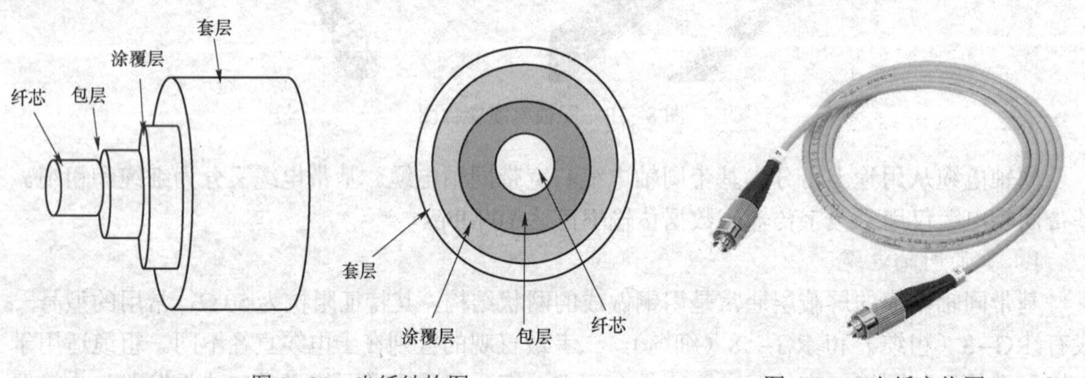

图 8-21　光纤结构图　　　　图 8-22　光纤实物图

2）光纤的分类

光纤具有许多其他媒介无法比拟的优点，带宽极宽，容量极大；衰减小，传输距离远；串扰小，传输质量高；抗电磁干扰，保密性好；尺寸小，重量轻，便于运输和敷设；原料丰富，节约金属，在城市轨道交通数据通信系统中得到了广泛应用，如图 8-23 所示。光纤的缺点是极易断裂、严格忌水、弯曲能力差；切断与接续要求高。表 8-1 为光纤、双绞线、同轴电缆的性能比较。

图 8-23 光纤在城市轨道交通数据通信系统中的应用

表 8-1 光纤、双绞线、同轴电缆的性能比较

传输介质	带宽/MHz	衰减系数/（dB/km）	中继距离/km	抗电磁干扰性能	尺寸与重量	敷设安装	接续
双绞线	6	20（4 MHz）	1～2	较差	大而重	一般	方便
同轴电缆	400	19（60 MHz）	1.6	较差	一般	方便	较方便
光纤	＞10 000	0.2～3.0	＞50	不受干扰	小而轻	方便	特殊

2. 光缆结构和分类

1）光缆结构

光缆主要由缆芯、加强元件、护套层等组成，如图 8-24 所示。

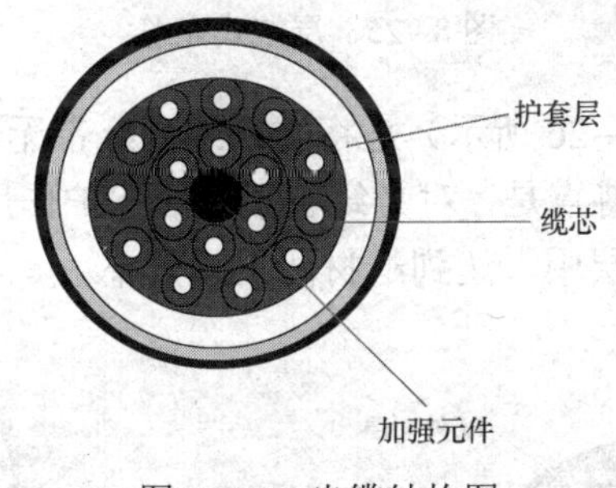

图 8-24 光缆结构图

2）光缆分类

（1）按光纤在光缆中是否可以自由移动分类。

按光纤在光缆中是否可以自由移动，光缆可分为松套光纤光缆、紧套光纤光缆和半松半紧光纤光缆。

① 松套光纤光缆的特点是光纤在光缆中有一定的自由移动空间，这样的结构有利于减少外界机械应力（或应变）对涂覆光纤的影响，即增强了光缆的弯曲性能。

② 紧套光纤光缆的特点是光缆中光纤无自由移动的空间。紧套光纤在涂覆层外直接挤出一层塑料紧套层。紧套光纤光缆直径小，重量轻，易剥离、敷设和连接，但较高的拉伸应力会直接影响光纤的衰减等性能，即它的弯曲性能比松套光纤光缆差。

③ 半松半紧光纤光缆中的光纤在光缆中的自由移动空间介于松套光纤光缆和紧套光纤

光缆之间。

（2）按缆芯结构特点分类。

按缆芯结构特点的不同，光缆可分为层绞式光缆、中心管式光缆、骨架式光缆和带状式光缆。

① 层绞式光缆是将几根至十几根或更多根光纤或光纤带子单元围绕中心加强件螺旋绞合（S 绞或 SZ 绞）成一层或几层的光缆，目前使用最多的就是松套层绞式光缆。层绞式光缆如图 8-25 所示。层绞式光缆结构稳定，制造工艺简单，成缆费用低，当成缆用紧套光纤时易引入附加损耗，接续工序少。

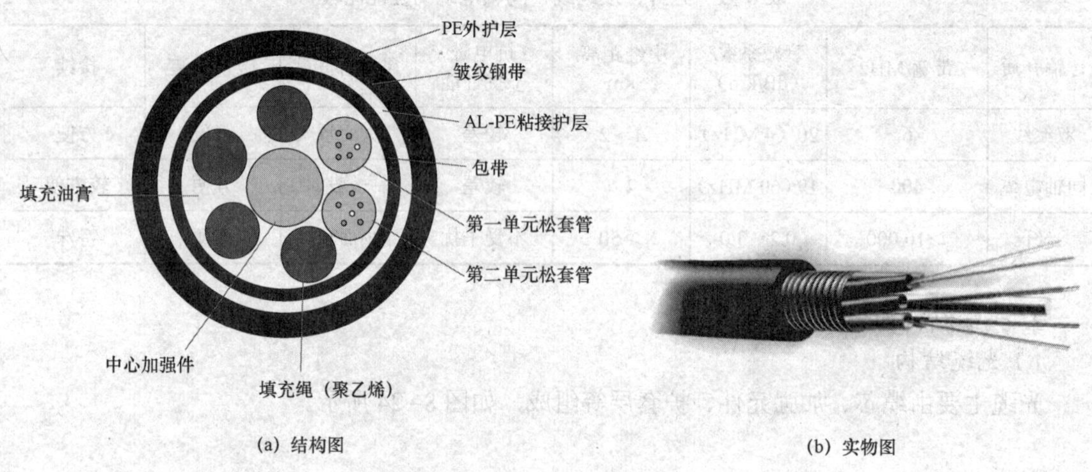

(a) 结构图　　(b) 实物图

图 8-25　层绞式光缆

② 中心管式光缆（如图 8-26 所示）是将光纤或光纤带无绞合地直接放到光缆中心位置的套管中而制成的光缆。它的特点是：对光纤有很好的保护作用；体积小，重量轻，成本低，制造容易；中心加强件位于护层中，达到一材两用的效果。

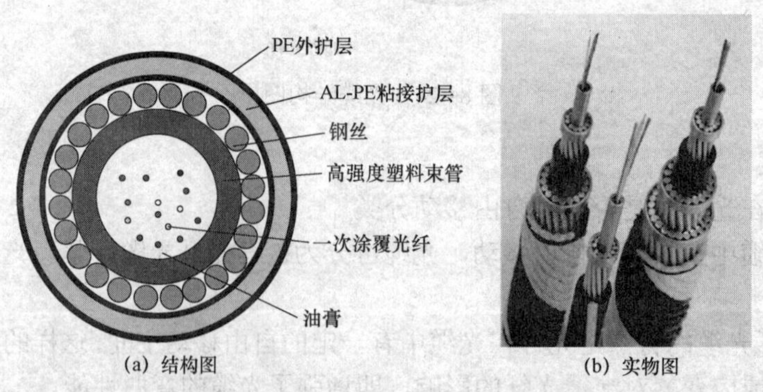

(a) 结构图　　(b) 实物图

图 8-26　中心管式光缆

③ 骨架式光缆（如图 8-27 所示）是将光纤或光纤带经螺旋绞合置于塑料骨架槽中构成的光缆。骨架式光缆对光纤有良好的保护作用，耐侧压性能好；可直接利用一次涂覆光纤；可制作大芯数光缆，但制造工艺复杂。

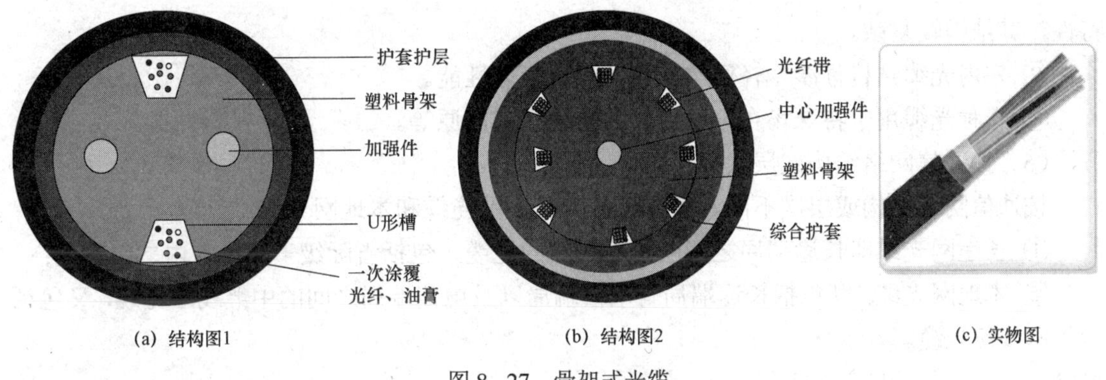

(a) 结构图1　　(b) 结构图2　　(c) 实物图

图 8−27　骨架式光缆

④ 带状式光缆（如图 8−28 所示）首先将一次涂覆的光纤放入塑料带内做成光纤带，然后将几层光纤带叠放在一起构成光缆芯。带状式光缆在光纤接入网中大量使用，其特点是可容纳大量光纤、可实现多芯光纤的一次连接。

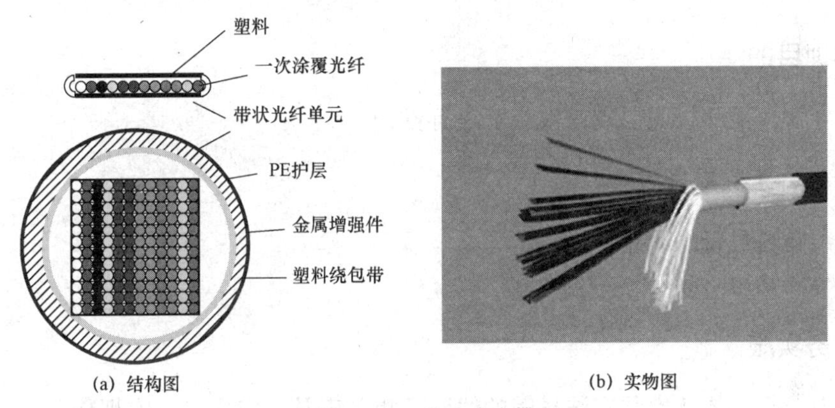

(a) 结构图　　(b) 实物图

图 8−28　带状式光缆

（3）按光缆线路敷设方式分类。

按光缆线路敷设方式的不同，光缆可分为架空光缆、管道光缆、直埋光缆、隧道光缆和水底光缆等。

① 架空光缆是指以架空形式挂放的光缆，它必须借助吊线（镀锌钢绞线）或自身具有的抗拉元件悬挂在电杆或铁塔上。

② 管道光缆是指布放在通信管道内的光缆，目前常用的通信管道主要是塑料管道。

③ 直埋光缆是指光缆线路经过市郊或农村时，直接埋入规定深度和宽度的缆沟中的光缆。

④ 隧道光缆是指公路、铁路等交通隧道内的光缆。

⑤ 水底光缆是穿越江、河、湖、海水底的光缆。

（4）按使用环境与场合分类。

按使用环境与场合的不同，光缆主要分为室外光缆、室内光缆及特种光缆三大类。由于室外环境（气候、温度、破坏性）相差很大，故这几类光缆在构造、材料、性能等方面亦有很大区别。

① 室外光缆由于使用条件恶劣，光缆必须具有足够的机械强度、防渗能力和良好的温度

特性，其结构较复杂。

② 室内光缆结构紧凑、轻便柔软，并具有阻燃性能。

③ 特种光缆用于特殊场合，如海底、污染区或高原等。

（5）按通信网络结构或层次分类。

按通信网络结构或层次不同，光缆可分为长途网光缆和本地网光缆。

① 长途网光缆即长途端局之间的线路采用的光缆，包括省际级干线、省内二级干线；

② 本地网光缆，既包括长途端局与电信端局以及电信端局之间的中继线路光缆，又包括接入网线路光缆。

实践技能

实训 8.1　波导管维护

一、实训目的

认识波导管，能够按照要求对波导管进行维护。

二、器材、工具准备

（1）安装有波导管的线路。

（2）信号工常用工具等。

三、任务实施

学生 3 人一组，依托安装有波导管的线路及相关工具，完成以下实训任务：

（1）波导管（管体、保护罩、防水罩）外部检查要求：

① 管体、保护罩、防水罩完整无破损，防水罩无丢失。

② 防水罩、波导管上的扎带齐全，无破损。如有丢失或破损，应更换新扎带。

图 8-29 为防水罩的绑扎槽，其中扎带的绑扎要求如下：

① 防水罩扎带：根据防水罩的型号，在绑扎槽中绑扎 1 条或 2 条。

② 波导管扎带：波导管长度为 11 584 mm 和 6 033 mm 的，在中间绑扎 1 条；波导管长度为 1 031 mm 和 3 044 mm 的，无须绑扎。

图 8-29　绑扎槽

（2）波导管固定支架、滑动支架上的各部螺丝检查：

各部螺丝应紧固、无丢失，如有松动或丢失，应立即紧固或补齐。紧固螺丝时需使用定扭矩电扳手。

（3）波导管固定支架上法兰两侧的复位弹簧检查：

两侧的复位弹簧应有余量。如果一侧弹簧已经被压缩到极限位置，应及时进行调整，保证两侧弹簧的长度尽量一致。

四、实训考核标准

本实训考核包含过程考核、实操考核和结果考核，考核标准及分值分配见实训考核评价表。其中实操过程中着重考核小组成员对波导管检查、维护内容及流程的熟悉程度，以及工具使用的正确性与规范性。

五、注意事项

（1）注意工具的正确使用。

（2）注意人身及设备安全。

（3）按标准化流程操作，做好登记、联系、销记训练，注意小组作业人员间的协调沟通，实训完成后保证设备运行良好。

实训 8.2　AP 箱维护

一、实训目的

认识无线 AP 设备，能够按照要求对 AP 箱进行维护。

二、器材、工具准备

（1）完整的轨旁无线 AP 设备。

（2）信号工常用工具等。

三、任务实施

学生 3 人一组，依托安装有无线 AP 设备的线路及相关工具，完成以下实训任务：

（1）认识轨旁无线 AP 箱（如图 8-30 所示），打开柜门，分辨内部各结构部件，观察内部接线、外部接口接线，理解接线的方向与作用。

（2）对无线 AP 设备进行维护：

① 检查 AP 箱的外观，应无破损，锁具作用良好。

② 检查 AP 箱支架各部螺丝，应紧固、无丢失。如有松动或丢失，应立即紧固或补齐；紧固螺丝时需使用定扭矩电扳手。

③ 检查 AP 箱接地线，应完整、紧固、无锈蚀。当接地点连接端子锈蚀面积超过 1/3 时，应及时更换连接端子。

④ 使用万用表对接地线进行电阻测量，阻值应不大于 4 Ω；对于阻值不符合规定的接地

线，应及时更换。

⑤ 确保AP箱内各部件的物理完整性、各电缆的完整性及连接的正确性，各接头应连接紧固、无松动。

⑥ 用软毛刷及软布对AP箱内部进行清洁。

⑦ 检查防雷模块。若有异常，应及时更换防雷模块。

⑧ 进行天线功能测试。

图 8-30　AP 箱

四、实训考核标准

本实训考核包含过程考核、实操考核和结果考核，考核标准及分值分配见实训考核评价表。其中实操过程中着重考核小组成员对 AP 箱检查、维护内容及流程的熟悉程度，以及工具使用的正确性与规范性。

五、注意事项

（1）注意工具的正确使用。

（2）注意人身及设备安全。

（3）按标准化流程操作，做好登记、联系、销记训练，注意小组作业人员间的协调沟通，实训完成后保证设备运行良好。

思政微课堂

智慧城轨　自主创新

我国经过 40 多年的改革开放，各方面取得的成就令世界瞩目。我国在经济、科技、城市建设等领域的高速和持续发展，上演了一幕幕让世界震惊、令国人鼓舞和骄傲的精彩画面。如今中国的城市轨道交通正在以惊人的速度，高速而迅猛地发展着，是继我国铁路交通的高速发展之后，又一支异军突起的交通领域新生力量。未来的城市轨道交通在向“平安型地铁”“人文型地铁”“高效型地铁”“节约型地铁”“便捷型地铁”“创新型地铁”等六型地铁发展。

我国城市轨道交通利用科技创新实现智赋城轨、慧行致远。在 2021 北京国际城市轨道交

通展览会暨高峰论坛上，300 余家企业带来智慧城轨核心技术和前沿产品，全景展示中国城市轨道交通在技术、装备、创新等方面的优秀成果，系列化中国标准地铁列车产品平台、新一代导轨式胶轮智慧捷运系统、轨交专用防火墙及解决方案等一系列创新产品战略首发。城轨云与大数据及智能列车运行、智慧乘客服务、智能运输及资源经营、先进基础设施及智能能源、未来轨道等板块创新推动了行业自主创新、智慧化发展。

中国铁路通信信号股份有限公司聚焦轨道交通安全控制和信息领域，凭借“基于轨道交通安全及控制技术”的核心竞争力，打造了世界一流技术高地。交控科技股份有限公司的智能远程瞭望系统、天枢系统、智能运维系统、车车通信系统、都市快轨信号系统、智慧车站等展示了智慧城轨的创新技术。

当前，科技发展日新月异，经济社会发展也越来越信息化、智慧化。面向未来智慧城轨发展，城轨人始终坚持科技发展、自主创新，为城市轨道交通行业智慧化飞跃不断努力。

想一想　辩一辩　结合城市轨道交通信号新技术、新工艺的发展情况，谈谈科技创新对城轨强国、智慧地铁行业发展的影响。

☞ 拓展知识

知识点	二维码
城市轨道交通常用哪些型号的电缆呢？	
光缆型号命名	

应知应会试题

应知应会试题	二维码
项目 8 应知应会试题	

附录 A　城市轨道交通常用信号用语中英文对照

城市轨道交通常用信号用语中英文对照如表 A–1 所示。

表 A–1　城市轨道交通常用信号用语中英文对照

中文	英文	英文简写
列车运行自动控制	automatic train control	ATC
列车自动驾驶	automatic train operation	ATO
列车自动防护	automatic train protection	ATP
列车自动监控	automatic train supervision	ATS
基于通信的列车自动控制	comunication based train control	CBTC
数据通信系统	data communication system	DCS
车载控制器	vechile on-board controller	VOBC
区域控制器	zone controller	ZC
移动授权	movement authorization	MA
车载控制器	carborne controller	CC
行车综合自动化系统	train integration automatic system	TIAS
全自动运行	fully automatic operation	FAO
人机界面	human machine interface	HMI
计算机联锁	computer interlocking	CI
点式级别	block based train control	BLOC
控制中心	operating control center	OCC
移动闭塞	moving block	
定位	normal position	
反位	reverse position	
安全计算机	vital computer	VC

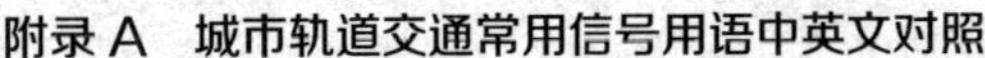

续表

中文	英文	英文简写
安全型继电器	safety relay	
计轴系统	axle counter system	ACS
应答器天线	balise antenna	BA
应答器传输模块	balise transmission module	BTM
轨旁电子单元	lineside electronic unit	LEU
虚拟局域网	virtual local area network	VLAN
无线局域网	wirelss local area network	WLAN
输入输出	input/output	I/O
综合后备盘	intergrated backup panel	IBP
测速电机（里程脉冲发生器）	odometer pulse generator	OPG
屏蔽门	platform screen doors	PSD
轨道交通指挥中心	traffic command centre	TCC

附录B　实训任务记录单与实训考核评价表

实训任务记录单

<table>
<tr><td>任务名称</td><td colspan="3"></td></tr>
<tr><td>班级</td><td></td><td>小组成员姓名</td><td></td></tr>
<tr><td>日期</td><td></td><td>学号</td><td></td></tr>
<tr><td colspan="4">一、任务目标

二、任务实施过程
1. 小组进行任务分配，记录实训作业要点。
<table><tr><td>人员分配</td><td>实训作业要点</td></tr><tr><td></td><td></td></tr></table>
2. 小组分工协作，记录实训过程中的注意事项、问题及改进措施等。
（1）
（2）
（3）
（4）</td></tr>
</table>

实训总结与反思		
指导教师意见	实训完整性	
	实训规范性	
	团队合作、责任意识	
	职业素养	

实训考核评价表

实训考核包含过程考核、实操考核和结果考核，考核标准及分值分配如下。

考核项目		考核标准	配分	学生自评	小组互评	教师评定
知识准备（5分）		掌握设备原理、构造等基础知识	5			
项目实训	过程考核（20分）	（1）明确实训目标，能按要求完成实训任务	5			
		（2）遵守纪律，实训期间态度认真	5			
		（3）小组分工明确、合理，组员积极性高，全员参与	10			
	实操考核（60分）	（1）器材、工具准备无误，使用正确	10			
		（2）熟悉实训作业流程和注意事项，操作正确、规范	40			
		（3）对于实训中遇到的问题，解决分析能力强	10			
	结果考核（15分）	小组合作协调，提交实训任务记录单，任务实施过程记录详细	15			
总分						

总成绩根据需要按照自评、互评和教师评定做百分比计算，以学生为主、教师为辅。建议如下：总分=自评×20%+互评×40%+师评×40%。

参 考 文 献

[1] 林瑜筠. 城市轨道交通信号[M]. 3 版. 北京：中国铁道出版社，2015.
[2] 贾毓杰. 城市轨道交通通信与信号[M]. 2 版. 北京：机械工业出版社，2014.
[3] 林瑜筠. 铁路信号基础[M]. 3 版. 北京：中国铁道出版社有限公司，2020.
[4] 高嵘华，吴光荣. 城市轨道交通信号基础设备维护[M]. 成都：西南交通大学出版社，2011.
[5] 朱济龙，芦建明，陈超. 城市轨道交通信号基础 [M]. 成都：西南交通大学出版社，2015.
[6] 刘畅，李兵. 轨道交通信号基础[M]. 北京：机械工业出版社，2014.
[7] 中国城市轨道交通协会. 城市轨道交通信号工[M]. 成都：西南交通大学出版社，2018.
[8] 赵德生，孔筱筱. 城市轨道交通正线信号系统[M]. 北京：北京交通大学出版社，2019.
[9] 邓丽敏，李文超. 城市轨道交通车辆段信号系统[M]. 北京：北京交通大学出版社，2019.
[10] 高宗余. 城市轨道交通信号基础与设计[M]. 北京：机械工业出版社，2019.
[11] 王青林. 城市轨道交通通信与信号系统[M]. 2 版. 北京：人民交通出版社股份有限公司，2021.